策略
产品经理
实践指南

AI 时代的
用户增长与智慧运营

张秀军◎著

人民邮电出版社
北京

图书在版编目（CIP）数据

策略产品经理实践指南：AI 时代的用户增长与智慧运营 / 张秀军著. -- 北京：人民邮电出版社，2024.7
ISBN 978-7-115-63132-9

Ⅰ．①策… Ⅱ．①张… Ⅲ．①人工智能－应用－企业管理－产品管理－研究 Ⅳ．①F273.2-39

中国国家版本馆 CIP 数据核字(2023)第 218168 号

内 容 提 要

随着人工智能的发展，策略产品经理应运而生，策略产品经理的岗位需求量不断增长，越来越多的人希望通过图书或者相关的培训获得专业的指导，并能够借此在求职、能力提升或者转行时获得优势。

本书介绍了策略产品经理应知应会的知识，本着将业务诉求转化成产品策略模型的理念，教读者设计策略模型，使业务指标循序渐进地得以提升。此外，本书展示了丰富的案例和策略模型的构建过程，并提出了一系列可行的解决方案。读者在阅读的过程中，可以了解策略理念，培养策略思维，运用策略方法论，快速提升业务实践能力。

本书面向数据策略产品经理或对数据策略产品感兴趣的读者，也适合在搜索、推荐、广告、营销、用户增长等业务领域工作的产品经理阅读。此外，互联网行业的市场人员、运营人员、数据分析师以及普通高校的计算机或数据科学相关专业的师生也可以参考阅读。

◆ 著　　　　　张秀军

责任编辑　胡俊英

责任印制　王　郁　焦志炜

◆ 人民邮电出版社出版发行　　北京市丰台区成寿寺路 11 号
邮编　100164　电子邮件　315@ptpress.com.cn
网址　https://www.ptpress.com.cn
三河市君旺印务有限公司印刷

◆ 开本：800×1000　1/16
印张：13.75　　　　　　　　　　2024 年 7 月第 1 版
字数：294 千字　　　　　　　　2024 年 7 月河北第 1 次印刷

定价：69.80 元

读者服务热线：(010)81055410　印装质量热线：(010)81055316
反盗版热线：(010)81055315
广告经营许可证：京东市监广登字 20170147 号

推荐语

在京东工作期间,我和秀军通力合作,突破性地解决了很多 B2B 电商平台推荐系统和搜索系统相关的业务难题。这是一本注重实践的图书,里面包含了大量的推荐系统、精准营销系统、用户增长等相关的电商平台案例,很适合新手产品经理及想转行做 AI 策略产品的人员阅读,相信大家会得到很大的收获。

——何影

金山办公-高级研发经理

这是一本关于推荐系统、用户增长等主题的 AI 策略产品经理图书,这本书不仅是对作者多年工作经验的总结,更是囊括了她对产品经理这个职业的深刻洞察。在 AI 时代,这本书介绍的知识不仅能够帮助我们更好地掌握相关技能,还能够让我们更好地理解这个时代的商业逻辑和市场趋势。

——周海旭

B 站-技术专家

这本书不仅仅是一本技术指南,更强调了创新思维和用户需求的重要性。它让我们意识到技术是为用户服务的,我们应该将用户的需求放在首位,利用技术呈现更好的用户体验和服务质量。对于产品经理来说,这是一本实用性非常强的指南。我相信它能帮助很多读者解决业务难题,打开新的思路。

——邹浩浩

爱空间-数字化中心产品总监

在数字化时代,推荐系统、智能营销、用户增长、数字化转型等不仅影响着互联网行业,也在潜移默化地影响着传统行业。

这本书精心梳理了一系列实用的策略设计思路,相关的知识可迁移到电商平台、内容媒体平台等多个领域。书中所介绍的策略和方法不仅能够更好地响应用户需求,也能帮助平台优化营销效果,降低成本。

无论你是互联网行业的从业者还是传统行业的从业者,都可以从这本书中获得有价值的见解和指导。

——王书珍

字节跳动-用户画像产品经理

致读者

各位读者：

大家好，我是张秀军（昵称"小意"）。大家是否还记得我们捧着一本英语词典背单词的情形？第一个单词是 a/an，第二个单词是 abandon，第三个单词是什么则没印象了。希望本书的读者不要每次都看到第 1 章，看了几遍后就放弃（abandon）了。

我认为策略产品经理在产品经理岗位序列中是属于天花板级的，特别是随着 AI 跨时代的高速发展，策略产品经理能应用算法模型赋能业务，是离 AI 最近的产品经理。策略分好几种，有推荐策略、搜索策略、广告策略、智能营销策略……往往这些策略想获得好的目标效果需要很强大的算法团队支撑。而当一个企业的算法团队能力很薄弱或者业务模式需要验证的时候，企业对策略产品经理的要求就会更高。这是为什么呢？

对于成熟的团队，策略产品经理更多的是做业务层面的沟通，收集需求后使用现有的模型产出结果，或者根据业务诉求来优化模型，并提出训练模型的新需求。那么，这部分产品经理更多的工作是进行接口对接，考虑用户体验和设计的合理性等。而对于一个不成熟的团队或业务模式需要验证的情况，如果想要发挥出策略的效果，就需要策略产品经理懂算法。这里的算法是指根据想要实现的业务目标写出如何达成目标的一组统计规则算法。往往这项能力不是所有策略产品经理都具备的，多数策略产品经理具备的能力是成熟团队里策略产品经理普遍具备的，而难的却是如何让不成熟的团队或在业务模式需要验证的情况下实现策略。因此，当你读这本书的时候，你已经是站在比较高的层面理解并接受产品经理的工作内容，这相当于天花板中的天花板。但是，你也要做好心理准备，这本书讲的内容很难，难到我希望你不要轻言放弃。我也相信这样的图书市面上少有，只要你认真学习就会有所收获。

这本书之所以难，是因为书中体现的逻辑和计算公式都是结合真实的业务场景，也就是真正将业务模式用数据统计公式及模型表达出来。我相信几乎每个业务模式都可以用一组数学公式表示，只是仍有很多业务模式没有被挖掘出来。这也要求我们懂业务、懂用户、懂大数据、懂算法模型、懂接口，当然也得懂普通产品经理必须懂的用户体验。

我在输出策略公式的时候需要经过大量的推导和思考，每输出一个逻辑都是经过很多次思考并保证在落地后能够真正代表业务诉求的。而因为一些公式往往只体现为最终形态，所以容易导致很多人知其然而不知其所以然。为此，我在本书中尽量将自己思考的过程展现出来，让大家知晓策略的设计过程。但因为每个人的思维特点、关注重点和底层能力各有不同，所以无法保证所有人都能理解得很到位。

图1和图2是我在做某个策略逻辑推导的过程中梳理的草稿，一个逻辑的输出是很烦琐的，因此就算你读不懂也没关系，一段一段地拆开读，每段都有价值，慢慢理解，总有那么一刻你会发现原来自己也能设计策略了。

近X天有行为，长短期优惠券兴趣偏好

思考：行为衰减，怎么计算合适?
(1) 牛顿冷却定律

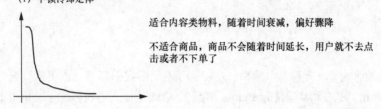

适合内容类物料，随着时间衰减，偏好骤降

不适合商品，商品不会随着时间延长，用户就不去点击或者不下单了

(2) 用户行为衰减（对商品）
A用户对SKU1行为少，但B用户对SKU1行为多，故SKU1总行为无法体现出衰减曲线。

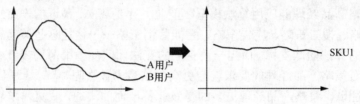

同理，得到对应品牌行为，同上。

(3) 复购场景（B2B场景），行为曲线依赖复购周期

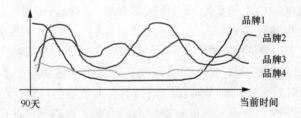

上图无法形成统一行为衰减曲线。

综上：B2B场景行为衰减不考虑。但上述用户行为强相关，少了近期行为。

此方案可以。（1）和（2）已经覆盖长期行为，后续可以只取短期行为计算。

则 取最近X天行为数据 ，计算行为对应品牌强弱。

不考虑是否下过品牌订单

① X计算，考虑下单衰减曲线，即在一个补货周期的行为表现

$X=4\sim5$天，以5天计算

图1 推导过程中的思考（1）

② X=5天内的行为衰减

上述衰减系数 α 用"牛顿冷却"不合适。近期行为权重高，远期权重低。

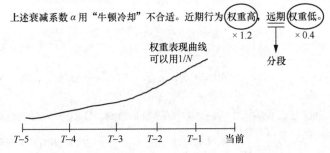

$$\sum 行为 = \sum \frac{1}{n} \times (行为累计[1,2])$$

则 score_品牌1=1/5×（T–5 行为分）+1/4×（T–4 行为分）+T行为分

图 1 推导过程中的思考（1）续

思考1：既然已知SKUlist，直接看SKU覆盖个数？

e.g.   SKU1 绑定在优惠券1、优惠券2、优惠券3 上

         SKU2 绑定在优惠券2、优惠券5 上

         SKU3 绑定在优惠券4上

则，

优惠券1下有效SKU个数=1   ①若按有效SKU个数排序

优惠券2下有效SKU个数=2   ②有相同的值，这些值对应的券

优惠券3下有效SKU个数=1   怎么排？

优惠券4下有效SKU个数=1   ③此方案没考虑用户的客单价

优惠券5下有效SKU个数=1

结论：此方案有弊端，不考虑

思考2：按Top$N$-SKU得分排序，并对应绑定的优惠券

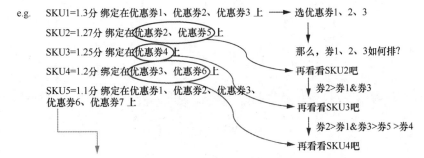

图 2 推导过程中的思考（2）

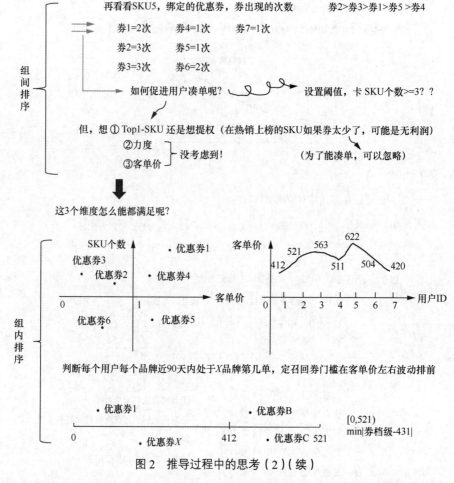

图 2　推导过程中的思考（2）（续）

　　一套方案的输出需要考虑各种可能情况，这样才能保证策略可以覆盖到各个特征的人群，以降低策略偏差。图 1 和图 2 所示的推导过程仅作为策略落地方案输出前的思考过程，此处不做过多介绍。

前　言

随着网络设备的升级，以及互联网和大数据技术的发展，我们处于一个信息爆炸的环境中，被各种各样的信息包围。如何筛选这些信息？哪些有价值？哪些无意义？种种问题让我们对信息的选择产生了"焦虑"。在此背景下，推荐算法、智能营销（也叫作精准营销）等应运而生，为解决信息爆炸给人们带来的困扰提供了强大的助力。同时，这也意味着需要应用策略在众多凌乱、复杂的信息中挖掘出数据的价值，于是策略产品经理这个岗位应运而生。

广义上的"策略"是一种达成"战略定位"的清晰路径，它包括两个维度：狭义策略和数据。狭义策略是实现战略路径需具备的具体战术，数据则是战术的分析决策依据，即通过产品能力实现业务效果提升的具体方法，并通过产品功能逻辑实现落地。也就是说策略的决策过程中必须有大数据的"参与"，是基于大数据的决策链，摒弃了"拍脑袋"决策。整个产品的设计是将数据分析过程产品化，在逻辑层实现，再将分析的结果作为应用层使用。策略是看不见摸不着的黑盒，因此策略产品经理入门比较难，门槛特别高，既要懂数据挖掘、数据分析、统计学、算法，又要懂视觉交互、逻辑拆解，更重要的是要懂用户。你会发现策略产品经理基本上能胜任大多数类型的产品经理岗位。

根据我过往的学习经验以及和身边同事、朋友交流的情况可以得知，大家或多或少都有的困惑是：如何进入策略产品经理这个领域？如何做得更专业？我们会发现市面上产品经理类和算法类的专业图书虽然有很多，但大多数是从传统产品经理角度和纯算法技术能力角度撰写的，一直缺乏融合算法能力与业务能力的图书。很多人只能尝试从算法角度去寻找蛛丝马迹，比如算法如何调参，哪个模型更好，以为这便是策略产品经理的工作职责。当然，不可否认这些都是纯算法技术能力上的应用，但却不是策略产品经理的工作重点。策略产品经理要解决的是业务效果提升的问题，需要把业务诉求作为输入，把策略模型作为输出，并将算法底层能力与业务能力抽离，保证模型后续的高可复用性。就像传统产品经理输出的产品能力是功能流程化，而策略产品经理则是在功能流程化过程中加入大数据算法决策因子，让功能流程化过程有可信赖的数据参与决策，使输出的结果符合消费者的个性化诉求，进而实现业务效果的提升。

从各大公司的招聘信息中不难发现，策略产品经理的部分职责可概括为数据分析、挖掘消费者痛点、输出解决方案。我们可以从产品经理的角度来解读纳特·西尔弗《信号与噪声：大数据时代预测的科学与艺术》书中的一段话：

大量的信息成倍增加，但有用的信息却非常有限。

信号是真相，噪声却使我们离真相越来越远。

——[美]纳特·西尔弗《信号与噪声：大数据时代预测的科学与艺术》

通过解读这段话及该书中的其他内容，我们可以准确引申出策略产品经理产生的背景及部分工作内容。

首先，大数据的快速发展使信息呈现爆炸式增长，不同的消费者对信息的诉求有所不同，真正满足消费者诉求的信息很难在庞杂的信息中被快速精准地找到。

其次，消费者在互联网上会留下行为日志数据，通过行为数据挖掘可获得消费者画像及消费诉求。虽然信息呈爆炸式增长，让我们离真相越来越远，但我们要从庞杂的信息中快速精准地找到消费者需要的信息。做策略便是基于数据分析挖掘消费者痛点，并解决消费者痛点的过程。

最后，通过数据分析发现消费者的真实诉求，并通过策略实现精细化管理，输出真正解决消费者痛点的方案。

随着互联网红利的触顶，做增量市场难度越来越大，若要保持业务持续增长，就要做存量市场的精细化管理。大数据技术大大助力了精细化管理，使传统的常态化运营融入了新的元素。若想让存量市场保持正向增长，就不能仅考虑眼前的短期收益，而是应该将更多的精力聚焦在如何用最少的投入带来长期的收益上，加强精细化管理。

商品精细化、内容精细化、营销活动精细化……能够提升用户体验，减少用户决策成本，降本增效，塑造增长壁垒。而所有的精细化管理都离不开大数据的深度挖掘及应用，离不开策略产品经理的工作范畴。

需要注意的是，本书介绍的是 B2B 电商平台的产品策略设计，与 B2C 电商平台的产品策略设计存在较大的差异。B2C 电商平台更关注的是用户使用的便捷性及用户体验，而 B2B 电商平台更注重专业性的服务理念。本书通过大量的公式推导输出对应的产品策略，而这些策略的产出是为了提供更专业的产品和服务，旨在帮助 B 端用户实现生意的增长。

读者对象

本书面向策略产品经理，或倾向于转行做策略产品经理的人，包括但不限于以下人群：

- 传统产品经理；
- 在搜索、推荐、广告、营销、增长等业务领域工作的产品经理；
- 已投身互联网行业，期望对策略有所了解的市场人员、运营人员等，此部分人员可跳过具体业务模型，了解基本方法论及逻辑；
- 数据分析师及日常工作中与数据相关的人员，想了解业务实现模式及思考方向的人员；
- 希望通过算法工程让专业案例落地，进而提升专业应用能力的算法工程师；

- 在校理工科学生，有统计学、数学、计算机等相关学科基础，希望毕业后从事策略产品经理相关工作的学生；
- 其他对策略感兴趣的人员。

如何阅读本书

本书共分为两部分。

第一部分是基础知识篇（第1～5章），主要介绍策略的商业价值和非商业价值，以及基于策略价值的专业领域知识。通过推荐系统架构、策略价值量化指标、智能营销等主题的讲解，让读者对数据策略有所认知，初步了解策略产品设计的思路。

第二部分是案例实践篇（第6～18章），这部分重点介绍B2B电商平台的策略产品设计，包括推荐策略、智能营销策略、企业经营分析解决方案。

（1）推荐策略

这部分（第6～10章）以"从0到1搭建推荐平台"为切入点，通过案例逐步深入地进行介绍。书中内容涉及电商推荐平台及内容电商生态推荐平台，以业务目标为导向，从数据基础建设、画像挖掘、特征挖掘等角度，提出电商平台召回、粗排、精排、重排等策略；案例内容包括但不限于冷启动策略、用户分层/分群、规则逻辑、相似相关、用户复购周期、价格带、高频商品、热销商品、品类角色、穿插排序等；通过将业务能力与算法能力进行有效的融合，真正实现消费者诉求达成和业务增长。

（2）智能营销策略

这部分（第11～17章）内容包括用户增长、平台营销方法、智能营销解决方案三类内容。案例内容包括但不限于精准定投、智能选品、BI排序、智能文案，智能优惠券、个性化推送等；通过"智能算法+人工辅助"实现用户生命周期模型跃迁预测；通过用户增长策略实现用户对产品或服务从认知到产生兴趣，再到产生购买行为，进而成为忠诚用户的转变，即实现从用户增长到GMV增长，并有效提升业务数据指标。

（3）企业经营分析解决方案

这部分（第18章）从0到1规划并设计数字化线下门店（商超）数字化营销的分析思路及解决方案。基于门店市场定位、门店生命周期等数据分析市场机遇与风险，制订线下门店的经营计划及营销策略，通过算法赋能，融合线上、线下服务能力解决门店经营痛点。

此部分内容涉及特别庞大的知识体系，这里仅做门店经营分析的基础思路介绍和应用。

 提示：

书中提到的业务公式不是固定的，均是作者基于业务场景独创的。案例中所涉及的方法已授权发明专利，详列如下。

申请号	公开（公告）号	发明人	发明名称
CN202110964980.7	CN113657941A	张秀军	策略生成方法、生成装置、电子设备以及可读存储介质
CN202110057323.4	CN113744020A	张秀军	一种商品文案处理方法、装置、电子设备和存储介质
CN202110749450.0	CN113379511A	张秀军	用于输出信息的方法和装置
CN202011063381.×	CN112307329A	张秀军	一种资源推荐方法及装置、设备、存储介质
CN202111056474.4	CN113688325A	张秀军	内容推荐方法、装置、电子设备和计算机可读介质
CN202011049380.×	CN112348626A	张秀军	物品信息的处理方法和装置
CN202110060339.0	CN113822734A	张秀军	用于生成信息的方法和装置
CN202210612625.8	CN115017410A	张秀军	一种任务的推送方法、装置及云服务器

致谢

感谢与我沟通交流的同事及朋友，让我更深入地了解了大家的痛点及诉求，感谢大家对我的支持以及对本书的期待。

感谢曾经一起工作过的算法工程师、产品经理、业务经理，他们给予我很多启发，让案例更贴近真实场景。

感谢本书编辑对我的各种指导，使我的写作水平有了很大的提高。

感谢在工作和生活中帮助过我的所有人，感谢你们，正是因为有了你们，才有了本书。

关于勘误

虽然花了很多时间和精力去核对书中的文字和图片，推演算法公式，但因为时间仓促和水平有限，书中仍难免会有一些错误和纰漏。如果大家发现什么问题，或有专业问题交流可添加我的个人微信（微信号：jun211115），我会邀请你加入读者群进行技术交流，并竭尽所能地为大家解惑答疑。

资源与支持

资源获取

本书提供如下资源：
- 本书配套的彩图文件；
- 策略产品经理知识图谱；
- 产品经理的 AI 攻略 PPT；
- 本书思维导图；
- 异步社区 7 天 VIP 会员。

要获得以上资源，您可以扫描下方二维码，根据指引领取。

提交错误信息

作者和编辑尽最大努力来确保书中内容的准确性，但难免会存在疏漏。欢迎您将发现的问题反馈给我们，帮助我们提升图书的质量。

当您发现错误信息时，请登录异步社区（**https://www.epubit.com**），按书名搜索，进入本书页面，点击"发表勘误"，输入勘误信息，点击"提交勘误"按钮即可（见下页图）。本书的作者和编辑会对您提交的错误信息进行审核，确认并接受后，您将获赠异步社区的 100 积分。

图书勘误		✎ 发表勘误
页码： 1	页内位置 (行数)： 1	勘误印次： 1

图书类型： ⊙ 纸书 ○ 电子书

添加勘误图片 (最多可上传4张图片)

+

提交勘误

与我们联系

我们的联系邮箱是 contact@epubit.com.cn。

如果您对本书有任何疑问或建议，请您发邮件给我们，并请在邮件标题中注明本书书名，以便我们更高效地做出反馈。

如果您有兴趣出版图书、录制教学视频，或者参与图书翻译、技术审校等工作，可以发邮件给我们。

如果您所在的学校、培训机构或企业，想批量购买本书或异步社区出版的其他图书，也可以发邮件给我们。

如果您在网上发现有针对异步社区出品图书的各种形式的盗版行为，包括对图书全部或部分内容的非授权传播，请您将怀疑有侵权行为的链接发邮件给我们。您的这一举动是对作者权益的保护，也是我们持续为您提供有价值的内容的动力之源。

关于异步社区和异步图书

"异步社区"是由人民邮电出版社创办的 IT 专业图书社区，于 2015 年 8 月上线运营，致力于优质内容的出版和分享，为读者提供高品质的学习内容，为作译者提供专业的出版服务，实现作者与读者在线交流互动，以及传统出版与数字出版的融合发展。

"异步图书"是异步社区策划出版的精品 IT 图书的品牌，依托于人民邮电出版社在计算机图书领域的发展与积淀。异步图书面向 IT 行业以及各行业使用 IT 的用户。

目 录

第一部分　基础知识篇

Part 01

第一部分
基础知识篇

任何产品设计的产出物必有其解决行业问题或者用户诉求的价值，不具有价值的产品则会被行业淘汰。基础知识篇从策略的商业价值和非商业价值引入，在明确其必要性后，从策略的价值与分类、推荐系统基础知识、推荐系统的架构及算法、用 AB 实验量化策略效果、智能营销等方面进行详细介绍，让读者了解什么是策略，以及策略产品的设计思路。

第 1 章　策略的价值与分类

1.1　专业名词解释

ECPM：Expected Cost Per Mille 的缩写，每千次展示期望获得的收入。
CPM：Cost Per Mille 的缩写，按千次展示量付费。
CPC：Cost Per Click 的缩写，按点击量付费。
CPA：Cost Per Action 的缩写，按转化量付费。
CPS：Cost Per Sale 的缩写，按销售额付费。
CPT：Cost Per Time 的缩写，按时间付费。
ROI：Return On Investment 的缩写，投入产出比。
GMV：Gross Merchandise Volume 的缩写，商品交易总额。

1.2　价值概览

随着大数据和算法的发展，策略产品经理应运而生，这个岗位的价值更多地体现在基于策略提升业务效果上。策略给企业带来的价值使企业对策略产品经理的重视度越来越高。

策略实现的效果是通过个性化策略对网站整体流量结构进行调节，增加内容、商品及广告的曝光数，提升用户平均访问时长和访问量，降低用户跳出率，进而影响转化率、商品动销数以及销售额，提升内容分发效率，从根本上提升网站的整体营销效能并节约大量人力成本。策略的价值分为两大类——非商业价值和商业价值，如图 1-1 所示。

个性化策略，即千人千面的策略，触达用户的策略必定是解决用户的痛点和满足用户诉求的策略。不同的人看到的内容会有差异，A 用户优先看到的是符合 A 用户偏好的内容，而 B 用户优先看到的是符合 B 用户偏好的内容，不同的人看到的内容的展示形式都会有所不同。个性化策略是满足用户诉求的综合策略，用户所见即为用户想要和偏好的内容，进而引起用户对网站的访问时长及访问深度的改变，用户的转化率也会因这个调整而带来新的变化。

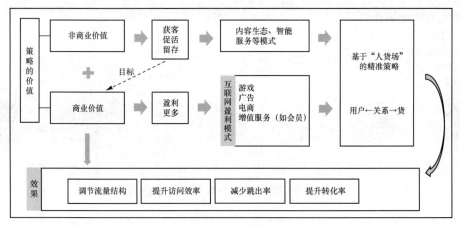

图 1-1　策略的价值

1.2.1　非商业价值

随着互联网的发展，用户增速放缓，存量用户的价值越来越重要，深耕存量用户并对流失用户和沉睡用户进行召回已成为平台再一次面临的考验，如何让平台用户活跃并留存成为平台健康发展的核心要素。

消费者的生活习惯已被互联网改变，足不出户完成吃、住、用已成为新常态，消费者在选择的渠道上越发多元，各大平台竞争力越来越明显。如何精准识别出消费者的诉求已成为各大平台竞争的一个核心产品能力，因此需要对用户进行精细化运营，让平台更懂用户。通过大数据分析对用户进行深度洞察，掌握消费者的行为规律，为每个用户匹配定制化的增长策略，真正实现科学地管理、运营用户，进而提升用户对平台的黏性和依从性，打造符合用户心智的产品，深度促进用户转化渗透，这就是策略的价值。

也就是说策略的非商业价值更多的是体现用户价值，挖掘用户诉求，实现消费者分层管理，助推平台挖掘增长潜力，实现流量运营到用户运营的转化。

通常用户分层是通过用户生命周期来划分的，不同平台划分的方法有所不同。某平台用户分层涉及两个数据指标——每个用户分层的用户数及 GMV 产出。

如图 1-2 所示，根据用户数与 GMV 的关系可知，成熟期的用户数占比很少，但这部分用户对应的 GMV 产出却是最大的，也就说人均客单价很高，这批人群对平台来说是高净值用户群体。这也证明了用户对平台的黏性越强，平台收益就越大，所以策略产品经理要做的事情是在不同的场景下（内容生态、智能服务等模式）持续输出适合不同人群的策略，让用户都向成熟期发展。那么，策略的非商业价值为什么是促活和留存？因为促活和留存是漏斗数据中的过程数据，而未来要实现的目标仍旧是带来 GMV 的提升（即商业变现）。而用户习惯养成是个长期的过程，此阶段属于"养用户"。

策略的另外一个非商业价值便是获客，用户从哪儿来，用户在哪，哪些用户的特征与平台的特征相匹配，这都需要策略产品经理输出策略来解决，只有不断地获得精准的客源，才能使平台获得更大的市场份额。

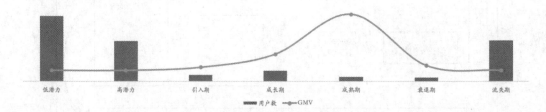

图 1-2　用户分层：用户数与 GMV 的关系

用户怎么养？经常会听见"人""货""场"这样的关键词，实际上就是人与货通过一定关系匹配后在某个场景下实现价值最大化。以电商平台来看，在"人"的方面，只有持续、精准地触及和吸引用户并带来转化，才能确保收益最大化；在"货"的方面，只有深入洞察不同用户分层群体的需求和差异，才能以用户需求驱动货的创新与迭代；在"场"的方面，不同渠道的用户特征存在差异，基于场的定位可以实现线上线下全渠道的精准触达。

1.2.2　商业价值

所谓商业价值自然就是商业变现能力，目前互联网行业主要的变现模式包括游戏、广告、电商、增值服务（如品牌消费增长等），而后三种模式可以通过策略来实现价值更大化，带来更大的收益。也就是说通过策略带来的商业价值是增量价值，是在原生价值基础上额外带来的价值。

与传统的商业价值不同，策略带来的商业价值倾向于"传统的商业模式+用户精细化管理"。要想把这几种模式都做好，就离不开大量活跃的忠实用户，这也就是为什么策略还有非商业价值，其目标是为商业价值做用户习惯培养，毕竟用户始终是一切商业价值的保障和核心收入来源。

1.3　商业价值评定

1.3.1　广告

传统的互联网广告的扣费模式有 CPT、CPM、CPC、CPA、CPS 等，其中 CPM 是互联网广告最早的计费方式之一。以 CPM 为例，CPM 售卖方式应用广泛、原理简单，即用户每看过一次广告，广告主就要投入一份广告费，如图 1-3 所示。

在以往的 CPM 广告竞价排名中，遵循出价排序，即出价越高，获得高曝光量的机会越大。CPM 也有自己的短板，虽然出价越高越能提高曝光机会，但是这些曝光能否为广告主带来更多的转化收益，能否持续平稳地带来转化收益，便成为广告主最关心的问题。

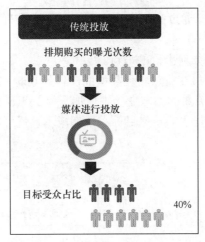

图 1-3　传统广告投放方式

其他广告投放方式对广告主来说同样存在问题。广告主选择 CPM 方式投放广告想知道的问题涉及以下方面。看广告的用户这么多，能否找到最具转化价值的那部分用户？那么多付费广告定向投放是否已经找到最优定向渠道和人群？从曝光到转化出多少价格合适……

如图 1-4 所示，为了达成广告主期望的效果，策略广告便发展起来。策略广告是以转化为目标的广告投放方式，比如 ECPC、TCPA、OCPX（X 是泛指，比如 OCPT、OCPM 等）等。此类广告投放方式可帮助广告主根据自身实际转化诉求，设定具体目标（如 App 激活成本、下单转化成本等），并基于要实现的效果出价。

品牌广告主——有钱任性（CPT/CPM）

希望
广告覆盖广：吸引眼球，品牌被广泛传播
例①：一次投放可覆盖100个城市
广告效果优化：频控、创意更换
例②：按顺序投入广告素材，不同人群对应不同素材

厌恶
虚假作弊流量：广告预算白白浪费
品牌安全问题：自家广告出现在"违规非法或不适宜"的内容旁边

效果广告主——钱要花在刀刃上
（CPC/CPA/CPS——ECPC、TCPA、OCPX）

希望
ROI高：投入的每一分钱产出都好
例①：平均下载一个游戏，仅花20元广告推广费
投放灵活&效果好：能随时随地更改投放计划
例②：投放期间，发现某栏位效果好，可随时决定投入更多的广告预算，发现某版块效果差，将其直接下线

厌恶
ROI低：花钱多，未到达目标效果
后续留存差：广告推广及时有效，但后续使用与留存低

图 1-4　广告主的诉求

下面以 OCPM 为例，说明此广告投放方式相对于 CPM 广告投放方式的改进点。

第一，后台算法兼顾曝光和转化，可以解决高曝光低转化的问题。

在 OCPM 方式中，广告系统充当实时在线的优化师，根据广告主的优化目标和出价，利

用广告的海量数据和精准算法，通过智能优化将广告投放给最有可能转化的用户，实现广告效果的最大化。

第二，解决广告主不知道如何出价的痛点。

以往信息流广告的投放人员在投放转化类型的广告计划时，需要根据转化成本、点击转化率层层推导出最高的出价，而流量的动态变化则增加了投放工作的强度和难度，而结果往往不是最优的。现在只需要设定广告主的转化目标和预期成本，就可以把寻找"高转化的用户"这件事交给智能算法来实现。

提示：

广告策略是策略的一种，限于策略方向不同，本书对计算广告的介绍不再继续扩展。

1.3.2 电商

因本书主要介绍 B2B 电商推荐策略及智能营销策略相关的内容，故本部分对电商的商业价值仅通过《京东&尼尔森：用户生命周期运营白皮书》里的专题案例"某婴儿尿裤品牌 C2M 产品定制，提升潜力客户到引入期的转化效率"，说明电商有哪些商业价值，案例内容如图 1-5 所示。

京东和某品牌利用数坊与用户评价系统，对消费者需求进行深入分析。通过分析，发现仍有大部分消费者对于婴儿尿布品类肌肤呵护的功能不满意，这会导致用户流失；而这部分洞察对于品类和品牌来说，是获取引入期用户重要的机会点。为在用户生命周期上进行潜在期用户获取及实现留存用户复购率提升，某品牌敏感肌系列应运而生。

自4月上市后，敏感肌系列68%生意是NB/S/M新生系列贡献的。同时，48%用户成为品类引入期用户。在618大促期间，敏感肌系列生意占品牌整体的2.5%，毛利增长15%。88奶爸节期间，敏感肌生意占比提升到了大盘的3.5%。	效果表现
在2019年第二个季度的投放活动中，通过对用户生命周期上不同时期的用户触点偏好分析，决定使用站内频道页新品策划、站外抖音KOL带货等方式，进行活动执行。在活动复盘时发现，敏感肌系列为品牌贡献引入期用户4.1万，品类引入期增长贡献值占比2%。	具体策略

图 1-5 专题案例

该案例通过对用户生命周期进行划分，对不同生命周期的用户挖掘特点并触达不同的策略，满足用户不同的兴趣偏好，通过站内、站外等渠道实现品牌效率提升。

如图 1-6 所示，电商平台的用户生命周期一般可分为认知期、吸引期、引入期、成长期、成熟期、衰退期和沉睡期。不同公司的不同业务线对生命周期的划分有所不同，不同生命周期的用户定位、触达策略也有所不同。本书分别在第 14 章、第 17 章的案例环节详细介绍相关内容。

用户阶段	用户特征	定位方向	策略方法
1.认知期	注册后极少登录，且从未下单	鼓励用户频繁登录并实现首单购买	外部消息触达、低价格商品吸引、丰富商品品类、提供"安心购"服务、平台/品牌溢价展示
2.吸引期	频繁登录但从未下单	维持用户登录状态，刺激首单购买	相关策略参考认知期，重点是吸引用户下单
3.引入期	完成首单购买，但对平台忠诚度不高	刺激用户复购，实现第二单等消费转化	增加平台停留时间、推荐未购买过的商品、提升商品认知
4.成长期	对平台较忠诚，有多次购买行为	刺激用户成交更多订单，提高消费金额	个性化推荐、丰富商品品类、通过品牌溢价吸引、采用优惠券和红包促销
5.成熟期	对平台忠诚，持续复购	维持购买状态，尝试让用户购买更多商品	个性化推荐未购买商品、丰富商品品类、提供"安心购"服务、采用优惠券和红包促销
6.衰退期	购买次数减少，存在流失风险	通过促销活动、优惠等方式吸引用户复购	根据用户流失原因，使用引入期的策略方法来增加复购次数
7.沉睡期	已流失，一段时间内无购买行为	帮助用户重新登录，根据流失原因采取措施	参考引入期的策略，重点是重新吸引用户回到平台

图 1-6　用户生命周期划分&定位&策略

1.4　策略的分类

行业内将策略分为推荐策略、搜索策略、广告策略、智能营销策略。算法团队的成熟度不同，所输出的策略的侧重点也会有差异，特别是在算法团队能力弱或者没有算法团队的时候，尤其考验产品经理的专业能力。因推荐系统是策略的基础能力，广告、智能营销等是在推荐策略的基础上进行的细分策略升级，且产品架构设计也与推荐系统相似,故一旦了解了推荐系统，其他方向的策略能力便相对容易提升。

另外，推荐策略和搜索策略的整体产品架构设计也相似，差异点在于搜索是用户的主动诉求，需要算法根据用户的搜索行为及历史行为日志数据识别用户意图,猜测用户当前需要什么。而推荐是用户的被动诉求，根据用户的历史行为日志数据告诉用户可能喜欢什么。一定不要把推荐和搜索混为一谈，这是两个不同方向的内容。

广告策略与智能营销策略比较相似，都是通过"时间、地点、人物、事件"的产品架构输出策略。即在什么时间、在什么场景或渠道下给某类用户推荐什么内容带来的转化效果更好。而广告策略的付费方是广告主，一般是短期收益。智能营销策略包括两类，一类是站在平台的角度，实现平台用户的精细化运营；另一类是基于品牌商长期收益的解决方案，与广告投放相似，但又有所不同。

1.5 一个简单的策略案例

先从一个简单的案例来进行策略的入门引导。首先引用《品牌创造增长：如何让你的产品成为用户的首选》书中的两页内容，如图 1-7 所示。下面结合策略实践经验，对此部分进行进一步解读。

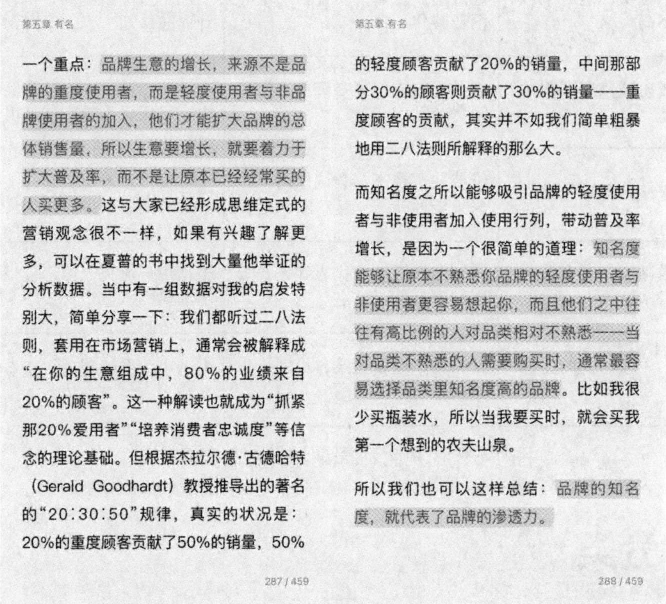

第五章 有名

一个重点：品牌生意的增长，来源不是品牌的重度使用者，而是轻度使用者与非品牌使用者的加入，他们才能扩大品牌的总体销售量，所以生意要增长，就要着力于扩大普及率，而不是让原本已经经常买的人买更多。这与大家已经形成思维定式的营销观念很不一样，如果有兴趣了解更多，可以在夏普的书中找到大量他举证的分析数据。当中有一组数据对我的启发特别大，简单分享一下：我们都听过二八法则，套用在市场营销上，通常会被解释成"在你的生意组成中，80%的业绩来自20%的顾客"。这一种解读也就成为"抓紧那20%爱用者""培养消费者忠诚度"等信念的理论基础。但根据杰拉尔德·古德哈特（Gerald Goodhardt）教授推导出的著名的"20∶30∶50"规律，真实的状况是：20%的重度顾客贡献了50%的销量，50%

287 / 459

第五章 有名

的轻度顾客贡献了20%的销量，中间那部分30%的顾客则贡献了30%的销量——重度顾客的贡献，其实并不如我们简单粗暴地用二八法则所解释的那么大。

而知名度之所以能够吸引品牌的轻度使用者与非使用者加入使用行列，带动普及率增长，是因为一个很简单的道理：知名度能够让原本不熟悉你品牌的轻度使用者与非使用者更容易想起你，而且他们之中往往有高比例的人对品类相对不熟悉——当对品类不熟悉的人需要购买时，通常最容易选择品类里知名度高的品牌。比如我很少买瓶装水，所以当我要买时，就会买我第一个想到的农夫山泉。

所以我们也可以这样总结：品牌的知名度，就代表了品牌的渗透力。

288 / 459

图 1-7 引用图书《品牌创造增长：如何让你的产品成为用户的首选》的案例

当你看到这两页文字的时候，你会想到什么？我分别与两位同事进行了交流，让他们谈谈自己的想法。

同事一反馈：这篇内容打破了自己的认知，以前一直以为 20%的用户带来 80%的销售额是符合二八原则的，但这篇文章介绍的却是"20∶30∶50"的销售原则。

同事二反馈：要让销售量增加，除了让已经有购买力的用户买更高客单价的商品外，还要增加用户的知晓率，让更多的人买，也就是需要精准挖掘潜在消费人群。

两位同事说的都对，但作为策略产品经理除了能理解文字内容外，最好能第一时间想到对应的产品解决方案，输出相应的落地策略。

我们对引用的这两页内容进行分析会发现，这里说的品牌生意经营增长，应该是品牌市场的占有量增长，即市场份额增长。这里提到的"品牌的重度使用者"可以理解为常购买某个品牌产品的用户，即忠诚用户；轻度使用者可理解为偶尔购买某个品牌产品的用户，即一般购买力用户；非品牌使用者可理解为品牌新用户或者品牌潜在用户。

品牌营销的一个核心点是让品牌能够被更多的用户知晓。就好比我平时不吃巧克力，但让我去购买巧克力的时候，我在第一个时间想到的是买德芙巧克力，因为我在大多数巧克力广告场景看到的都是德芙巧克力的广告，这就是品牌的知名度，品牌的知名度便代表了品牌的渗透率。也就是说，任何未知的某品牌当用户产生购买意向的时候，第一时间会选择自己有所感知的品牌，这样的品牌潜移默化地影响着用户的心智。

如果把这两段文字通过输出策略来促进品牌销售额增长，该怎么做？本段文字可生成一组策略。第一步，按照图 1-7 所介绍的"20：30：50"规则，将人群进行分层，即分为忠诚用户、一般购买力用户、新用户（或潜在用户）；第二步，对不同分层人群触达符合其诉求的最可能下单转化的商品来实现销售额的增长，而这里可通过广告投放等策略来挖掘出潜在的用户群体。具体的策略如下。

针对忠诚用户，可尝试推荐品牌的新品。此类用户已对品牌有充分的认可，易于尝鲜转化。

针对购买力一般的用户，因为此用户人群对品牌的依赖性并不强，若要实现品牌增长，需保证品牌的优质服务及客单价可被用户接受，所以可适当使用优惠券促进成单。

针对新用户，通过相似相关品牌精准挖掘潜在用户人群，因为此类人群对商品仅有一点认知，对品牌几乎没有依赖，所以可通过高质量的服务及低价、促销新人价、优惠券等权益，让用户实现首次下单。

上述案例简单介绍了如何让品牌实现销售额增长，是一个基于用户生命周期划分的简单的智能营销产品策略。提升品牌知名度更多依赖的是运营策略，而产品策略则是通过增加品牌商品精准的曝光机会来增强用户对商品的认知。

 提示：

此案例将用户生命周期划分为 3 层，而图 1-2 则将用户生命周期划分为 7 层。根据业务发展阶段及达成目标不同，用户生命周期划分会有所不同。

1.6　小结

传统的策略往往凭借业务人员的经验输出，缺少数据的支撑。而现代的策略不仅体现还会通过搜索、推荐、广告等策略方法影响着整个平台的流量分发，是在大数据和算法模型的基础上，应用数据进行决策。本章通过介绍策略的价值，明确了策略的技术可行性和商业可行性。产品策略设计是为解决问题而产生的有意识的活动，有助于更加精准地满足用户需求。

2

第 2 章　推荐系统基础知识

常有人认为有了标签就能做推荐系统，推荐系统可以根据用户行为或属性等进行相似相关推荐。实际上这些认知是片面的，真正的推荐系统比这复杂得多。

推荐策略是策略的一个分支，产品能力上的策略可分为推荐策略、搜索策略、广告策略和智能营销策略等，每类策略都是一个系统工程。常被提起的标签也属于策略，但其属于底层数据部分。

2.1　专业名词解释

CTR：Click Through Rate 的缩写，即点击率。

CVR：Conversion Rate 的缩写，即转化率。

UGC：User Generated Content 的缩写，即用户生产内容。

PGC：Professionally Generated Content 的缩写，即专业生产内容。

U2I：U 表示 User，2 表示走向（to），I 表示 Item，基于矩阵分解、协同过滤的结果，直接给 User 推荐 Item。

I2I：计算 Item-Item 相似度，用于相似推荐、相关推荐、关联推荐。

U2U2I：基于用户的协同过滤，先找相似 User，再推荐相似 User 喜欢的 Item。

U2I2I：基于物料的协同过滤，先统计 User 喜欢的 Item，再推荐 User 喜欢的 Item。

SKU：Stock Keeping Unit 的缩写，即存货单位。

2.2　推荐系统的演进

互联网的发展使大量的数据堆积，很难让用户根据自身购买能力、偏好、地域等差异化信息快速精准地找到符合自己需求的东西。推荐系统便是为解决这个问题而产生的。

推荐系统是一个信息过滤工具，解决的是如何让数据流通更高效。除了推荐系统还有搜索引擎，这两者都是为了解决信息过载而提出的技术，相当于解决同一个问题的两种方案。

对用户来说，想快速找到自己满意的商品很难。通过分析历史数据，人均访问网站推荐栏位（为你推荐）的商品数量是 100 个左右，而商品池内商品总数为百万级（平台不同，数据量级也不同）。要让用户在这么大的商品池内快速找到自己所满意的商品，这是对平台的挑战。通过推荐系统使百万量级商品经过粗排层和精排层，按照预测的用户"偏好"优先曝光给用户，将最可能产生点击转化的商品优先排序，提高了用户查找效率。推荐系统的逻辑如图 2-1 所示。

对平台来说，要让流量效率更高确实很难。推荐、搜索、广告这几个领域的人才有限，而且薪资水平都比较高，平台为什么要投入那么多的资源来做策略系统工程？第一，信息量与日俱增，要让用户快速找到自己所需的内容，提升用户体验，就得让系统懂用户，帮用户找到内容；第二，没有无缘无故的投入，从生意角度看，只有精准触达用户，用户才会在平台

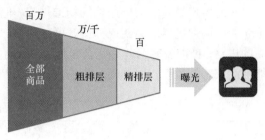

图 2-1　推荐系统的逻辑

上更活跃，只有用户持续活跃才能增强用户的黏性，打造出用户心智。当用户有需求的时候，才会第一时间想到"你"。就好比要买 3C 产品时，用户很可能第一时间会想到京东；用户想买衣服时，优先想到的很可能是淘宝；用户想买低价商品时，很可能会想到拼多多。推荐系统追求指标的增长，通过用户分层，对不同人群应用不同的策略，为平台带来更多的收益。

我们把策略看作一个模型，如图 2-2 所示，输入项"用户特征和物料特征"是基层数据，输出项是业务目标，中间层是策略。该模型通过对文案的调整、对物料的重排、对用户的分层等方式对标准推荐算法进行升级，达成业务目标。不管是统计规则模型，还是机器学习、深度学习等模型，最终的目标则是以终为始让业务不断增长。

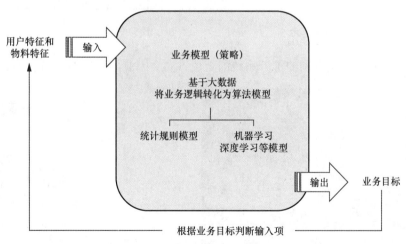

图 2-2　策略模型方法论

对于商家来说，在平台众多商家的海量商品中，让用户发现自家店铺特定的商品很难。若通过广告的精准投入、资源调权等方式可在一定程度上对不同偏好的用户曝光其感兴趣的商家及商品。

举例来说，假设品牌商打算在平台上投 100 万元的广告费来获得更多的新用户。通常，平台端不会输出任何解决方案，解决方案要由品牌商输出。品牌商首先会锁定自己的竞品品牌，然后从竞品品牌中找月活用户与自己差不多的品牌商，被筛选出来的竞品品牌用户人群就是后续获得新用户的目标人群。这种做法可取，但也有弊端，比如王老吉的品牌商会认为加多宝品牌对应的用户是他们需要挖掘的精准用户，但通过品牌相关性分析发现，在真实的场景中，买王老吉的用户更可能会买康师傅、可口可乐、等品牌的商品，具体如表 2-1 所示。如果按品牌商的思路，精准获客的效率就会很低。如果有智能营销策略和推送策略来辅助品牌商决策，便能提高获客的效率。因不同平台的用户群体特征不同，品牌相关性购买结果会有所不同。

表 2-1　品牌相关性购买

品牌名	关联性品牌名
王老吉	康师傅
王老吉	可口可乐
王老吉	好丽友
王老吉	奥利奥
王老吉	乐事
王老吉	绿箭
王老吉	益达
王老吉	阿尔卑斯

2.2.1　常见的推荐系统

如图 2-3 所示，不同类别的推荐系统的定位方向会因业务目标的不同而有所差异。

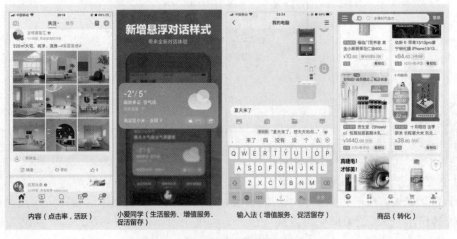

内容（点击率，活跃）　小爱同学（生活服务、增值服务、促活留存）　输入法（增值服务、促活留存）　商品（转化）

图 2-3　不同类别的推荐系统举例

以今日头条、微博等为代表的内容平台，常以用户活跃度为目标，通常将点击率作为策略优化方向，一般表现形式为信息流产品。

以小爱同学等为代表的 AI 语音平台，常以用户活跃度为目标，通常将用户登录率作为策略优化方向，随着业务的发展会以广告转化率为目标。

以搜狗输入法为代表的用户意图识别平台，采用类似搜索的逻辑，单从使用场景上来看，一般会在文本编辑器、聊天窗口唤起输入法，不同使用场景的策略差异极大。特别是在聊天窗口会基于聊天的对象和已输入的部分文字预测提示自动补全的文字，逻辑较复杂。

以淘宝、京东等为代表的电商平台，以用户转化为目标，通常将下单转化率作为策略优化方向。由于电商平台的策略是本书介绍的重点，在此暂不对其他平台做详细的介绍。

2.2.2 推荐系统的发展

推荐系统不是提前定义游戏规则，而是在观察用户行为的过程中，不断调整和确立自身的独特价值。下面分别从电商平台、内容平台介绍推荐系统的发展路径。

1. 电商平台

通过收集和理解用户兴趣等信息，整合商品以及内容等各类数据，应用个性化算法，解决海量信息下用户信息获取的问题，为用户提供在线实时的、高性能的服务，达成让用户逛起来的目标。电商平台的发展路径一般如下。

V1.0 版：PC 端的"猜你喜欢"推荐栏位。

V2.0 版：App 端的"猜你喜欢"推荐栏位。

V3.0 版：首页、购物车、商品详情页等黄金流程页面的"猜你喜欢"推荐栏位。

V4.0 版：各个频道页的推荐栏位。

V5.0 版：频道各个坑位的"千人千面"展示，比如 Icon、Banner 等。

2. 内容平台

大数据下的信息流产品特点包括：①公共性，内容面向每一个用户（微信除外）；②实时性，随时随地发布内容；③社交性，互动参与；④聚合性，聚集各类内容；⑤扩散性，大范围的病毒式传播。

用户关注量不断提升，信息流可分发物料的规模也不断提升，用户既可能遇到喜欢的内容，也可能遇到不喜欢的内容。通过信息分发策略优化，不断提升用户对信息的消费效率，进而实现精细化、个性化分发。信息流产品发展的一般路径如图 2-4 所示。

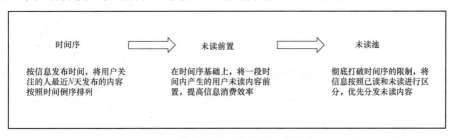

图 2-4　信息流产品发展的一般路径

早些年，在推荐系统诞生时，内容量还没出现爆发式的增长。内容平台的推荐系统更多是推荐用户关注的博主所生产的内容，用户活跃度以及内容生产量并没达到大数据的水平，基于时间序排序的推荐可满足用户的诉求。也就是说，当用户访问平台时，将用户关注的所有博主发布的内容按时间倒序推荐给用户。

随着互联网大数据的发展，用户活跃度的提升，内容生产量呈现爆发式增长，在按照时间倒序排序的基础上，仍然会有大量的内容不能被用户第一时间看见，于是便出现了将未读内容前置的逻辑。当用户刷新页面的时候，针对第一刷和第二刷之间生产的内容，系统会将用户未读的部分优先曝光给用户，保证未读的内容会被快速发现并促进用户消费。

当前内容平台的推荐策略是输出已读池和未读池的策略，这种策略彻底打破了时间顺序的限制，将信息流按照已读和未读进行区分，形成不同的策略池独立做内容分发，优先分发未读内容池中的内容。在已读内容池和未读内容池中的内容被分发的过程中，系统会考虑用户的综合兴趣偏好进行点击预估排序。

因为微信的订阅号也是以此方式输出的排序逻辑，所以当你点击打开公众号的订阅号信息列表时，就不难发现以前按照时间倒序排序的内容，现在突然"穿越"了，时间似乎是错乱的。

2.3 推荐位及推荐逻辑

无论是日常生活中使用的内容平台还是电商平台，不同平台推荐系统的推荐逻辑有很大差异，而同一平台不同推荐栏位的推荐策略，其定位也不相同。

2.3.1 获取推荐结果

以淘宝为例，获取推荐结果的整个流程如图 2-5 所示。用户通过手机移动端或 PC 端网页访问淘宝网站时，获取推荐结果的整个流程是根据用户的不同请求，分别在推荐、搜索、广告场景下给用户曝光"最合适"的商品或服务。而商品或服务曝光给用户是经过"召回、排序、重排"逻辑后才会被用户看见的。

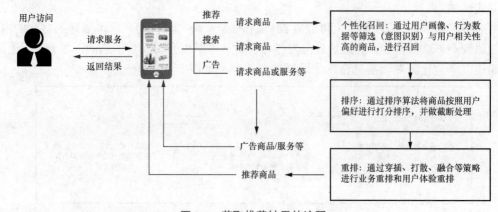

图 2-5　获取推荐结果的流程

1．场景介绍

场景一：推荐。当用户将页面滑动到"为你推荐"栏位，系统会返回基于用户画像、行为数据等预测出的符合用户偏好的商品并推荐给用户。

场景二：搜索。当用户在搜索框输入要查询的商品时，系统会根据用户的画像、行为数据及输入的搜索关键词进行意图识别，返回与用户强相关的商品并展示。

场景三：广告。当用户访问平台时，系统会根据用户的历史行为数据，将用户点击概率或者下单转化概率最高的商品或服务所对应的广告投放给用户。这与推荐和搜索的逻辑相反，推荐和搜索的逻辑是先基于用户的主动访问行为来给相应的商品曝光，而广告是已经判断出哪个广告最适合用户，用户是被动看见相关内容的。

2．"召回、排序、重排"逻辑

不管是搜索还是推荐，给用户曝光的是符合其偏好特征的商品。符合用户偏好的商品数量级非常庞大。为了提升用户的查找效率，平台会通过排序算法将商品按照"质量分+用户预测偏好"指标进行再次打分排序，将每个截断分片内的内容按偏好进行排序。搜索排序会更复杂，要分别计算出相关性等级、业务分层、质量分等逻辑的综合排序结果，这属于策略里面的另外一套庞大体系，本书不做详细介绍。

重排逻辑重点解决的是业务个性化诉求和用户体验问题，会涉及过滤、穿插、打散等多种策略。

（1）过滤

过滤一般会包括已读过滤、多次曝光未点击过滤、已购过滤、已加购物车内商品过滤等策略，每个过滤策略逻辑的定位不同，策略也要做好差异化处理。过滤的目标是增加商品（物料）的曝光机会，希望带来更多的转化。有过滤逻辑就要有重新召回逻辑，过滤策略会在第9章通过案例进行介绍。

（2）穿插

通常有多种表现形式，常用的方式如下。

① 在固定位置穿插不同的内容。比如5∶1的穿插，每间隔5个商品穿插一个另外类型的物料，而穿插的物料可以是广告，也可以是希望用户看见的商品，比如视频或新品等。

② 按照召回池穿插。不同的推荐策略会有不同的召回池，不同的召回池满足用户不同的偏好诉求。当较难预估多个召回池带来的数据效果提升时，会将多个召回池的内容进行穿插处理。比如1∶1的穿插或5∶1的穿插，穿插比例会根据业务的不同诉求进行调整。1∶1的穿插方式是从召回池1和召回池2分别召回1个商品进行排序，排列顺序是：召回池1商品1>召回池2商品1>召回池1商品2>召回池2商品2>……

（3）打散

打散是为了提升用户体验，当某个用户的偏好是鞋靴，而此类商品召回的综合排序得分又很高，就会在推荐栏位首屏、二屏等位置出现大量此类商品的曝光，此时用户体验较差。为了提升用户体验，系统将这种连续出现一个类目或者品牌的商品进行打散，让更多类目或品牌的商品曝光给用户。在视觉效果上，相当于在大量鞋靴商品里穿插出现衣服、袜子等更多类目的商品。打散策略会给用户推荐非用户偏好的商品，采取此策略可能会使转化率下降，在不带来较大的业务数据指标下降的情况下，一般都会应用打散策略。

2.3.2 探索推荐过程

推荐的主要应用场景为核心频道与核心推荐栏位，不同频道和推荐位的定位不同，输出的策略也有所不同。其中核心频道包括秒杀、直播/视频、排行榜等，核心推荐位主要是黄金流程页面的"为你推荐"栏位，本节详细介绍核心推荐位。

如图 2-6 所示，电商领域会根据用户履约行为将购买行为拆分成购前、购中、购后三部分，而每部分又会对应不同的场景（页面），接下来依次介绍各个场景的情况。

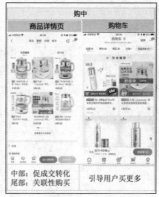

图 2-6　电商核心推荐位

1. 购前

（1）首页——为你推荐

定位：发现用户兴趣，引导用户逛起来，实现"发现（曝光）商品➡了解（认知）商品➡下单转化"的链路。

策略：根据用户综合行为分析进行个性化推荐，因要满足用户"逛"的诉求，需要保证素材多样、内容形态丰富。比如通过视频、直播、UGC 等不同形态的内容呈现，提升逛起来的用户体验，实现由认知到 GMV 的转化。物料形态不同，策略的关注点也不同，具体策略如表 2-2 所示。

表 2-2　不同物料形态对应的推荐策略及说明

物料形态	期望实现的目标	衡量指标	策略说明
内容	逛起来	浏览深度、CTR	将一类用户聚集在一个频道里，通过点击率（CTR）来衡量用户兴趣度。因商品的配图和配文设计都有营销因素，通过商品点击率（CTR）单一数据指标不能体现真实的用户兴趣度。所以还需要引入浏览深度指标来评估效果。即用户浏览的商品越多，证明用户兴趣度越高
场景/主题	批量购买	浏览深度、CTR、CVR	围绕某类主题聚合商品，比如场景是"厨房能手"则对应小家电、厨房食品等商品的聚合页
图文类（UGC、PGC 类）	以兴趣挖掘为优化方向	浏览时长（导购）、CTR	通过内容吸引用户点击，含直播、短视频、UGC、PGC 等素材，用户浏览时长越长证明内容越吸引用户

（2）"我的"页面

定位：发现用户兴趣，引导用户逛起来，与首页的差异是"我的"页面要围绕用户账户的属性进行相应推荐。一般用户访问"我的"页面主要是查看订单状态或搜索历史订单。"我的"页面是用户自己的地盘，可以基于用户自身属性去推荐，比如主题模型等。

策略：根据用户综合行为进行个性化推荐，具体的推荐策略同首页。

2. 购中

（1）商品详情页

商品详情页包括两个推荐栏位——中部和尾部。两个位置的推荐定位和策略有差异，但都是以达成下单转化为目标，如表 2-3 所示。商品详情页推荐策略案例参见第 10 章。

表 2-3　不同栏位推荐策略说明

推荐栏位	定位	策略
中部	推荐以促进成交转化为主，围绕主商品（当前正在浏览访问的商品）或某类商品兴趣推荐，以相似商品为主	推荐主商品的 U2I、I2I、U2U2I、U2I2I 及相似品牌推荐
尾部	推荐提升关联购买，对商品详情页展示的商品持续观望会有购买欲望，什么场景让用户能看底部的推荐？①对正在浏览的主商品不满意，没兴趣；②看了商品的详细介绍，并且将页面滑动到最后了，则连带看底部推荐	一般推荐栏位叫"看了又看"，推荐与主商品相似相关的商品，或者关联性浏览或者关联性下单商品

通常商品详情页中部策略和尾部策略是可以合并的，可通过多个策略池穿插或者精排实现多策略的融合。

（2）购物车页面

定位：购物车推荐策略比较复杂，包括购物车内有商品（购物车非空）、购物车内无商品（购物车为空）两类情况，而购物车内无商品又细分为手动清空购物车、下单后系统自动清空购物车、从未有商品加入购物车三种情况，推荐策略要达成的目标是让用户"买更多"。

① 购物车非空

购物车非空，即购物车内有商品。用户将商品加入购物车通常有两个目的，一是做收藏夹使用，二是对商品有下单诉求。

策略：购物车非空推荐策略所要达成的目标是"引导用户买更多"。购物车内商品属于当前还未下单的商品，希望能够产生关联购买以带来更多的销售价值。也就是当用户打算购买 A 商品，曾经购买过 A 商品的大多数用户还会一起购买 B 商品，我们就认为这两个商品存在一定关联。比如商品"牛奶"在购物车内还没下单，可在推荐栏位推荐相关联的商品"麦片"，进而引导用户一起购买。关联性计算逻辑可以参考第 10 章的 10.4.1 节的内容。

② 购物车为空

购物车为空分三种情况，一是从未有商品加入购物车；二是用户手动清空；三是通过下单清空。而不同情况对应的空车状态，相应的用户诉求也是不同的，表 2-4 对相关策略进行了说明。

表 2-4　购物车为空时的策略说明

细分场景	说明	策略
从未有商品加入购物车	无任何行为的用户群体	召回商品根据注册信息，按标签进行推荐，可召回推荐地域热销商品、用户自己标注的兴趣偏好标签对应的热销商品等
	有行为的用户群体	用于综合兴趣挖掘。按行为表现强弱判断兴趣偏好，召回与其相似相关的商品，并根据用户行为衰减，使基于近期行为召回的商品排序优于远期行为召回的商品，比如 I2I、双塔模型应用
手动清空购物车	购物车充当收藏夹的功能，手动删除购物车内商品，说明用户对此商品已不感兴趣，或兴趣已转移。因此，在进行空车状态综合兴趣挖掘时，手动删除的商品在召回后要进行降权处理	① 此场景针对有行为的用户群体，按行为表现强弱判断兴趣偏好，召回与其相似相关的商品，并根据用户行为衰减情况，使基于近期行为召回的商品排序优于远期行为召回商品； ② 手动删除的商品，在删除当日刷新购物车页时又被召回，那么在购物车页面推荐栏位，此商品的排序综合得分要乘以系数0.9，进行降权； ③ 删除当日保持降权，一日最多降权 1 次，累计降权 3 次（此处降权频次可根据业务不同，使用不同的值）； ④ 若被删除的商品再次加入购物车，则降权终止，选择"非空态购物车"逻辑
下单清空购物车	因下单后平台会自动清空购物车，说明用户下单购买商品的诉求明确且已达成购买诉求	为了增加相关性购买，推荐召回与下单清空商品相关的商品

3. 购后
（1）"支付成功"页面

定位：希望用户支付完成后再进行一些挽回动作，让用户买更多。比如打印机买完了，是不是该买打印纸、墨盒了，推荐的是相关商品或跨品类商品。此推荐栏位不会影响上一次购买，而让用户再购买一些。已下单的商品和推荐的商品有上下游的关系，能带来更多的用户价值挖掘。

策略：已支付商品的相关推荐策略，类似于购物车非空逻辑，只是在选择主商品上有所不同。购物车页推荐策略是将购物车内商品作为主商品，"支付成功"页的推荐策略是将已支付完成的商品作为主商品。

（2）订单详情页

定位：引导用户跨品购买、凑单购买，和"支付成功"页面相似。如果商品已发生购买，则要进一步匹配下游商品或周边商品，例如当用户买了手机，就向其推荐手机贴膜。

策略：订单商品相关推荐。

2.4　推荐系统、搜索系统、计算广告

2.4.1　推荐系统与搜索系统

推荐引擎倾向于用户没有明确的目标，或者说用户的目标比较模糊，存在用户并不知道自

己想要什么的情况。推荐系统基于用户的数据（数据包括但不限于历史行为数据、兴趣偏好数据、人口统计学数据等）运用推荐算法预测出用户可能感兴趣的商品列表并曝光给用户。电商平台推荐系统通常会覆盖的场景如图2-7所示。往往电商平台会存在用户只关注曝光率高的商品，而忽略曝光率低的商品，位于长尾位置的曝光率低的商品所产生的利润并不一定低于曝光率高的商品。推荐系统正好可以给所有商品提供曝光的机会，以此来挖掘长尾商品的潜在利润。

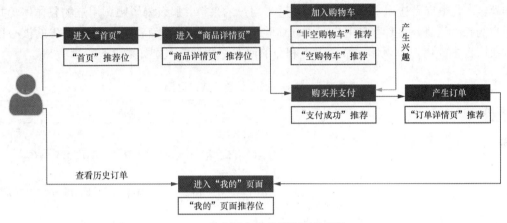

图 2-7 电商平台推荐系统覆盖场景

搜索行为是用户的主动诉求，搜索引擎根据用户输入的关键词及其在平台上的过往行为数据，通过搜索算法识别出用户当前需要什么。从用户输入搜索关键词到用户搜索出商品，搜索引擎所做的工作如图2-8所示。推荐系统是让用户被动接受，对用户在平台上的过往行为进行数据挖掘后，分析出用户可能喜欢什么。

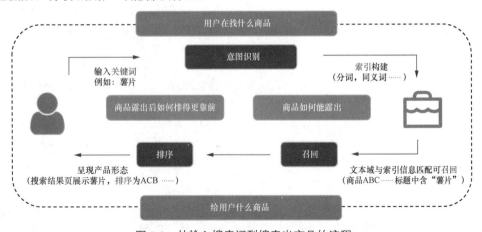

图 2-8 从输入搜索词到搜索出商品的流程

搜索引擎倾向于用户有明确的目标，将用户对于信息的寻求转换为精确的关键词，然后让搜索引擎给用户返回一系列商品列表。用户对返回的结果进行点击，给搜索引擎反馈，搜索引擎通过用户的反馈信息不断优化训练模型，这便导致马太效应，即造成越流行的商品随着搜索过程的迭代会更流行，越不流行的商品越容易石沉大海。

2.4.2 推荐系统与计算广告

推荐系统和计算广告这两个领域的联系大于区别，根本区别在于两个领域要解决的问题不同。推荐系统的核心是解决用户体验问题，如果推荐内容全部都是根据用户的历史行为预测出的推荐结果，很容易让用户产生疲倦感、透支用户的兴趣。那么为了照顾用户的整体体验并挖掘用户的长期兴趣，就要考虑用户在不同体验阶段的感受和行为特点。而计算广告的核心目的是解决广告主、用户、媒体、平台多方利益的问题。两者的区别如表 2-5 所示。

表 2-5 推荐系统与计算广告的区别

策略类型	解决问题	算法目标	特点
推荐系统	用户体验	以 CTR、CVR 为目标，推荐的内容满足用户的长期兴趣偏好、短期兴趣偏好，兼顾内容的多样性、新颖性，提升用户体验	① 时效性 实时（毫秒级）获取用户实时偏好，进行个性化推荐； ② 视觉感 图片识别等技术能有效解决影响用户体验的图片或视频问题； ③ 多样性 减少用户选购疲劳，以更多的商品类目分布和更多的素材形式，支持单品、店铺、场景、频道、直播等多样性的个性化推荐 ④ 精准度 具备用户购买力、性别、季节、地域、属性等近千级维度的画像特征
计算广告	广告主、用户、媒体、平台多方利益	千人千面动态创意生成及批量投放的综合解决方案，让广告创意精准匹配到对的人，使广告展示更精准，提升转化效果	① 选品 说明：给用户推荐最可能转化的物料，这里指广告； 智能选品：购物场景触达、精准海投广告； ② 定向 说明：投放给哪些人群； 智能定向：无须选人，系统智能匹配转化率最高的人群进行投放； ③ 出价 说明：涉及广告计划、广告合同，提升广告曝光机会； 智能出价：在广告主出价的基础上，系统自动调整出价，获得更多的优化目标； ④ 创意 说明：广告展示的样式，如图片、视频、文案等； 智能创意：智能写作、智能合图生成创意、多种创意在线优选； ⑤ 反作弊&计费 说明：当广告产生曝光或点击时，评估其真实有效性； 智能反作弊&计费：通过系统判断浏览是否真实有效，无效浏览不计费

　　计算广告还包括处理广告排期、定向、预算控制等模块，涉及大量算法和模型，比如处理广告排期需要最优化理论的支持，定向需要各类预测模型，预算控制需要控制论相关的知识等，这些都是推荐系统里不存在的。

2.5　小结

　　本章涉及专业名词解释、推荐系统的演进、推荐位及逻辑介绍、推荐系统与搜索系统和计算广告之间的差别等内容。了解推荐系统后，读者便可通过知识迁移快速了解其他策略。后面将重点介绍推荐系统的架构及其所涉及的一系列算法。

第 3 章　推荐系统的架构及算法

本章需要读者重点关注，只有把推荐系统的架构理解到位，才能保证输出的产品策略方案的结构是正确的，进而使底层与业务层解耦，在后续的工作中可抽离出底层能力，在多个业务领域进行复用，保证产品力的高可复用性。

3.1　专业名词解释

热度召回：根据物料的曝光量、点击量等数据指标综合计算出物料的受欢迎程度，作为热度召回的来源，热度池需要实时维护更新。热度召回多用于内容形态的物料。

热销召回：类似于热度召回，适用于商品。

用户行为召回：基于用户的长期行为生成行为偏好标签，并进行物料召回，对于用户的短期行为则根据点击、下单等实时行为进行物料召回。

品牌、品类偏好召回：根据用户喜欢的品牌和品类召回商品。

行为序列召回：根据一个行为访问周期内用户行为的连续性，挖掘出行为序列，预测出相似人群的下一个行为是什么，进而进行相关商品推荐。

U2I：U 表示 User，2 表示走向（to），I 表示 Item，可理解为基于矩阵分解、协同过滤的结果，直接给 User 推荐 Item。

I2I：计算 Item-Item 的相似度，用于相似推荐、相关推荐、关联推荐。

U2U2I：基于用户的协同过滤，先找相似 User，再推荐相似 User 喜欢的 Item。

U2I2I：基于物料的协同过滤，先统计 User 喜爱的 Item，再推荐 User 喜欢的 Item。

LR：Logistic Regression 的缩写，即逻辑回归。

GBDT：Gradient Boosting Decision Tree 的缩写，梯度提升决策树是一种基于 Boosting 集成学习思想的加法模型，训练时采用前向分布算法进行贪婪学习，每次迭代都学习一棵 CART 树来拟合之前 $t-1$ 棵树的预测结果与训练样本真实值的残差。GBDT 模型可解释性强，应用效果好，在数据挖掘、计算广告、推荐系统等领域得到了广泛应用。

Wide&Deep：由单层的 Wide 部分和多层的 Deep 部分组成的混合模型。

DeepFM：Wide&Deep 模型的改进版。

DCN：Deformable Convolutional Networks 的缩写，是一个可以同时高效学习低维特征交

叉和高维非线性特征的深度模型，不需要人工特征工程，计算资源非常少。

3.2 架构介绍

我们看到过各种形态的推荐系统架构图，无外乎包括底层数据、标签/特征、召回、排序、重排、数据效果评估等。图 3-1 所示为某电商平台的推荐系统架构图，是比较复杂难以理解的表达方式。

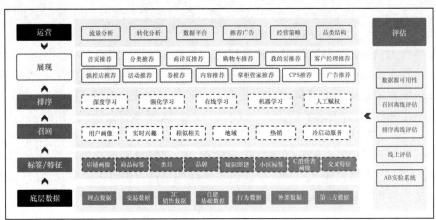

图 3-1 推荐系统架构图

便于理解的推荐系统架构表达方式如图 3-2 所示，与图 3-1 所表达的思路是一样的。每个公司的业务存在差异性，但架构图的整体思路是一样的，细节上的差别不做深究。下面将对整个架构按照数据流从下至上来进行说明。

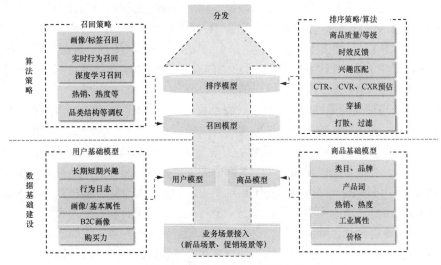

图 3-2 推荐系统架构图简化版

3.2.1 业务场景接入

任何推荐逻辑的输出都基于底层业务诉求的输入。比如促销，则希望在促销场景下，商品能够快速被销售掉；比如新品，则希望新上架的商品有更多的曝光机会，让用户看见并有所认知，进而带来后续的转化。不管是电商平台以 CVR 下单转化率为实现目标，还是内容平台以 CTR 点击率为实现目标，所有的推荐策略及架构逻辑的输出，都是基于业务诉求的输入进行设定的。也就是说推荐系统要实现的是"对什么人说什么话"的诉求，所谓"对什么人"即这个人有什么特点、诉求、偏好，"说什么话"即给这个人推荐的物料正好满足这个人的诉求。

以电商平台为例，某用户当前想买黄瓜口味的薯片，当其在浏览"为你推荐"商品的时候，恰好给他推荐的正是此类商品。这样就增加了用户对平台的认可度，推荐系统就是要通过一系列大数据算法识别出用户当前的诉求并给予满足。对平台来说，提高了用户的黏性。当用户对平台产生了一定黏性便逐渐打造了用户心智，用户的流失概率就会降低，由此便可实现更多的商业变现。当用户正在打算买黄瓜味的薯片的时候，平台推荐的商品正好满足用户诉求，那么用户便会下单。在平台来看是提升了下单转化的效率，即减少了用户的决策成本，在用户想买什么的时候，就给用户推荐什么。内容平台也是同样的道理，在用户想要观看或阅读相关内容的时候，系统就能自动推荐相关的内容给他。

3.2.2 数据基础建设

底层数据包括两类——用户数据和物料数据，也可称为用户模型和物料模型。因本书是以电商平台为例，故将物料模型设定为商品模型。

1. 用户模型

用户模型包括用户画像及用户行为日志数据。用户画像是通过用户的行为日志数据及业务数据挖掘出来的，而行为日志数据会记录用户在应用程序上的所有行为，以及这些行为产生的时间、场景和具体操作。图 3-2 只列出了部分内容，每个公司的业务模式不同，底层数据也有差异。

用户行为数据中的**用户行为序列**，即用户当前看了某个内容或者商品，通过分析一系列的 A、B、C 等动作后，系统能够预测出用户的下一个动作是什么。

接下来介绍**长短期兴趣偏好**。举个例子，假设我是一个重度的美食爱好者，我在任何平台上看的内容多为美食，主动发布的内容也是美食。有一天，我看了一个户外旅游的内容，这时候其实是我有一个短期去户外郊游的诉求。"美食、旅游"便是我的**兴趣标签**。也就是说用户的行为兴趣偏好包括两类：一类是**长期兴趣标签**，即上例中的美食标签；另一类是**短期兴趣标签**，即上例中的户外旅游标签。不管是长期兴趣标签还是短期兴趣标签，每个标签都是基于行为数据计算出来的，都有相应的得分。在上例中，若我最近一个月从来不看美食相关的内容，不发美食相关的内容，我的美食标签得分就会降低。同时我刚刚看过旅游相关的内容，这时候我的旅游相关的标签得分就会升高。但随着时间的推移，标签是有冷却衰减系数的，通常我们用牛顿冷却定律去计算这个短期兴趣偏好的标签得分。不管是长期兴趣标签还是短期兴趣标签，它在推荐系统里面都作为用户的标签去使用，但是在推荐策略上是有差异的，近期行为偏好只代表用户当前的诉求，不代表这个用户的综合偏好诉求。在进行推荐的时候，除了推荐长期兴趣标签的内容以外，还要推荐短期兴趣标签的内容，随着时间的变化，随着标签得分的变化，推荐内容也会自动地进行相应的调整。长短期兴趣偏好策略在第 17 章会有更详细的计算逻辑介绍。

电商平台用户画像里还有一个核心的数据因子便是用户的**购买力**，即什么价位的商品用户能够"承担得起"。购买力是用户购买某个品类或者品牌商品的能力。有的用户长期购买雅诗兰黛品牌的化妆品，而有的用户长期购买大宝品牌的化妆品，两个用户的购买力是有差异的。购买力可以通过品牌的价位来定位高中低档，这是一个比较粗浅的关于购买力水平的定义。购买力策略在第 8 章的案例部分会有更详细的计算逻辑介绍。

这里重点提一下 B2B 和 B2C 画像数据。C 即消费者，C 的画像数据可以基于 C 端消费者本身的行为数据进行挖掘，行为体现的标签是什么，C 的画像数据就是什么。而对于 B2B 画像数据，B 端用户在线上平台的行为并不能准确定为其标签。以电商平台 B2C 举例，线下超市是服务于周边消费者的，消费者来买商品，买了什么商品就代表用户需要什么。如果是商超的店主买了商品只代表他自己的诉求，而不代表这个店铺的进货诉求。把线下场景搬到线上，那么对于用户在线上的行为：如果是 C 端用户，个人行为就代表着个人诉求；如果是 B 端用户，则 B 端用户的行为不代表个人诉求，而是代表店铺要采购商品的诉求。所以 B 端的画像数据应该是基于 B 周边所有 C 的画像数据聚合的偏好数据，即 B 周边的大部分 C 端用户喜欢什么，那么 B 的标签才是什么。所以 B2B 和 B2C 场景的推荐策略有很大差异，B2B 因行为数据不直接代表用户诉求使制定推荐策略变得更难。

2．商品模型

商品模型，即商品的标签/画像，电商平台的商品画像通常包括表 3-1 所示的数据维度。

表 3-1 商品画像

商品基本数据	说明
类目	分为一级类目、二级类目、三级类目，类目间有层级关系，一级类目包含二级类目，二级类目包含三级类目
品牌	比如雅诗兰黛、大宝等，通常叫作品牌词
产品词	即这个商品是什么，举例保温杯、玻璃杯等都是杯子，产品词就是杯子，是一类通用功能产品的总称
工业属性	商品的一些属性，比如黄瓜味、家庭装等
价格	商品的价格，可以分为高、中、低等级，也可以分为红字价、划线价、基础价等
热销、热度	即商品受欢迎程度，是由群体用户的行为汇总计算得出，热销计算维度中考虑下单转化相关的数据指标，热度计算维度中考虑用户点击、收藏等行为数据指标，具体计算逻辑将在第 6 章的案例中有相应的介绍。

3.2.3 召回模型

召回层即从海量数据中快速筛选出适合用户诉求的数据，供后面排序阶段使用，尽量多召回用户感兴趣的数据。

若某用户喜欢美食、旅游相关的内容，但在海量的内容中不仅含有美食、旅游的内容，还有财经、政治等类型的内容，这时候若想在海量的内容中找到美食和旅游的内容难度很大，便有了推荐算法中的召回阶段，即从海量的数据中找到用户感兴趣的数据。因为用户感兴趣的内容也是有变化的，所以要通过用户的画像挖掘用户偏好，尽可能多地召回符合用户偏好的内容。

召回策略有很多种，可以根据业务挖掘不同的策略。电商平台通用的召回策略包括画像/标签召回、实时行为召回、深度学习（双塔模型）召回、热销/热度召回（通常用于托底逻辑）、品类结构等调权。因召回是做产品策略设计的必要操作，所以召回策略会在所有案例章节中都有介绍。

3.2.4　排序模型

排序层涉及粗排、精排、重排。即对召回层召回的物料进行排序，保证召回层内的物料按照用户的兴趣度进行排序。得分高的物料会优先给用户曝光。物料的得分通常考虑基于什么目标的排序：若按点击率（CTR）预估来排序，则用户点击概率最高的物料优先曝光；若按下单转化率（CVR）预估来排序，则用户下单概率最高的物料优先曝光。

在精排阶段，一般会使用复杂的模型和特征，比如使用算法模型，常见的有 DeepFM、GBDT 等。随着业务的发展和算法技术能力的提升，排序层已不局限于单一目标。再拿电商平台来举例，现在流行的直播带货会将直播内容和商品同时在信息流中曝光给用户。直播更倾向于激发用户的购买欲望，即以 CTR 为排序目标；商品则倾向于让用户下单，故以 CVR 为排序目标。所以排序层已支持多目标排序逻辑，也就是既满足以 CTR 为目标，又满足以 CVR 为目标的排序模型。

排序策略有很多种，可以根据业务挖掘不同的策略。架构中介绍的商品排序策略包括商品质量/等级、实时反馈、兴趣匹配、CTR、CVR、CXR 预估、穿插、打散、过滤，内容平台的策略逻辑也与其相似。

商品质量和等级：需要根据商品的质量和等级排序来给用户进行推荐，将商品质量分高的商品优先曝光给用户，在保证用户体验的同时，再来挖掘用户的兴趣点。

实时反馈：当用户上一秒点击某个类型商品的时候，下一秒刷新页面会根据上一秒点击的商品进行相应的推荐，比如针对相似商品、相关商品的推荐，做到实时反馈。

兴趣匹配：按用户的兴趣标签进行匹配，包括长期兴趣标签和短期兴趣标签。兴趣标签的计算会出现时间衰减的情况，可通过牛顿冷却定律来进行推导计算，也可以有其他的计算逻辑。不同兴趣得分商品被召回和排序的顺序会有所不同，得分越高，排序越靠前。

CTR、CVR、CXR 预估：CTR 是以点击转化率为目标的排序逻辑，就是预测出用户最可能点击的商品并优先曝光；CVR 则是预测出用户最可能下单转化的商品并优先曝光；CXR 是基于多目标训练的排序逻辑，例如同时将点击转化率和下单转化率作为目标。

穿插：为了保证对用户兴趣多样性的挖掘。假设用户只有一个兴趣标签或行为稀疏的时候，如果只召回相关行为的商品给用户曝光，就会导致用户访问内容单一，无法挖掘到用户更多的兴趣偏好。故采取穿插模式，让其他类型的商品得以曝光，而穿插的商品是基于相似人群的偏好进行召回的。此外，还要生成不同的召回池，在召回池之间进行穿插。穿插还被应用于广告投放，即在信息流中会有广告穿插在正常召回的商品之间。

打散：也是提升用户体验的策略。在同一屏幕曝光的商品尽量保证多样性，让用户查看的时候不会产生视觉疲劳。

过滤：过滤包括实时过滤和非实时过滤。实时过滤是指有用户行为触发后，立刻将触发事件的商品在推荐流中进行过滤。比如当用户点击了某个商品之后页面就会刷新，在此信息流中不再曝光刚才点击过的商品。再比如用户下单了某个商品之后刷新信息流，在信息流中不会再曝光已下单过的商品。但用户的购买行为具有周期性，所以被过滤掉的商品肯定要在用户下一个购买周期中再次召回，以保证用户的高复购性。但 B2C 和 B2B 的过滤逻辑有很大的差异，详见第 9 章的案例。

上述的排序策略会在案例部分介绍，其中穿插和打散策略是在保证用户体验的情况下输出的策略。若进行 AB 实验可能会出现数据指标下降的情况，数据下降在 $x\%$（x 值可根据具体情况设定）内是业务可接受的程度，只要在此范围内，就可以使用此策略。

3.3 推荐系统逻辑

3.3.1 推荐策略

推荐策略包括千人一面、千人十面、千人千面，如图 3-3 所示。

图 3-3 推荐策略

1. 千人一面

通常是人工策略，用于强制干预使用。举个例子，未来 3 小时会出现黄色大风天气，需要给用户进行预警提醒。这种突发事件是无法提前预测出来的，就需要进行强制干预，让用户在第一时间看见。在进行整个推荐系统设计的时候，一定要预留这种资源位，即用于大事件曝光的位置，该位置有时候也会被当成广告位应用。在第 12 章会有相应的案例进行应用介绍。

2．千人十面

通过"人工+大数据"计算输出的基于一类人的共性兴趣的推荐策略。常见的 App 推送、短信，或者是电商平台的热销榜单、热门榜单、地域热销商品等，都是基于一类人的共同偏好输出的策略。在第 6 章、第 12 章、第 13 章有相关的案例介绍。

3．千人千面

不管是内容平台的今日头条和微博，还是电商平台的淘宝和京东，信息流都是基于千人千面逻辑进行推荐的，当然其中会穿插一些千人十面的物料，比如排行榜、新品推荐等。千人千面策略很难通过人工策略实现，通常使用的方法是机器学习、深度学习、强化学习等通过系统输出的策略结果，千人千面是基于用户兴趣偏好的多策略融合的推荐算法。可参见第 10 章的案例。

3.3.2　推荐系统的基础算法

此部分内容不是本书的核心内容，读者可在网络上查找相关的算法资料学习。召回算法有热度召回、热销召回、用户行为召回、品牌偏好召回、品类偏好召回、行为序列召回、Item-CF 召回、User-CF 召回、U2U、U2I、I2I 等。排序算法有 LR、GBDT、DeepFM、Wide&Deep、DCN、ESMM 等。

3.3.3　无量纲化算法

我们知道数据分布对统计结果会产生决策影响，在构建数据指标统计规则的时候会存在一个问题，即如何进行指标的无量纲处理。统计学上有多种方法，而本书会使用线性函数归一化（Min-Max Scaling）来进行无量纲处理。在后续的内容中会多次引用此逻辑，并将此逻辑命名为"线性函数归一化"。

此算法是对多目标规划原理中的指标系数加以改进，从而把确定要评价的指标转化为可以度量的评判分数，公式如下：

$$z_i = \frac{x_i - \min(x_i)}{\max(x_i) - \min(x_i)}$$

公式中的 $\max(x_i)$ 和 $\min(x_i)$ 分别为指标 x_i 的最大值和最小值，该方法计算的 z_i 的值在 0～1 之间。

为什么要做无量纲处理？举个简单的例子进行说明。假设商品 A 的浏览量是 1000 次、下单次数是 2 次；商品 B 的浏览量是 10 次、下单次数是 5 次。那么，A 商品和 B 商品哪个更受用户欢迎？我们设定浏览一次得 1 分，下单一次得 5 分，直接进行加权系数求和，结果是 A 商品 1010（1000×1+2×5=1010）分、B 商品 35（10×1+5×5=35）分，则 A 商品更受欢迎。但通过数据表现来看，A 商品可能是因为标题或者图片吸引了用户点击而进行了多次浏览，但用户下单的数据表现并不如 B 商品好，实际应该是 B 商品更受欢迎。我们可以通过线性函数归一化后对加权系数求和就可以解决这种数据量纲不在同一维度的情况，让数据具有可比性。

3.4　产品经理输出策略 PRD 的结构

通过上述基础知识的介绍，你已了解到，要实现精准推送的目标，需要经历召回、粗排、精排、重排。故产品经理在输出 PRD 的时候也要按层层递进的原则输出，一步步下钻进而实现最终的目标。按照标准的策略 PRD 基本结构输出策略，并按此结果进行研发落地，才能保证数据层、策略层、业务层解耦，后续可在更多场景复用相关策略。

策略 PRD 的基本结构如下所示。

（1）需求背景

（2）解决方案

　　（2.1）选人（对精准人群进行触达的时候需要此步骤）

　　（2.2）选品

　　（2.3）召回

　　（2.4）排序

　　（2.5）重排

（3）应用场景

（4）效果指标

案例：如何输出策略 PRD

本部分通过一个简单的例子（实时排序层）介绍策略 PRD 的结构，通过学习第 6～18 章节的案例，读者可将每个案例都按本节介绍的结构输出为相应的策略产品 PRD。

1．需求背景

实时推荐系统包括实时召回及实时排序，当感知到用户有新行为时，为满足用户的即时兴趣把相似相关商品召回后，并不能即刻让用户在体感上有所感知，此时便需要实时排序。

实时排序要求在用户访问时，根据用户当前行为时间点之前的行为进行实时计算并形成推荐列表，还需考虑用户近期和长期行为，保证推荐列表对用户兴趣预测的延续性。

2．解决方案

此方案基于 CVR 预估模型与长短期兴趣结合实现实时排序。需综合考虑长短期兴趣匹配、商品质量、时效性。实时兴趣优先级高于长期兴趣，在排序层按照 CVR 预估模型计算综合得分再进行分发。

在用户对商品产生行为后，要考虑时间衰减因子 α，用户对商品产生行为时间越久远，兴趣越不明显。若用户兴趣变化很快，则时间衰减因子 α 会比较大，且实时计算权重高于离线计算权重。

 提示：

　　此方案对策略产品经理是一个特别简单的案例，策略中使用了成熟的算法模型，并未涉及策略 PRD 的完整步骤，PRD 的输出需要按照实际情况进行调整。

3．应用场景

首先在首页的"为你推荐"栏位应用，后续拓展到更多栏位。

4．效果指标

关键性数据指标——SKU 下单宽度，即指用户下单的商品种类数，其中"宽度"是电商平台对商品种类的专业叫法。

3.5 小结

本章介绍推荐系统的架构，从底层业务诉求的输入，到基于业务诉求的用户和物料数据的挖掘，再到实现召回、排序模型的实践，并最终达成业务对推荐策略的诉求（涉及千人一面、千人十面、千人千面等）。

第 4 章 用 AB 实验量化策略效果

AB 实验是检验策略改进方案是否有效的一种方式，通过设置 AB 实验方案，分别对相似人群触达 A 方案和 B 方案，并由大数据计算出不同方案的数据表现，从而对比出哪种方案带来的效果更优。

4.1 专业名词解释

分流：从总体中随机抽样百分之几的样本来做 AB 实验。

分桶：在实验的流量里面根据某个需要验证的因子随机分桶，即形成实验组和对照组。

4.2 AB 实验介绍

经过数据分析挖掘当前产品存在的问题并提出待升级的策略点，通过 AB 实验衡量升级的策略点可以带来多少确定性的增长。

AB 实验一般是有一套成熟的 AB 实验系统，并可基于业务诉求实现可配置化。以下总结了 AB 实验的技巧。

- 我们知道应用程序是有多个页面的（比如首页、购物车页、商品详情页等），每个页面也会分模块/栏位（比如"为你推荐"模块、Banner 位置、金刚区等）。我们可以按照页面和页面模块/栏位来设置多个实验，同一个模块/栏位同一时间内能做一个实验或多个实验（根据用户量级和分桶策略的不同，所做实验数量会有差异）。
- 每个实验可以设置多个实验方案，如 A、B、C、D 等，并且可以设置每个方案的特殊参数或 URL。
- 可以按省份、城市、不同特征人群等维度来设置每个实验方案的占比。
- 可以设置白名单让一部分指定用户访问指定的实验方案。
- 可以设置 HTML5、iOS、安卓等多个平台的实验方案。
- 可以设置 AB 实验生效的起止日期，也可自动生效自动终止。
- 查看实验结果，并以表格形式展示每个实验方案的每天统计数据。

4.2.1 基础知识

AB 实验涉及部分统计学知识，包括中心极限定理、大数定理、置信区间和显著性水平 P 值，以下结合官方解释和个人理解两方面进行介绍。

1. 中心极限定理

《统计学》一书中介绍，中心极限定理（central limit theorem）设从均值为 μ、方差为 α^2（有限）的任意一个总体中抽取样本量为 n 的样本，当 n 充分大时，样本均值 $\bar{x}$ 的抽样分布近似服从均值为 μ、方差为 α^2/n 的正态分布。

根据经验总结可知，大量相互独立的随机变量，其均值（或者和）的分布以正态分布为极限。也就是说当采样次数趋于无穷大的时候，就会接近正态分布。

2. 大数定理

《概率论与数理统计》一书中介绍，大数定理包括切比雪夫大数定律、辛钦大数定律和伯努利大数定律。如果有一个随机变量 X，经过不断的观察并且对该变量进行随机采样，会得到 n 个采样值，并对这 n 个采样值取平均值，当 n 趋向于正无穷的时候，这个平均值就收敛到这个随机变量 X 的期望值。

根据经验总结可知，在概率论和统计学中，数学期望（mathematic expectation）表达式 $E(x)$（或均值，亦简称期望）是试验中每次可能结果的概率乘以其结果的总和，是最基本的数学特征之一，它反映随机变量平均取值的大小。

需要注意的是，期望值并不一定等同于常识中的"期望"，"期望值"也许与每一个结果都不相等。期望值是该变量输出值的平均值，并不一定包含在变量的输出值集合里。大数定律表明，随着重复次数接近无穷大，数值的算术平均值几乎肯定地收敛于期望值。

3. 置信区间和显著性水平 P 值

《统计学》一书中介绍，置信区间（confidence interval）为样本统计量所构造的总体参数的估计区间。通常把 a 称为显著性水平（significant level），显著性水平是一个统计专有名词，在假设检验中，它的含义是当原假设正确时却被拒绝的概率或风险，其实这就是前面假设检验中犯弃真错误的概率，它是人们根据检验的要求确定的。通常取 $a=0.05$ 或 $a=0.01$，这表明，当做出接受原假设的决定时，其正确的概率为 95% 或 99%。

P 值反映了观察到的实际数据与原假设之间不一致的概率值，与传统的拒绝域范围相比，P 是一个具体的值，这样就提供了更多的信息。如果事先确定了显著性水平（如 $a=0.05$），则在双侧检验中，$P>0.025$（$a/2=0.025$），不能拒绝原假设；反之 $P<0.025$，则拒绝原假设。在单侧检验中，$P>0.05$ 不能拒绝原假设，$P<0.05$ 则拒绝原假设。当然，也可以直接使用 P 值进行决策，这时 P 值本身就代表了显著性水平。

根据经验总结可知，置信区间是用来对一个概率样本的总体参数进行区间估计的，是样本均值范围，它体现了这个均值范围包含总体参数的概率，这个概率被称为置信水平。置信水平代表了估计的可靠度，一般会采用 95% 的置信水平进行区间估计。置信区间是一个数据区间，只有在这个区间的上下限同时为正值或负值的情况下才说明该策略是有效的，AB 实验结果具备统计显著和效果显著两个特征。

置信区间和 P 值的计算可参考统计学图书，也可以通过归纳总结的易于记忆的计算口诀来快速掌握计算逻辑，这套计算逻辑会在后面写代码时应用。

置信区间的计算口诀——先算标准误，查出 Z 分数，相乘再相加，区间自然显。

（1）先算标准误：先计算标准误

$$SE = \sigma / \sqrt{n} \ = 标准差/\mathrm{sqrt}(N)$$

（2）查出 Z 分数：通过查表查出来 95% 置信区间对应的 Z 值

$$95\% 置信区间对应的 Z=1.96$$

（3）相乘再相加：将 Z 值与标准误相乘，再与平均值相加

$$\bar{x} + Z \times SE$$

（4）区间自然显：置信区间就计算出来了，并换算成百分数

P 值计算口诀——先算标准误，再算 Z 分数，根据 Z 值算 P 值。

（1）先算标准误：先计算标准误

$$SE = \sigma / \sqrt{n} \ = 标准差/\mathrm{sqrt}(N) = \sqrt{\frac{s_1^2}{n_1} + \frac{s_2^2}{n_2}}$$

（2）再算 Z 分数：通过 Z 分数公式再计算出 Z 分数

$$Z = \frac{\bar{x_1} - \bar{x_2}}{SE} = \frac{\bar{x_1} - \bar{x_2}}{\sqrt{\frac{s_1^2}{n_1} + \frac{s_2^2}{n_2}}}$$

（3）根据 Z 值算 P 值：根据 Z 值计算出 P 值

$$P = 2 \times \mathrm{pt}(\mathrm{abs}(Z))$$

AB 实验的结果有正有负，不一定都是有效果的（正向的），还可能有负向的效果。故计算 P 值的时候也要考虑到这种情况。双边检测能够让我们同时观察两组数据的差异，从而更准确地判断实验的效果。如果只做单边检测，可能会导致我们低估或高估实验效果。故计算 P 值时，需要进行双边检测。

本口诀使用 R 语言来计算 P 值，在 R 语言中 "pt(abs(Z))" 这行代码的意思是计算 Z 的绝对值，然后将其作为输入提供给 pt 函数。pt 函数是置信区间函数，它用于计算基于 Z 值的一侧（通常是左侧或右侧）的置信区间。而考虑到 AB 实验结果需要进行双边检测，故再乘以 2。

4.2.2　实验的注意事项

1．时间一致性

对用户分组做 AB 实验必须保证的是同一时间段内同时进行实验，目的是剔除因时间因素

带来的效果偏差。实验周期中也要避免外部因素的影响，尽量在平稳时期进行，以减少外部因素的干扰。有时候为了保证实验效果的置信水平，防止小流量分布不均匀，可以在实验过程中，逐步增大流量分配，同时监控关键指标的数据走势，从而得到置信的结论。

2. 数据分布的一致性

在实验分组的设计上，流量分布要均匀，如果算法对用户的偏差没有反映到实验分组上，就会放大算法之间效果的差距，从而产生辛普森悖论。

3. 置信水平

只有统计显著的结果才可以引导决策。要获得一个可信的试验结果需要一定的流量（样本）和时间，如果流量（样本）太小或者分布均匀，试验结果会存在偶然性，可能无法得出可信的结果。此外，实验运行时间太短也会出现类似的问题。

4. 分流及分桶

需要保证：①同一实验中不同分桶之间是随机的；②不同的场景或实验，分桶会被重新打散；③设计实验时，需要考虑要验证哪个因子，就可以按照哪个因子来进行分桶。

4.2.3　AB 实验和离线评估

AB 实验系统搭建和维护需要一定的成本，对技术也有一定要求。如果该系统做得不好，用了反而给决策带来偏差。AB 实验系统更多地用于衡量算法、策略、产品优化带来的效果，对于流量非常小的产品其实不是必要的。

离线评估最重要的是模拟真实线上场景，如果模拟不好，离线评估的结果也不可信。但当公司的 AB 实验系统还没有搭建好的时候，离线评估还是很有必要的，起码有一些明显的问题可以通过离线评估看出来。模型选择和调优也需要离线评估，而且离线评估不会对线上生产环境造成影响，而 AB 实验则会对线上生产环境造成影响。

? 提示：

通常互联网公司产研团队会有三套代码环境：①生产环境是供真实用户使用的平台环境；②测试环境是代码开发完成后供测试工程师使用的环境，此环境模拟真实生产环境的代码部署，但测试环境的代码还是存在 BUG（缺陷）的，需要在测试环境中发现 BUG，解决 BUG；③预发环境是完全真实模拟的生产环境的代码、数据库，经过测试环境测试后的代码在发布到生产环境前需要先部署到预发环境供产品测试人员使用，验证平台是否存在问题，确定没有问题后才会发布到生产环境供真实用户使用。

当市场竞争环境激烈，项目上线需要争取有利时机时，往往凭借战略决策来决定上线与否，而不是通过 AB 实验来决定。AB 实验有一段观察期而且需要外部条件相对稳定才能得出客观的结论，适用于产品的发展相对比较平稳的情况，可以防止决策错误导致数据下降。因此，实时数据分析是有必要的，而实时 AB 实验的必要性不是很强。

多数 AB 实验系统并不具备决策推全（100%放量）后仍然持续观察的能力，有一些关乎实现公司或者产品长期战略目标的功能或算法，可能短期内会导致指标下降或者没有明显增长，但是也必须要上线。AB 实验能帮助我们在现有流量中获取更多的收益，在现有流量中提升 ROI（Return on Investment 的缩写，即投入产出比），在现有用户基础上提升活跃度。但是在衡量对用户量增长或者获取新流量是否有帮助时，AB 实验所起的作用不大。

AB 实验还有一个缺点，就是只能做小范围的效果比较，比如针对同一个场景使用不同算法的效果进行比较，而比较的结果并不能告诉我们，A 业务的推荐算法是否比 B 业务的推荐算法做得好，也就是说它不能衡量一个模型的迁移和泛化能力。

4.3 AB 实验系统架构

AB 实验系统分为实验配置模块、分桶及埋点上报模块、数据存储模块、T+1 离线数据计算、数据统计分析、数据看板配置，如图 4-1 所示。

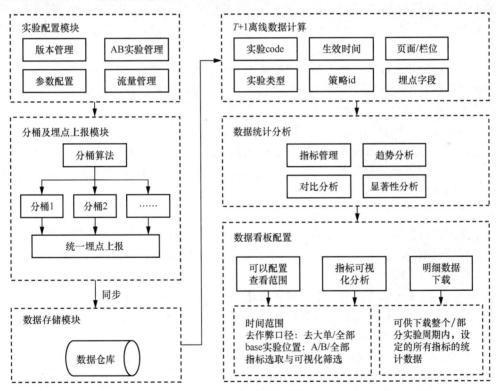

图 4-1 AB 实验系统架构

1. 实验配置模块

版本管理用于跟踪 AB 实验的页面或者栏位（模块）的版本信息。

AB 实验管理用于对所有 AB 实验进行整体管理，包括 AB 实验的上架/下架、配置 AB 实验人员的账号、配置日志信息等。

参数配置用于对 AB 实验的参数进行配置，一般包括 AB 实验名称、实验的级别（按页面实验、按地域实验）、实验对应的平台（安卓、iOS、HTML5、PC）、AB 实验开始/结束时间、策略 id、AB 实验 code。其中，AB 实验 code 是 AB 实验配置后会自动生成的，用于 AB 实验判别及数据统计分析。

流量管理用于对 AB 实验的流量分配进行管理，设置对照组和实验组的流量比例，比如"对照组∶实验组"的流量分配比例是"3∶7"，即 30%的流量分配给对照组，70%的流量分配给实验组。

2．分桶及埋点上报模块

分桶是根据实验配置模块对 AB 实验设置的流量进行自动化用户分桶，并且从设置上约束"A"是实验组还是对照组，假设"A"是实验组，那么"B"就是对照组。这样一来，在根据 AB 实验数据结果进行决策时不容易出现错误。

埋点上报的核心是数据统计分析，用于决策 AB 实验效果。根据不同的 AB 实验 code 对埋点日志参数进行自动设定，当用户访问应用程序并有相应的点击、浏览、曝光等行为时，系统会根据用户所在分桶（分桶 1 还是分桶 2）自动将用户的行为数据通过日志进行上报。

埋点是产品经理、数据运营人员以及数据分析师，基于业务需求或产品需求，对用户在应用程序内产生的行为所对应的页面和栏位（模块）植入统计代码，并通过 SDK 上报统计数据，以便相关人员追踪用户行为。埋点能获取以下信息。

- 浏览：用户浏览页面的行为日志，包括页面信息（页面名称、页面 ID、访问开始时间、访问时长、访问结束时间、上一页面 ID、上一页面参数等）、环境信息（客户端版本、分辨率、设备型号、操作系统、地理位置等）、用户信息（用户 ID、用户登录时间）等。
- 点击：除了上报"浏览"相关的字段外，重点上报用户点击行为产生的日志记录，包括用户点击所在的页面信息（点击页面的名称、页面 ID、点击栏位（模块）的名称和栏位 ID）、点击事件 ID、点击事件参数、点击去向页面 ID、当前页面参数、当前页面 ID）等。
- 曝光：除了上报"浏览"相关的字段外，重点上报用户浏览页面时，页面元素露出产生的日志，包括曝光位（曝光位置编号）、曝光页面信息（曝光开始时间、曝光时长、曝光结束时间）等。
- 订单：当用户有下单操作后，上报"订单号生成页面 ID 或产生订单号的事件日志"等，涉及提交订单成功页面及中间跳转页面等。

所有的事件都通过日志记录下来，记录的日志包括时间戳，通过时间戳可以知道用户在什么时间点了什么、看了什么、没点什么，有助于用户特征行为分析，以便发现用户的偏好，为算法模型提供日志特征数据方面的支持。

3．数据存储模块

数据存储即对 AB 实验采集到的日志数据进行存储，用于后续的 $T+1$ 离线数据计算，具体数据存储的格式，这里不进行介绍。

4. *T*+1 离线数据计算

在进行数据统计分析之前，我们会对数据仓库存储的数据按照数据口径进行 *T*+1 的计算，也就是每天零点计算当前时间以前自然日的数据并存储计算结果。因数据量级及数据统计结果输出具有时效性要求（一般希望业务人员查询后能够立刻显示数据结果），故此环节是为数据统计分析做准备工作。

离线数据计算需要分别对不同的 AB 实验进行，哪些 AB 实验需要启动离线数据计算，哪些不需要启动离线数据计算，哪个策略对应的数据表现如何……都是需要有约束参数的。而这些参数的作用如下所示。

- AB 实验 code：区分数据统计的是哪个 AB 实验。
- 生效时间：判断待计算的 AB 实验当前是否为有效状态。
- 页面/栏位：区分计算的是哪个 AB 实验的哪个页面/栏位（模块）的实验。
- 实验类型：对于不同的实验类型，其数据计算的口径是不同的。比如关于商品推荐的 AB 实验类型，其核心的数据计算口径是商品的下单转化；而关于优惠券投放的 AB 实验，其核心的数据计算口径则为优惠券的 ROI。
- 策略 id：同一个页面/栏位（模块）可能在同一时间进行多个 AB 实验，这就需要通过策略 id 区分不同的实验。比如对商品详情页同时进行页面改版的 AB 实验和推荐算法的 AB 实验，这时候想了解不同 AB 实验的数据效果，则需要通过策略 id 进行区分。
- 埋点字段：自定义的埋点上报日志使用的字段，根据埋点字段来进行数据计算。比如用户点击的埋点字段定义为"skuclick"，则所有的点击行为通过"skuclick"进行数据统计。

5. 数据统计分析

数据统计分析是基于 *T*+1 离线数据的计算结果进行的核心业务指标分析，最终供数据看板查询和展示。数据统计分析包括指标管理、趋势分析、对比分析、显著性分析。

- 指标管理：设置不同实验类型需要的数据指标，数据指标对应的口径可参考 4.4 节。
- 趋势分析：实验组与对照组的数据指标在一段时间内的数据走势。
- 对比分析：将实验组与对照组进行对比，数据指标是涨还是跌。
- 显著性分析：将实验组与对照组进行对比，核心数据指标是否显著置信。计算逻辑可参考 4.2.1 节，相关的案例可参考 4.5 节。

6. 数据看板配置

数据看板是将 AB 实验数据结果进行可视化，让业务人员可以查看和下载。数据看板可通过筛选条件对数据结果进行检索。

数据看板可以配置查看范围：即对筛选条件进行配置，包括如下可配置项。

- 时间范围，即筛选的时间区间。
- 去作弊口径，即是否剔除作弊订单，剔除则选择"去大单"，不剔除则选"全部"。这样设置的原因是在 B2B 平台上经常出现企业集中采购的情况，大额订单会造成整体的数据波动进而影响 AB 实验数据的决策结果。可参考 4.5 节的案例。

● base 实验位置，即选出对照组是分桶 1 还是分桶 2。

指标可视化分析：按配置的筛选条件将数据结构通过图表进行展示。

明细数据下载：根据筛选结果将数据下载到本地供业务人员使用。

4.4 AB 实验系统的数据指标

电商平台通用数据指标口径参见表 4-1，B2B 或 B2C 不同业务模式的数据口径定义是有差异的，口径是根据业务指标而定的，本节介绍的是通用口径。

表 4-1 电商平台通用数据口径

指标名称	说明
曝光 UV	对设备 ID 做去重处理，然后统计具体曝光位置展示的用户数量，需要根据业务场景定义曝光的具体标准
曝光 PV	统计当前曝光位置给用户展示的次数
曝光 SKU PV	商品累计曝光次数
曝光 SKU 宽度	商品累计曝光的种类数
每 UV 曝光 SKU 宽度	计算公式：曝光 SKU 宽度/曝光 UV。由此得到给每个用户曝光的商品种类数
点击商品 PV	商品被点击的累计次数
点击商品 UV	商品被点击的累计人数
点击商品宽度	被点击的商品的累计种类数
点击商品订单行	被点击的商品的累计交易次数。订单行指每一笔交易的详细记录
每 UV 点击商品宽度	计算公式：点击商品宽度/点击商品 UV。由此得到每个用户点击商品的种类数
点击加车 PV	点击加入购物车按钮的累计次数
点击加车 UV	点击加入购物车按钮的累计人数
点击商品和加车宽度	点击加入购物车按钮对应的商品累计种类数
每 UV 点击商品和加车宽度	计算公式：点击商品和加车宽度/点击加车 UV。由此得到每个点击加入购物车按钮的用户，累计加入购物车的商品种类数
点击商品下单的 UV	点击商品并进行下单的累计用户数
点击商品下单的订单数	点击商品并进行下单的累计订单数
点击商品下单的商品宽度	点击商品并进行下单的累计商品种类数
点击商品下单的总金额	点击商品并进行下单累计销售金额
点击加车下单的 UV	将商品加入购物车后下单的累计用户数
点击加车下单的订单数	将商品加入购物车后下单的累计订单数
点击加车下单的商品宽度	将商品加入购物车后下单的商品的累计种类数

指标名称	说明
点击加车下单购买的商品次数	将商品加入购物车并下单的累计次数
点击加车下单的总金额	将商品加入购物车并下单的累计销售金额
点击率(PV)	计算公式：点击商品和加车次数/曝光 SKU PV。由此得到点击商品次数与商品的总访问量之比，反映商品的受关注程度
总下单用户数	下单的累计用户数
总下单订单数	下单的累计订单数
总下单 SKU 宽度	下单的累计商品种类数
总下单 SKU 个数	下单的累计商品个数
总下单订单行	累计下单订单行数
总下单金额	累计下单金额
每曝光 UV 订单金额	计算公式：总下单金额/曝光 UV。由此得到曝光用户累计下单金额
每曝光 UV 订单数	计算公式：总下单订单数/曝光 UV。由此得到曝光用户累计下单订单数
每曝光 UV 下单宽度	计算公式：总下单 SKU 宽度/曝光 UV。由此得到曝光用户累计下单订单商品种类数
每曝光 UV 订单行	计算公式：总下单订单行/曝光 UV。由此得到曝光用户累计下单订单行数
千次曝光宽度订单金额	计算公式：(总下单金额/曝光 SKU 宽度)×1000。由此得到平均每一千个商品宽度曝光所获得的累计订单金额
千次曝光订单金额	计算公式：(总下单金额/曝光 SKU PV)×1000。由此得到平均每一千次曝光所获得的累计订单金额
千次曝光订单行	计算公式：(总下单订单行/曝光 SKU 宽度)×1000。由此得到平均每一千个商品宽度曝光所获得的累计订单行数
CVR	计算公式：总下单订单行/曝光 UV。由此得到每个曝光用户累计下单的订单行数
UCVR(订单量)	计算公式：总下单订单数/曝光 UV。由此得到每个曝光用户累计下单的订单数量
UV 价值	计算公式：GMV/曝光 UV。由此得到每个曝光用户累计下单的金额

4.5　小流量高波动场景的数据指标

　　某 B2B 平台是线下商超进货的平台，商超市场份额固定，沉淀在平台上的用户流量较小，而此类用户受到商超店铺面积（可售卖商品数量）和商品质保期因素的影响，商家一般不会囤货。所以 B2B 电商平台会出现集中采购的现象，反馈到线上则出现用户行为特征造成平台用户流量不规律波动，无法很好地评估实验效果。下面通过案例说明。

1. 案例背景

　　某 AB 实验数据波动大（−9%～+7%），排查了 CVR 波动过大时的用户分布情况，假设大订单（单次下单金额大于等于 2 万元）用户对 CVR 会有影响。

2．案例数据摸底

对此案例通过 AB 实验系统配置实验流量比例是 3∶7，但通过数据摸底发现，某日 CVR 下降 7%，实际分桶表现是 Top10 订单对应的用户中，对照组占比 80%，实验组占比 20%。在 Top100 订单对应的用户中，对照组占比 76%，实验组占比 24%。大订单用户在实验组和对照组分桶的分布比例不能很好地拟合实验流量比例 3∶7。

3．解决方案

当平台用户量少的情况下，经常会出现用户流量分布不均衡，导致 AB 实验数据波动较大，无法通过 AB 实验很好地衡量策略的效果。但我们还是希望能解决这个问题，保证每次策略的输出都具有可验证性。为此在做 AB 实验之前需要进行 AA 实验，评估分桶是否均衡。如果不均衡，那就将用户打散再次分桶再进行 AA 实验，直至 AA 实验数据表现效果均衡。

首先，进行 AA 实验。AA 实验可以理解成对两个相同策略进行的 AB 实验。这样做通常是为了验证正在使用的工具在运行实验时在统计上是公平的。在 AA 实验中，如果实验正确进行，对照组和实验组应该没有任何区别。一般在 AB 测试之前进行 AA 实验，或者在 AB 实验中同时进行 AA 实验，观察两个相同的 A 组之间是否有统计显著的不同，从而确定分桶规则是否平均。若分桶不平均则需打散重新进行分桶，或者通过逐步放量的方式来解决。

其次，进行显著性计算。AB 实验中需要使用假设检验的方法来进行效果分析，计算置信区间和显著性 P 值。置信区间结果是个数据区间段，只有这个区间的上下限同时为正数或负数的时候，才能说明该策略置信，具备统计显著和效果显著两个特征。关于置信区间和 P 值如何计算的方法和易于记忆的计算口诀在 4.2.1 节中已介绍，这套计算逻辑将在下面代码中体现。

代码前置说明：选择 T 分布，检验方向为双侧检验，显著性水平 0.05，如 Python 语言代码清单 4-1 所示。

代码清单 4-1　置信区间和 P 值计算方法

```
1.  #导入包
2.  import numpy as np
3.  import pandas as pd
4.  import matplotlib.pylot as plt
5.  #导入 Excel 文件
6.  xls=pd.ExcelFile('./ABtest.xlsx',dtype='object')
7.  #读取表格
8.  data=xls.parse('Sheetl',dtype='object')
9.  #样本平均值
10. a_mean=data['A'].mean()
11. b_mean=data['B'].mean()
12. #样本标准差
13. a_std=data['A'].std()
14. b_std=data['B'].std()
15. #计算 P 值
```

```
16. import statsmodels.stats.weightstats as st
17. t,p_two,df=st.ttest_ind(data['A'],data['B'],usevar='unequal')
18. alpha=0.05
19. #得出结论
20. if(p_two<alpha):
21.     print('显著')
22. else:
23.     print('不显著')
```

最后看该实验的数据结果，如表 4-2 所示，每个数据指标的计算公式参见表 4-1。

表 4-2　实验数据结果

实验控制	数据指标					
	每 UV 点击商品和加车宽度	每曝光 UV 下单宽度	每曝光 UV 订单行	每曝光 UV 订单金额	千次曝光订单行	千次曝光订单金额
对照组	2.00145223	0.333136405	0.333168418	44.23928332	5.336361125	708.5809433
实验组	2.03556438	0.320694262	0.320694262	44.42446068	5.044305044	698.7668865
差值 Diff	1.70%	−3.73%	−3.74%	0.42%	−5.47%	−1.39%
置信区间	(0.49%,2.99%)	(−9.30%,2.05%)	(−9.31%,2.04%)	(−5.39%,7.17%)	(−11.19%,0.66%)	(−7.33%,5.69%)

由上述结果可见，数据指标差值 Diff 波动很大，且多数为负数，证明新策略（实验组）和原策略（对照组）相比，数据指标是下降的，并且置信区间可见数据也是正负波动很大，此策略不建议上线发布。若上述核心数据指标差值 Diff 为正，且置信区间为全正或全负，则证明新策略（实验组）和原策略（对照组）相比，数据指标是增长的，此策略才建议上线发布。

4.6　小结

本章从 AB 实验的基础知识开始介绍，到数据口径如何定义，再到如何做 AB 实验及如何为小流量平台做 AB 实验的解决方案，最后则介绍了如何分析 AB 实验的数据结果来证明实现效果显著。

➤ 第 5 章　智能营销

5.1　专业名词解释

新增用户：指首次使用平台的用户，如果一个用户首次打开某 App，那这个用户就被定义为新增用户，卸载再安装应用的用户，不能算作新增用户。

活跃用户：打开应用的用户即为活跃用户，不考虑用户的使用情况，每天一台设备打开多次会被计为一个活跃用户。不同平台根据业务发展，对活跃用户的定义有所不同，有的平台将打开应用定义为活跃，有的平台将下单定义为活跃。

5.2　智能营销的方法论

智能营销也称精准营销，在讲具体案例前，先说说为什么要做智能营销，智能营销能带来什么价值，包括能提升哪些效果，解决什么业务痛点等。如果你对智能营销没有很好的认知，就难理解智能营销能带来什么价值。任何公司、任何业务发展到一定阶段都会出现瓶颈，比如如何让用户转化率再提升一些，如何让 GMV（Gross Merchandise Volume 的缩写，即成交额）再增长一点，这些"期待"的出现已经表明，常规的营销方法在效果提升上遇到了瓶颈。这时候就需要新的增长思路带来业务数据指标的提升，也需要跑通新的模式带来新的商业价值。既然传统的营销方法已经无法带来效果提升，这就需要策略产品来解决问题。如何通过策略解决业务瓶颈或痛点，并带来数据指标新的商业价值，这就是智能营销的核心价值。出现智能营销的背景原因如下。

- 互联网行业正处于竞争激烈的环境中，流量红利已消去，拉新获客的成本越来越高，因此就要做好存量用户的管理，获得更多收益。
- 一款产品（App/小程序等统称产品）经过 3 年左右的发展，功能已基本能满足大多数用户的诉求。拿头部 App 来举例，不管是京东 App，还是淘宝 App，近年来在视觉设计、界面样式上都没有太大的变化，新增加的功能也是有限的，最核心的原因是通过样式优化、页面改版、增加功能很难带来转化效果的提升。
- 同一类型的产品，不管是电商类还是内容类，当用户可选的产品越来越多，使用习惯就会被培养得越来越苛刻，用户总希望使用的产品能懂自己，知道其所思所想所需，进而用户对产品的体验需求越来越高，希望省事又高效。

5.3 智能营销的价值

用户的要求越来越苛刻，而产品通过功能和视觉方面的优化已很难满足用户的诉求。在这种情况下，怎样才能在满足用户诉求的同时又能使平台的效益得到提升？

如图 5-1 所示，若把业务发展现状比作一条带有方向的线（虚线），而智能营销所做的是通过一定的策略方法让原有走向的线条改变既定轨迹，使业务指标有所提升。而业务指标的提升在一定程度上代表用户的满意度得到提升。理论上来说，每次策略的输出都是经过大量的数据分析后基于大数据来做决策支撑的，但不是每一次输出的策略都会带来显著的提升效果。有时候会出现数据下跌，这时候就需要进行复盘，挖掘问题点并对策略进行调整。这便是智能营销的价值。

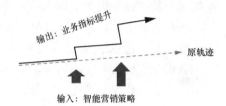

图 5-1　智能营销策略输入带来业务
发展现状改变

营销，简单来说就是让用户买得更多，让平台卖得更好。什么是智能营销？智能营销就是挖掘用户的潜在诉求，让原本当下没消费计划的用户能够提前消费，让有购买诉求的用户在个人能力承受范围内将消费金额提升，让平台商品销售得更好。

打个比方，假设业务侧决定这个月投入 1 万元来做营销活动，希望达到的目标是使用户下单转化率提升 3%。通常的做法是通过申请各种额度的优惠券（比如休闲零食品满 200 元减 10 元优惠券等），以下发优惠券的方式来提升转化率。这样做到底能带来多好的效果，前期无法预知。这也就提出了业务人员在应对日常营销活动时存在的痛点，以下我们按照时间节点来进行梳理。

营销活动投放前

- 通过人工手动获取固定用户列表，滞后性较强，当获取用户列表并对其触达时，有些用户已经流失了，导致未能及时激活用户。
- 对于平台而言每个周期内可申请的优惠券预算是有限的，只能申请固定限额优惠券用于活动。如果采用运营"一刀切"的常规操作方式，就无法根据用户的不同特征匹配不同额度的优惠券，无法做到资源合理分配。

营销活动投放中

- 平台券与品牌券、品类券未形成合力，不同的发券方式可能会对同一用户重复发放，存在浪费现象。
- 直接发放到用户账户的优惠券，用户不知道有优惠券到账了，用户感知很弱，优惠券容易被忽略，触达效果存在不可控现象。

营销活动投放后

- 用户激活成功后，暂无持续的营销发力，召回的用户又存在流失现象。

5.3.1 智能营销与推荐系统

智能营销正是针对业务痛点的解决方案，是对存量用户进行的精细化运营，也就是智能营销可以进行有针对性的用户洞察分析，知道用户真正需要的是什么，在用户有需要时就给他自动推荐其需要的东西。这听起来好像和推荐系统很像，的确是这样的。推荐系统是根据用户访问的主动行为在固定位置推荐用户所感兴趣的商品，让商品被动等着用户去看。而智能营销是根据用户的主动行为带来资源的主动曝光，也就是用户在访问的行为路径中，通过某个触点（条件）触发某个资源并推荐给用户。多数情况下，推荐的资源包括优惠券、红包、视频（内容）、关注好友等，也包括商品。我们可以通俗地理解为"在指定的时间和场景，对啥人说啥话"。智能营销是在合适的时间和场景主动和用户说他想听的话，而推荐系统是把对用户说的话摆在那里，等着用户自己去看。推荐系统与智能营销系统的差异如表 5-1 所示。

表 5-1 推荐系统与智能营销系统差异性

对比项	推荐系统	智能营销系统
定位（本质）	为了提升用户体验，用户被动找物料	为了提升转化（流量变现、转化率），根据物料找用户
架构	召回→排序→重排	（召回→）排序→重排 召回可省略
评估指标	人均停留时长、点击率、转化率等	人均停留时长、点击率、转化率、客单价等
数量量级	百万～亿	几十～几万
物料（资源库）特点	商品、短视频	商品、短视频、红包、优惠券、博主等，类型更丰富

5.3.2 智能营销因子

智能营销通常涵盖几个要素：时间（时间）、场景（地点）、用户（人物）、资源（事件）。下面举例说明智能营销触达用户的几个案例，如图 5-2 所示。

- 用户输入搜索关键词，点击"搜索"按钮或者按回车键后，触发优惠券弹窗。
- 用户访问首页时触发优惠券弹窗。
- 用户支付完成后，触发大转盘、抽奖等卡片。
- 用户收到 App 的推送信息。

给用户推荐曝光的内容不是随机出现的，具有一定逻辑性。对 A 用户发放的是满 100 减 10 元的水饮优惠券，对 B 用户发放的是满 200 减 5 元的休闲零食优惠券，而 C 用户可能不会命中优惠券弹窗。这些便是通过智能营销实现的，让不同的人命中不同的物料，而这些物料恰好对应用户即将需要购买的商品。人们在"有便宜可占"的心理下，在刚好符合其需求的刺激作用下，很容易形成下单转化。

| 输入搜索关键词触发优惠券 | 访问首页触发优惠券弹窗 | 支付完成触发优惠券、京豆、体验卡 | App推送消息 |

图 5-2 智能营销案例

智能营销解决了业务的问题，让暂无下单诉求的用户提前下单，让平时客单价为 100 元的用户可以消费 120 元（在第 17 章的案例中会介绍具体方法），在一定程度上可以协助业务实现用户转化率再提升一些、GMV 再长一点。

5.3.3 智能营销策略

前面提到，互联网流量红利触顶，各大电商平台争相瓜分流量，通过自然流量带来增长，难度越来越大。而电商行业一般会将年度累计 GMV 环比增长 $x\%$ 作为 KPI。既然增长难，那我们怎么通过产品策略帮助业务达成 GMV 的增长呢？

要想实现 GMV 增长，就需要知道影响 GMV 的因子有哪些，将 GMV 按公式进行拆解：

$$GMV = 客单价 \times UV \times 转化率$$

上述公式仅是简单的拆解，对于复杂的业务会拆解得更加细致，像广告等其他收入项在本书中不做说明。由 GMV 公式可见，通过提升客单价、活跃用户量（UV）、转化率三个指标，可以提升 GMV。假设某个淘宝店铺想在"双十一"促销期间提升 GMV，店主都要做哪些动作？可以参考以下两方面的方案设计。

商品方面：

① 参加平台的促销活动，比如可参加跨店铺每满 200 元减 30 元优惠活动；

② 店铺独享的优惠券；

③ 商品打折促销，比如满两件打八折；

④ A 商品和 B 商品一起购买可享受优惠，比如减少 20 元；

⑤ 可以使用淘金币抵扣现金。

店铺装修（页面视觉）方面：

① 首页第一屏突出显示优惠券；

② 突出显示商品降价幅度；

③ 放排行榜；

④ 提升品牌溢价的文案。

最终得到的效果如图 5-3 所示。

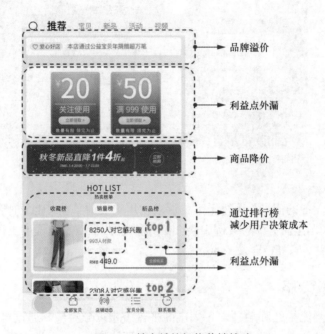

图 5-3　某店铺的智能营销策略

 提示：

利益点就是能刺激用户转化的元素，比如低价商品、用户偏好商品、高力度优惠券等。

品牌溢价就是店铺自己打造的品牌价值，当一个新用户访问店铺时，会因品牌溢价而打消很多顾虑。比如店铺的粉丝数、店铺的认证标识、店铺的年限等。而品牌溢价属于如何做品牌营销的范畴，本书不做展开介绍。

用户分层有不同的分层方式，如 RFM 模型、用户生命周期模型等，不同的公司业务模式不同，使用的方法也不同。

通过上述例子可知，影响客单价、转化率、活跃用户量的因子如下。

- 客单价的影响因子涉及优惠券、促销、搭配购（通过算法选品）、虚拟币（淘宝的淘金币、京东的京豆）等。

- 转化率的影响因子涉及品牌溢价、产品自身质量、服务（免邮、保价、运费险等）、价格等。

- 活跃用户量的影响因子涉及店铺粉丝活跃率、新增粉丝。

一般的解决方案是让用户实现"认知→兴趣→购买→忠诚"不同阶段的成长，进而实现从用户到 GMV 的演变。对应的智能营销策略则是通过用户分层和精准分发物料实现物料对用户的个性化触达，即不同人群所见物料均符合用户的偏好。其中用户分层可将用户分为新用户、成长期用户、成熟期用户、衰退期用户、沉默期用户、流失期用户，不同平台的分层策略不一样。个性化触达包括个性化推送、短信、弹窗、穿插物料等。

对不同的人群会在视觉上进行差异化设计，页面布局要力求让用户能更快地找到目标入口，页面元素需要将利益点外露。

针对不同的人群，在用户行为路径上进行差异化设计，在黄金流程页面增加影响用户快速下单转化的利益点，利益点包括专属优惠券、红包、低价商品等，通过利益点的外露减少用户决策成本，引导用户尽快提交订单。

在制定智能营销策略时，可根据不同的策略达成的目标而设定。设定策略时会考虑客单价、转化率、活跃用户量三个指标，分别提升客单价、转化率、用户量，进而提升 GMV。当然，单靠智能营销这一系列做法是很难完成 KPI 的，运营人员日常的运营活动还是必要的，这里暂不做介绍。智能营销是做增量的方法，能让用户在不同阶段实现成长。

5.4 小结

智能营销是涵盖时间、地点、人物、事件四个因素的营销场景。当用户访问网站时会根据用户某个主动动作触发弹窗或悬浮信息，实现资源的精准投放。同样是首页弹窗，不同的人看到的展示内容却有所不同，有的用户看到的是休闲零食满 100 元减 5 元的优惠券，有的用户看到的是新用户下首单减 5 元优惠券。也就是说，通过"智能算法+人工辅助"的方式，可以实现用户画像挖掘，并对不同画像的用户定向投放符合用户偏好的资源，实现转化效果的提升。本书会在第 14 章的案例中详细介绍如何实现此策略。

无论业务的诉求是拉新、促活、留存、转化，还是实现客单价的提升，这些都可以通过不同的策略来实现。当数据投放结束后，我们会进行数据的回溯收集，采集到相应的数据，进行大数据分析，进而为后续的精准推送做数据支撑，以达到更好的数据效果，实现智能营销闭环。

Part 02

第二部分

案例实践篇

　　策略产品设计分三部分介绍,第一部分(第6~13章)是推荐策略产品设计案例解析,第二部分(第14~17章)是智能营销策略产品设计案例解析,第三部分(第18章)是进阶案例实践。

➤ 第6章 从0到1搭建社区团购推荐系统

本章包括两部分，首先介绍从产品经理的角度如何搭建一个推荐系统，其次在了解搭建推荐系统的本质后，以社区团购为例，讲解如何从0到1来搭建一个社区团购的推荐系统。

6.1 从产品经理角度搭建推荐系统

通过阅读第一部分的基础知识，我们已经了解到推荐系统有哪些类型，其架构如何。一提到推荐系统很多人会想到协同过滤，认为推荐系统就是通过协同过滤算法搭建起来的。实际上，通过推荐系统架构可知，真正的推荐系统 ≠ 推荐算法 ≠ 协同过滤，搭建一个推荐系统是搭建一个完整的系统工程。

从产品经理的角度如何搭建一个推荐系统？也就是如何能够精准地预测用户喜欢什么呢？即对"有什么样特征的人，推荐什么样的物料，能够大概率地吸引用户产生点击行为或者下单行为。"这也就是策略产品经理平时的工作职责之一。策略产品经理要不断挖掘用户的诉求，提出相应的策略，解决用户的痛点，形成"对啥人说啥话"的产品力。

推荐系统是一个系统工程，是多个子系统的有机组合。策略产品经理独立将这个工程搭建起来是完全不可能的，这时就需要其他团队在以下方面提供支持。

- 基于 Hadoop 数据仓库的推荐集市
- ETL（数据仓库技术）数据处理子系统
- 离线算法策略、统计规则算法策略
- 准实时算法策略
- 多策略融合算法策略
- 缓存处理
- 特征工程
- 接口引擎
- 在线 Web 引擎服务
- AB 实验效果评估及监控
- 推荐栏位管理平台

- 埋点服务及规范等

上述提到的推荐系统工程的不同策略,产品经理能做的工作有限,其重点还是在策略输出上。比如当前业务发展阶段适合哪种策略,是否可以引入实时召回算法、是否适合使用过滤逻辑等。故本章介绍的如何搭建推荐系统也仅仅是从产品经理角度来输出的策略部分。

在策略输出上,离线算法策略、统计规则算法策略、准实时算法策略、多策略融合算法策略、AB 实验效果评估及监控、推荐栏位管理平台,在本书中都会有所涉及,这些是需要策略产品经理提出的。

 提示:

物料是一种泛指。电商平台的商品、内容平台的直播、短视频、图文等,可以统称为物料。

6.1.1 基于内容生态的推荐系统搭建思路

当某一用户登录到 App 端,假设该用户有图 6-1 所示的特征,我们需要给他推荐什么物料呢?目的是能让该用户停留更长时间、吸引其点击、希望其下单购买对应商品。

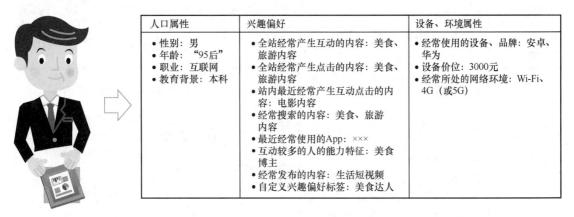

人口属性	兴趣偏好	设备、环境属性
• 性别:男 • 年龄:"95后" • 职业:互联网 • 教育背景:本科	• 全站经常产生互动的内容:美食、旅游内容 • 全站经常产生点击的内容:美食、旅游内容 • 站内最近经常产生互动点击的内容:电影内容 • 经常搜索的内容:美食、旅游内容 • 最近经常使用的App:××× • 互动较多的人的能力特征:美食博主 • 经常发布的内容:生活短视频 • 自定义兴趣偏好标签:美食达人	• 经常使用的设备、品牌:安卓、华为 • 设备价位:3000元 • 经常所处的网络环境:Wi-Fi、4G(或5G)

图 6-1 某用户的用户画像及行为数据

所谓推荐,就相当于上例中的用户喜欢美食短视频,正好有个高质量的美食短视频,而此用户从未看过,这时候就可以给他推荐此短视频。那这里提到了用户(上例中的用户)、物料(美食短视频)、关系(用户偏好),这也就是推荐系统的特征,用户与物料间是使用关系连接起来的。如果通过画像(也叫作标签)来推荐的话,那就应该是用户画像正好与物料画像匹配便能推荐成功。

所谓匹配并推荐成功,前置条件是不管用户还是物料都会有 N 个画像标签,每个标签都会有相应的标签分值,是否推荐成功就看这个标签是否属于用户的强偏好标签。

举个例子，A 用户被打上的标签有两个，分别是美食（0.98 分）、旅游（0.82 分）。但该用户在历史行为中仍有个潜在的标签"军事"（0.1 分），由于军事标签分数太低，在打标签的时候此标签分值没达到阈值，因此会被过滤掉。或者说标签阈值正好是 0.1 分，"军事"标签对 A 用户来说也不是强偏好标签。当同时有多个美食物料、旅游物料存在的情况下，军事相关的物料就很难给 A 用户推荐曝光。

特殊情况是：（1）仅有军事物料的情况下，A 用户会大概率看见此标签的内容；（2）为了保证物料的多样性，经常会采用穿插方式将军事相关物料推荐给用户，但大多数情况下 A 用户看见此物料的概率是很低的。

6.1.2　内容型物料的推荐策略

在上述例子中，用户访问的是内容型 App，对内容型物料的推荐策略可参考表 6-1。

表 6-1　基于用户画像推荐策略

用户画像	用户画像字段	策略应用场景	策略
人口属性	性别（例如：男） 年龄（例如："95 后"） 职业（例如：互联网） 教育背景（例如：本科）	冷启动、托底	男：推荐汽车、军事、体育、财经、数码等物料 女：推荐美食、星座、娱乐、美妆、时尚等物料 "95 后"：消费升级生力军。推荐二次元、游戏竞赛、社交等物料，鉴于其晚上 9 点左右处于活跃巅峰期，推荐时段要做相应倾斜 职业：互联网（兴趣标签）、教育可作为内容多样性推荐
兴趣偏好	全站经常产生互动的内容（例如：美食、旅游内容） 全站经常产生点击的内容（例如：美食、旅游内容） 站内最近经常产生互动点击的内容（例如：电影内容） 经常搜索的内容（例如：美食、旅游内容） 最近经常使用的 App（例如：美团） 互动较多的人的特征（例如：美食博主） 经常发布的内容（例如：生活短视频） 自定义兴趣偏好标签（例如：美食达人）	用户偏好挖掘	长期兴趣偏好：用户的"经常"行为，大数据兴趣标签挖掘（例子中的标签为美食、旅游，则可推荐美食、旅游相关物料） 短期兴趣偏好：用户的"最近"行为，需考虑时间衰减（假设标签为电影，则可推荐电影相关的物料） 用户亲密度：用户经常互动的用户（假设标签为美食博主，在推荐时可通过重排对互动博主的内容进行提权） 排序：按照 CTR 值排序，并结合兴趣匹配度、时效性、热度以及补贴政策等因素
设备、环境属性	经常使用的设备、品牌（例如：安卓、华为） 设备价位（例如：3000 元） 经常所处的网络环境（例如：Wi-Fi、4G 或 5G）	网络、时间、设备 LBS，推荐内容做好差异化	比如在 Wi-Fi 环境下推荐长视频，在早上 8 点的工作或上学路上，推荐大事件、新闻等

以上介绍了内容生态推荐的基本思路，基于画像（标签）、行为日志、长短期兴趣偏好、

托底逻辑等进行推荐设计。

提示：

　　案例中用户的标签默认是经过打标签算法逻辑计算后输出的,对人或物料的打标签也是一个系统工程,关于标签系统的搭建,本书不做详细介绍。

　　画像标签挖掘方法及计算逻辑会在第 7 章、第 8 章的案例中介绍。

　　电商平台与内容平台推荐策略逻辑互通,方法论均适用,差异点更多是画像挖掘方向不同,推荐目标不同。比如在用户冷启动阶段,内容平台推荐热度高的物料,电商平台推荐热销的商品。当然电商平台还有价格因子、地域属性,当用户对平台没有认知、没有黏性的情况下,想促成用户首单成交,减少心理顾忌,还需考虑地域价格因子。

提示：

　　再次强调,推荐系统是个系统工程,策略产品经理能做的工作有限,重点还是在策略输出上。推荐策略没有绝对的对和错,只要挖掘出来,有数据证明是对的,便可以尝试去做。算法是在不断试错调参的过程中去提升业务指标的。当然,失败的策略也存在,在失败的过程中进行大量的数据分析来纠正错误,不断调整参数发现问题并解决问题,便会使数据效果逐步正向提升,策略的效果可以通过 AB 实验来验证。

　　上述推荐思路是基于已经有大量数据可挖掘的情况进行讲解的,偏向于成熟的系统。下面介绍电商平台的冷启动推荐系统的搭建方法。

6.2　搭建社区团购推荐系统

　　搭建推荐系统从提升业务指标,满足业务诉求角度出发。本节会从需求背景、专业名词解释、分析与思路、解决方案四步进行介绍。

6.2.1　需求背景

　　社区团购产品体系重点针对下沉市场,是以社区为核心为社区居民提供日常生鲜品及标品预售与自提的一种社区商业模式,其业务模式如图 6-2 所示。社区居民通过访问基于 LBS 的团购平台下单购买商品,第二天提示社区居民到店提货。推荐栏位的目标是促用户转化,由于是小程序冷启动,故需从 0 到 1 搭建推荐系统。

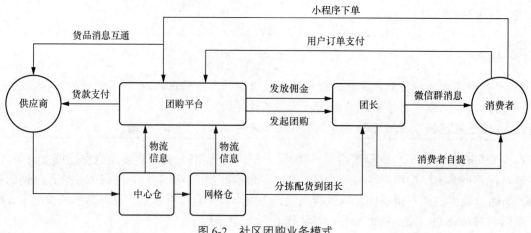

图 6-2 社区团购业务模式

6.2.2 专业名词解释

小程序：一种不需要下载安装即可使用的移动应用程序。

冷启动：产品新进入市场从未被访问过。

曝光量：网站中网页被浏览的次数。

用户停留时长：访客浏览某网站时所花费的时长。

GMV：Gross Merchandise Volume 的缩写，即商品交易总额。

6.2.3 分析思路

因为从 0 开始搭建，相当于整个小程序是冷启动的状态，线上并没有沉淀的数据做数据分析并生成决策，这时就需要进行市场调研。

目前市场上有些头部的社区团购小程序已在线跑了一段时间，对具体业务模式如何、页面布局如何等调研情况进行总结，可知搭建推荐系统重点需要三类数据——人、物料、人与物料间的关系，而冷启动阶段获取到的人与物料间的关系数据是有限的。

- 主要目标用户：10 亿（三线及以下城市的用户群体）- 4 亿（中高端用户群体）=6 亿（下沉用户群体），下沉用户群体对价格较为敏感。
- 主营商品：根据业务模式及市场调研，判断社区团购项目适合生鲜、日用百货（简称"日百"）商品、区域流通品，后续迭代品类是否延伸到快消、家电等品类暂无定论。

由以上分析可得关键词：下沉用户、生鲜品类、日百品类、区域流通品。

通过策略模型方法论（如图 6-3 所示），并结合社区团购项目的实际场景，可得知如下信息。

- 输出业务目标：因为是电商平台，业务目标是 GMV，即促用户下单销售额。
- 输入用户特征：因为是冷启动产品，没有线上用户特征数据，业务目标人群为下沉用户。
- 输入物料特征：选取品类为生鲜品、日百商品、区域流通品。

● 业务（策略）模型：因用户从未接触过冷启动的产品，对用户而言感知较弱，加上市面上有几个头部产品已占领市场，但仍旧以价格战为主；若想提升用户下单转化，故输入项上要考虑商品促销因子。另外，商品多为生鲜品，商品的库存也是要考虑的因子，要尽量减少损失，让临期团购品尽快售卖倾销，故输入项要考虑促销时长。

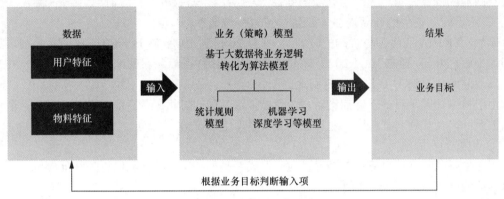

图 6-3　策略模型方法论

综上分析得出以下结论。

● 从售卖品类可知，推荐的难点在于，因主打的是当季的生鲜品类，换汰率高，新商品冷启动问题会持续存在，即持续出现商品无底层数据沉淀的情况，故通过算法模型预测会很难。

● 冷启动阶段，以统计规则模型为主，待线上有用户行为数据收集并达到一定量级，用户行为数据满足算法模型学习训练条件后，方能使用机器学习或深度学习等算法模型。

6.2.4　解决方案

基于上述分析，已初步判断出策略模型是基于价格促销因子及促销活动时效性因子影响来调整整个商品池的排序逻辑，将相对低价的商品和临近结束促销的商品优先曝光给用户。

1. 前置说明

由于商品含生鲜、日百商品、区域流通品三类：①生鲜品属于新品，作为非标品；②日百商品作为标品，因为在做社区团购前有独立的电商平台进行商品售卖，故日百商品是有其他渠道销售数据可获取的，可做策略应用；③区域流通品属于新品，即地域热销的商品，作为标品。

此三类商品有不同的特征，对于新品，我们关注首单，故更多地考虑促销因子；对于非新品则侧重大多数用户偏好购买的品类，故更多地考虑热销因子。因此需要进行多路召回，排序逻辑根据商品特征不同，侧重点也有所不同。

2. 输出策略解决方案

说明：本部分推荐策略只介绍首页"为你推荐"部分。

（1）多路召回池的召回及排序逻辑

商品召回池：即参与召回排序的商品库。本产品当前有三类商品，因此有三个商品池。由于此冷启动策略未融入用户行为数据，因此推荐系统采取"$T+1$"计算方式，需每天判断第二天入召回池的商品及第二天出召回池的商品。若商品参与拼购的时间周期为多天（商品一般为标品），满足拼购条件的商品均加入商品召回池参与推荐。

例如，SKU-A 商品参与拼购的时间是 10 月 20 日到 10 月 23 日，SKU-B 商品参与拼购的时间是 10 月 20 日，则在 10 月 20 日 SKU-A 和 SKU-B 均在商品召回池内，10 月 21 日，SKU-A 在商品召回池内，SKU-B 出商品召回池。

由于社区团购项目处于冷启动阶段，商品量级有限，因此在召回池没做截断处理，全部商品均被召回，而如何对这些商品进行粗排则是我们重点关注的部分。

① 生鲜品召回池

因为生鲜品召回池对应的是新品，为了促成新品的首单，所以我们更关注促销因子。生鲜品召回池的品类特征如表 6-2 所示。

表 6-2 生鲜品召回池的品类特征

商品类型（对应字段：二级类目）	商品特征
水果	有季节属性
海鲜	有季节属性
肉类	无季节属性
蔬菜	无季节属性

生鲜品召回池的召回及排序逻辑按下面步骤执行。

第一步：召回及排序逻辑考虑价格促销因子，根据促销综合得分 Score1 输出粗排结果。

促销综合得分 Score1，一方面要综合考虑促销力度，力度大则排序靠前；另一方面要考虑仓储成本，近期要结束团购活动的商品会优先排序，即考虑促销活动的时效性。

促销综合得分 Score1=促销力度×促销活动时效性

促销力度=(原价 − 一口价金额)/原价

促销力度越大，促销综合得分 Score1 值越高。具体解释如下：

- 一口价即商品后台设置的促销价格；
- 对于促销力度小于 0 的情况，促销力度记为 0（此处剔除哄抬价格情况）；
- 对于无一口价金额的情况，促销力度记为 0（因为有些商品本来原价就亏本，所以不存在一口价）。

促销活动时效性= ln(10+30/促销时长)

　　其中，促销时长代表提货日期与当前日期的时间间隔（单位：天）；此外，越临近结束的促销，越靠前召回。

　　计算自提点（团长）当日参与拼购的全部生鲜品促销综合得分 Score1，按得分高低排序，即生鲜品召回池的商品排序逻辑。

- 提货日期：即用户可以线下自提的时间，每个商品不一样，参考后台设置商品的提货时间。
- 拼购启动日期：即业务审核通过可以参加拼购的商品，在指定日期启动拼购。
- 单位：因为是冷启动情况，实时服务能力为零，故推荐商品都是按照 $T+1$ 计算的，所以单位选取的是天，达不到小时的维度。如果细致到具体的时间点，就需要在数据接口层做过滤处理，时效性更强，对性能要求更高。
- 30 天：30 天是业务经验值，可根据业务场景进行调整。通常认为促销活动是一个短暂的行为，若一个促销活动时长大于 30 天，可认为商品低价成为常态，扶持这样的促销商品意义不大。
- 促销活动时效性=ln(30/促销时长)

　　促销活动时效性的计算公式推导过程如表 6-3 所示，因为当促销时长大于 30 天，则促销活动时效性 ln(30/促销时长)会出现负数，所以将其修改为 ln(10+(30/促销时长))；修改后的数据能达到预期效果，越临近结束的促销，越靠前召回。

表 6-3　促销活动时效性计算公式推导过程

假设促销时长	ln(30/促销时长)	ln(10+30/促销时长)
1	1.477121255	1.602059991
2	1.176091259	1.397940009
3	1	1.301029996
4	0.875061263	1.243038049
5	0.77815125	1.204119983
6	0.698970004	1.176091259
7	0.632023215	1.15490196
16	0.273001272	1.074633618
28	0.029963223	1.044203662
29	0.014723257	1.04275198
30	0	1.041392685
33	−0.041392685	1.037788561
40	−0.124938737	1.031408464
90	−0.477121255	1.014240439
100	−0.522878745	1.012837225

提示：

任何公式输出都需要用相对真实的数据来进行推导验证，看公式输出的数据结果是否达到预期。推导过程中也会对公式进行调整，只有保证公式的正确性，底层数据才不会出现问题，上层推荐应用才是可靠的。

本书提到的统计规则公式不是固定的，均为作者基于业务经验所独创，也有其他公式可以替代。只要公式能保证达成业务目标即可，比如促销活动时效性= $\ln(10+(30/$促销时长$))$，这个公式要达成的目标是越临近结束的促销活动越靠前召回。

第二步： 根据粗排结果 Score1，对部分类目商品进行扶持，让相关商品参与重排，得到最终生鲜品召回池输出的排序结果。

扶持常用的方法有加权（得分乘以大于 1 的系数）、强制置顶、强制放在某个排序位置等。

针对不同二级类目进行调权，得到加权综合得分 Score，如表 6-4 所示。因为我们的重点是卖蔬菜和水果，所以权重会有倾斜，具体权重系数是根据经验值定义的，系数可以根据正式上线后召回商品的分布情况来进行调整。

表 6-4　生鲜召回池重排权重调整

商品类型（对应字段：二级类目）	商品特征	加权综合得分 Score
水果	有季节属性	促销综合得分×1.3
海鲜	有季节属性	促销综合得分×1.1
肉类	无季节属性	促销综合得分×1
蔬菜	无季节属性	促销综合得分×1.3

第三步： 打散，保证用户体验。

按加权综合得分 Score 排序后，再按二级类目进行打散。打散是在接口层执行的，主要目的是保证用户视觉体验。因为主商品是蔬菜水果，尽量保证给用户曝光的商品不要在一屏出现的全都是同一类型的商品，比如一屏全都是不同产地和规格的苹果。

以上是生鲜品召回池的召回排序逻辑，针对区域流通品和日百商品，思路如下。

② 区域流通品召回池

由于区域流通品用户关注低价商品，故召回排序逻辑可参考"生鲜品召回池"。

③ 日百商品召回池

一般认为有标准重量单位的商品都是标品，这里以日百商品（日用百货商品）为标品。日百商品可以采用地域热销的方式召回，即在当地销售表现较好的商品，有较大的概率被大多数用户购买。

目前市场上做社区团购项目的几乎都是有电商平台的公司，这些公司是有标品长期售卖的，可以认为已经存在标品商品池。故可以参考其他渠道商品的历史销售情况，融合成热销分 Score2 来做商品的排序输出。

> 热销得分 Score2（既然是热销商品，那代表卖得好）所涉及的数据指标会呈现出 GMV 高、订单数多、买的人多等特点。例如一个商品 A 为 1 元，卖了 100 个 GMV 是 100 元；但如果一个商品 B 是 120 元，卖了一件，则 GMV 为 120 元。实际情况是商品 A 受欢迎度高于商品 B，所以单单看 GMV 指标并不能代表热销。故热销得分的计算逻辑如下，所涉及的数据指标有下单用户数、订单数、订单金额，囊括最近 90 天的销售数据。
>
> 热销得分 Score2=下单用户数×0.5+订单数×0.4+订单金额×0.1
>
> 提示：在上述公式中，0.5、0.4 和 0.1 是权重，这些数值可根据实际情况进行调整。
>
> ① ln(数据指标值+1)；
>
> 对各个指标项取对数并去除量纲，为了避免存在对数为 0 的情况，建议给各指标加 1，即 ln(数据指标值+1)，若要考虑平滑处理，可不使用自然对数。
>
> ② 对①中各项值进行线性函数归一化，为了避免存在除数为 0 的情况，建议给除数加 1，即(当前值−最小值)/(最大值−最小值+1)
>
> ③ 对②中各项值进行加权求和，得到热销得分 Score2。
>
> 计算自提点（团长）当日参与拼购的全部日百商品召回池商品的热销得分 Score2，按得分由高到低进行排序，即日百商品召回池的商品排序逻辑。

 提示：

本书提到的热销、热度计算逻辑均可复用此套计算规则，热度计算逻辑同热销计算逻辑，只是计算的数据指标和权重有所不同。

你可能会想，直接加权求和计算不就行了吗，为什么要进行①②步计算呢？为什么要去除量纲？如表 6-5 所示，用数据模拟看看具体表现就知道原因了。

表 6-5 直接加权求和计算结果

商品 ID	商品单价	下单用户数×0.5	订单数×0.4	GMV×01	直接加权求和	排序结果（按商品 ID）	期望的排序顺序（按商品 ID）
1	18	35	238	149940	15106.7	1	1
2	10000	2	2	40000	4001.8	2	4
3	2	10	600	12000	1445	3	2
4	7	3	300	6300	751.5	4	3

从上例可见，直接加权求和的排序结果与期望的排序有很大差异，如果据此输出结果，推

荐的结果会特别不准确。下面看看经过去除量纲线性函数归一化处理的计算公式输出结果，如表 6-6 所示。

表 6-6 公式调整后的计算结果

商品 ID	商品单价	下单用户数	订单数	GMV	ln(1+下单用户数)	ln(1+订单数)	ln(1+GMV)	归一下单用户数	归一订单数	归一 GMV	加权求和	排序结果（按商品 ID）
1	18	35	238	149940	3.583518938	5.476463552	11.91799716	0.594814115	0.69489894	0.760165018	0.651383135	1
2	10000	2	2	40000	1.098612289	1.098612289	10.59665973	0	0	0.443262079	0.044326208	4
3	2	10	600	12000	2.397895273	6.398594935	9.392745259	0.372831503	0.841269404	0.154521273	0.53837564	2
4	7	3	300	6300	1.386294361	5.707110265	8.74846363	0.082550869	0.73150963	0	0.333879287	3

线性函数归一化很重要，大多数的计算逻辑都需要进行归一处理后方可使用，归一化可保证数据参与计算的公平性。当然也有不需要进行归一化处理的情况，要学会具体问题具体分析。

提示：

推荐系统往往会用热销得分做托底，即使是内容生态的产品也会有热度得分来做托底。计算逻辑是通用的，此计算公式适用面特别广。除了托底外，比如排行榜单的热销榜、热度榜也可按此逻辑，只是参与计算的数据指标略有差异。

由于社区团购属于冷启动，关于用户兴趣的数据没有历史数据沉淀。为了保证推荐商品的多样性，可以通过用户行为发现用户偏好，那么就需要在输出每个召回池内商品的排序逻辑后，按照业务规则对多个召回池商品穿插排序。

（2）多路召回池商品穿插排序

穿插比例可根据业务诉求进行调整，主要还是看业务上想让哪类商品给用户曝光更多，商品可暂时按以下绝对顺序输出排序。

按照"生鲜召回池：区域流通品召回池：日百商品池=3：1：1"的绝对顺序排序，也就是排列顺序是 3 个生鲜商品、1 个区域流通品、1 个日百商品，然后再曝光 3 个生鲜商品、1 个区域流品商品、1 个日百商品……依此类推。

（3）托底

推荐系统都有托底逻辑，这是为了保证在个性化召回的商品数量不足的情况下，也会有非个性化商品（热销品或人工定义 Top 品等）给用户曝光，保证用户不断滑动浏览页面时仍有商品可供用户选购。

当出现极端情况（例如接口挂了、请求失败等情况），为了保证用户无感知，也会采用托底逻辑，比如用热销商品托底、按 SKUID 顺序托底等。

6.3 小结

本章输出的策略部分已完成，包括召回、粗排、重排。因为冷启动无底层数据沉淀，所以算法模型暂时无法应用，也就无法推进到算法输出的精排层。

特别要说明的是，社区团购电商平台具有特殊性，商品品类以生鲜品为主，且属于非标品的冷启动类型，还存在日百品类商品这种非冷启动商品，故主要考虑促销力度、促销时效性因子等，这和普通的电商平台推荐策略还是有差异的，但整体思路是一致的，可以进行知识迁移。

➤ 第 7 章 用户画像挖掘及应用——品牌品类偏好

7.1 需求背景

随着时间的迁移，冷启动系统已有数据沉淀，为了提升推荐的准确性，需要挖掘用户画像以便日后在算法模型中应用。用户画像除了基本属性（年龄、性别、地域等）标签，还有部分标签是通过用户在网站上的各种行为特征挖掘出来的，行为动作主要包括用户长期和短期浏览的商品、用户购买商品等动作。这些用户的行为动作基本能够表达用户的长短期诉求，进而挖掘出用户的兴趣标签。

7.2 专业名词解释

用户偏好：用户在行为中所表现的倾向性选择，是用户认知、心理感受及理性认识等综合作用的结果。可理解为用户喜欢什么，也可以通过用户画像、用户标签来表达，电商平台的用户偏好包括品牌偏好、品类偏好、价格带偏好、地域偏好等。

长期兴趣：经过一段时间积累之后形成的用户偏好，比如喜欢宠物、喜欢吃薯片等。

短期兴趣：近期短暂的兴趣偏好，随着时间的流逝而出现行为衰减趋势。

7.3 分析思路

用户的偏好和兴趣是会发生变化的，某用户在过往购物习惯中总是购买休闲零食类商品，但就在近期此用户看过户外用品类商品。我们不能说用户的偏好是休闲零食、户外用品，毕竟近期行为是比较随机的，或许此用户仅仅是周末有郊游的计划而已，而周末过后此用户可能不会再关注户外用品相关的商品了。

用户标签能代表用户具有某类特征，由此可见，用户兴趣标签应该是长期兴趣标签，而短期兴趣仅作短期行为偏好应用。画像、标签需要经过长时间行为数据沉淀才能计算输出，短期随机行为并不能代表一个人有这样的特征，而仅仅是一个短期的行为偏好。因此，推荐系统就需要实时关注用户的兴趣变化，当用户在某一时刻点击了某一品类或品牌的商品时，那么在下一刻应该推荐给用户相应的商品，这样在一次行为周期内能快速抓住用户的诉求，减小用户流失概率。用户行为诉求要区分强弱，比如用户对商品的下单行为就强于点击行为，通常越靠近平台价值实现（GMV 提升）的行为就越强。

因此推荐系统在进行商品召回时，不仅会召回用户实时偏好的商品，也会召回用户长期偏好的商品。在前期算法模型不成熟的时候，用户画像并不能通过用户行为数据建模来生成，更多地依赖于规则算法。本章将通过用户的行为数据沉淀挖掘出用户的品牌和品类偏好兴趣标签。

 提示：

本书提到的"画像"等同于"标签"，"类目"等同于"品类"。

7.4 解决方案

7.4.1 挖掘用户品牌品类偏好画像并落成标签

通过分析可知，用户兴趣分为短期兴趣与长期兴趣，根据用户行为强弱描述用户对某个品牌及品类商品的兴趣偏好程度。用户标签字段通常包括用户 ID、标签名、标签分。

方案 1：统计算法 1_根据累计行为次数计算偏好标签

品牌偏好得分 Score 的计算逻辑如下。

数据指标：下单次数、加入购物车次数、搜索并点击进入商品详情页次数、点击浏览商品次数。

行为由强到弱排序：下单行为、加入购物车行为、搜索并点击进入商品详情页行为、点击浏览商品行为。

行为强弱权重系数：该系数为经验值，能表达出行为强弱即可，例如设定"下单行为的权重系数为 $\alpha=8$；加入购物车行为的权重系数为 $\beta=5$；搜索并点击进入商品详情页行为的权重系数为 $\gamma=3$；点击浏览商品行为的权重系数为 $\delta=1$"。

时间范围：最近 90 天的行为数据。

订单口径：支付完成或货到付款已成功。

（1）每个用户在每个品牌下所有商品的所有行为的每天得分 Score，计算公式如下：

Score（每天）=$\sum$(下单 $K_n \times \alpha$+加入购物车 $K_n \times \beta$+搜索并点击进入商品详情页 $K_n \times \gamma$+点击浏览商品 $K_n \times \delta$)

① 同一用户对同一商品在一天内多次产生同一行为操作，记为 n 次（$n>1$），则 n 次行为得分 K_n 的计分区间为[1,2]：

$$K_n = \sum 1/2^{n-1} = 1+1/2+1/4+\ldots+1/2^{n-1}$$

② 分别计算 90 天内每一天每个用户在每个品牌下所有商品的所有行为，根据行为强弱赋予权重 $\alpha=8$；$\beta=5$；$\gamma=3$；$\delta=1$。计算公式如下：

Score（每天）=$\sum$(下单 $K_n \times 8$+加入购物车 $K_n \times 5$+搜索并点击进入商品详情页 $K_n \times 3$+点击浏览商品 $K_n \times 1$)

（2）90 天用户行为得分累加求和，计算公式如下：

$$Score = \sum Score(每天)$$

以下对上述方案进行说明。

- 时间范围：选择最近 90 天的行为数据。因为电商平台不同季度的售卖商品会有差异，而 90 天约为一个季度，所以选取 90 天。
- 订单口径：支付完成或货到付款已成功，此口径也可以定为已支付或其他，具体可根据业务诉求来决定。
- 行为权重值：用户行为有强弱之分，离下单转化越近，则行为诉求越强，即用户下单行为诉求>加入购物车行为诉求>搜索并点击进入商品详情页行为诉求>点击浏览商品行为诉求，即可设定 $\alpha=8$、$\beta=5$、$\gamma=3$、$\delta=1$。在实践当中，具体的权重可根据经验值确定，只要不影响最后的数据表现效果，数值都可以进行调整。此处的权重值也可根据不同行为带来的转化率预估值来设定。
- 针对 n 次行为得分 K_n，为什么要通过数据处理使 K_n 计分区间为[1,2)？因为 B2B 电商采购平台存在货比三家的情况，所以用户有重复多次查看商品详情的情况，多次操作并不代表绝对的偏好诉求强。例如，对 A 商品的加车操作，第一次计为 5 分，第二次加车计为 $5\times(1+1/2)$。
- 关于 Score 得分举例如下。若下单 0 次，加车 2 次，搜索并点击进入商品详情页 3 次，点击浏览商品 1 次，则最终的得分计算方式为 $8\times0+5\times(1+1/2)+3\times(1+1/2+1/4)+1\times1$。其中，计算的 Score 得分要保证每个数据指标进行独立计算，即使此案例中"搜索并点击进入商品详情页 3 次"会存在用户访问浏览商品 3 次的行为，但也不会将这 3 次数据与"浏览商品 1 次"进行累加，"浏览商品"仍旧使用 1 次计算。

某品牌下有 3 个商品 A_1、A_2、A_3，某用户在同一天内分别对这 3 个商品产生过行为，则品牌偏好得分的推导过程如表 7-1 所示。

表 7-1　品牌偏好得分推导过程

商品	下单数	加入购物车次数	搜索并点击进入商品详情页次数	点击浏览商品次数	说明
A_1	2	2	3	4	
A_2	0	3	0	4	
A_3	0	0	1	2	

续表

商品	下单数	加入购物车次数	搜索并点击进入商品详情页次数	点击浏览商品次数	说明
A_1	1.5	1.5	1.75	1.875	n 次行为得分： $K_n = \sum 1/2^{n-1}$
A_2	0	1.75	0	1.875	
A_3	0	0	1	1.5	
A_1	12	7.5	5.25	1.875	根据行为强弱赋予权重 $\alpha=8$；$\beta=5$；$\gamma=3$；$\delta=1$
A_2	0	8.75	0	1.875	
A_3	0	0	3	1.5	分别乘以系数
一天，品牌 A 的总分	12	16.25	8.25	5.25	同一行为求和
用户对品牌 A 的行为总分	41.75				
90 天，品牌 A 的总分	上述逻辑计算 90 天每天得分，并求和				$\sum$ 每天得分

以上逻辑可以分别应用于一级、二级、三级品牌得分、品类得分的计算，仅在行为日志数据和业务数据归属上区分不同的品牌和不同的品类。给用户打标签的时候会按照"用户 ID，标签名：标签分"的格式进行标注，比如"$user_1$，休闲零食：41.75 分"。

 提示：

打标签有一套特别复杂的逻辑，每个行为计算出来的标签并不会全部给用户打上，要定义标签得分的阈值，低于阈值得分的行为则不会被打上标签，这也进一步证明此行为比较随机，不能代表用户的特征偏好。标签体系逻辑是另外一个产品策略方向，本书不做详细介绍。

方案 2：统计算法 2_通过行为归一并融合行为衰减因子计算用户偏好

品牌偏好得分 Score 的计算逻辑如下。

数据指标：订单金额、加入购物车次数、搜索并点击进入商品详情页次数、点击浏览商品详情页的次数。

字段说明：订单金额（ord_amount）、订单数（ord_num）、商品详情页浏览次数（view_num）、搜索并点击进入商品详情页次数（search_num）、加入购物车次数（add_cart_num），上述指标名称加 rate 后缀则代表对应数据指标的比例。

时间范围：最近 90 天。

订单口径：支付完成或货到付款已成功。

$$Score = \sum (\_score)$$

Score 是对统计周期内每日每个数据_score 进行累计求和。而_score 的计算逻辑是多个用户行为数据指标的加权求和，但是不同数据指标间存在量纲差异，因此需要进行线性函数归一化处理，计算公式如下。

$$\_score = 8 \times ord\_num\_rate + 5 \times ord\_amount\_rate + 4.5 \times t\_score\_rate$$

其中：

（1）8 代表订单数量占比的权重为 8；5 代表订单金额占比的权重为 5；4.5 代表搜索、浏览、加入购物车行为汇总占比的权重为 4.5；

（2）ord_num_rate：品牌商品的订单占比，即品牌下商品的订单数 ord_num /全部商品订单数 ord_num_sum，其计算公式如下：

$$ord\_num\_rate = ord\_num /ord\_num\_sum$$

（3）ord_amount_rate：品牌商品的订单金额占比，即品牌下商品的订单金额 ord_amount/全部商品订单金额 ord_amount_sum，其计算公式如下：

$$ord\_amount\_rate = ord\_amount/ord\_amount\_sum$$

（4）t_score_rate：用户对品牌商品的搜索、浏览、加入购物车行为的占比，而这个指标又是由搜索、浏览、加入购物车这 3 个指标汇总计算的，因此还需要对这 3 个数据指标进行线性函数归一化处理，然后再给它们赋予不同的权重进行加权求和，进而得到结果。用户对商品的行为随着时间的变化存在衰减趋势，因此数据指标的权重定义需要叠加用户行为衰减系数 α、β、γ。其中 α 代表搜索权重衰减系数，β 代表浏览量权重衰减系数，γ 代表加入购物车权重衰减系数。综合计算之后，得到 t_score_rate 公式如下：

$$t\_score\_rate = \alpha \times search\_num + \beta \times view\_num + \gamma \times add\_cart\_num$$

 提示：

用户针对商品产生的行为会受到平台活动的影响，即用户对某些商品的行为是有"热度"的。例如在促销活动期间，用户就会产生一系列行为，而当促销活动结束，用户对商品的行为会减少，呈现出行为衰减的趋势，因此通过用户行为计算用户偏好的时候需要考虑行为衰减因素。

以上介绍的是关于用户品牌偏好标签的算法，此逻辑仍可用于用户品类偏好标签的计算，只要变更相关的业务数据即可。

方案 3：算法模型预测_根据品牌、品类偏好标签的点击率预测模型

方案 3 则为纯算法模型预测输出，策略产品经理仅提出需求给算法工程师即可，此方案依赖算法的成熟度，对冷启动业务或新业务不太适用。

7.4.2 用户品牌品类偏好画像的应用

把用户的品牌偏好、品类偏好画像具体成标签并放到标签库，可作为基础数据在各应用场景使用，通常可应用在以下场景：

- 作为算法模型训练特征因子应用，提升模型的精准度；
- 作为选人标签应用，便于做精准营销物料分发；
- 作为基础数据应用，比如分类页的类目可按类目偏好排序；
- 在用户分析中应用，可发现挖掘用户的特征，对运营给予业务方向的指导；
- 在精准广告投放中应用，选择定向人群、定向物料圈选，实现精准广告投放。

7.5 小结

策略方案没有绝对的对与错，本章给出了关于用户品牌品类偏好画像挖掘的三套方案，每个方案都具有可解释性，系统到底适合哪套方案可根据实际业务场景来定，也可通过 AB 实验来决策，哪个效果更好就选择哪个。

规范的标签整体构建流程依托于数据中台，需融合多方业务数据源，搭建起完整的业务数仓体系。如果后续业务数据采集场景有所增加，标签体系数据字段也支持扩展，可以随着业务发展不断完善标签体系。标签值的获取需要经过数据获取、数据清洗、规则定义、数据抽取等一系列流程。每个标签都需要有标签 ID，以便后续在各业务场景应用时通过标签 ID 来选取标签，保证后续应用的严谨性，标签一定要严格按照标准格式进行定义。本章介绍的仅是用户行为标签挖掘的方法及格式（用户 ID，标签名：标签分），想要了解更多的标签知识还需要拓展学习，本书暂不对此做重点介绍。

第 8 章　用户画像挖掘及应用——价格带

8.1　需求背景

通过消费者行为反馈得知，部分用户常购商品的价格比推荐商品的价格更低，比如用户经常买单价 23.4 元/L 的多力葵花籽油，但系统推荐的商品是单价 32.8 元/L 的鲁花花生油等。若要提升推荐商品精准度，就要尽量推荐"价格处于可承担范围"的商品，打造符合用户价格偏好的千人千面式商品推荐系统。

8.2　专业名词解释

价格带：指每个品类或品牌商品销售价格的上限与下限之间的范围。

中位数：将一组观察值按大小顺序排列，位置居中的变量值（观察值的数量为奇数）或位置居中的两个变量值的均值（观察值的数量为偶数）。中位数是一个位次上的平均指标，符号为 M。

箱规：箱规就是箱子的规格，如长、宽、高。

聚类算法：研究（样品或指标）分类问题的统计分析方法。该算法是按照某个特定标准（如距离）把一个数据集分割成不同的类或簇，使同一个簇内的数据对象的相似性尽可能大，同时不在同一个簇中的数据对象的差异性也尽可能地大。也就是聚类后同一类的数据尽可能聚集在一起，不同类的数据尽量分离。

K-Means 算法：K 均值聚类。将对象划分为 K 个类，使所有对象到所属类中心的误差的平方和最小。

8.3　分析思路

用户对不同品类的价格偏好不应该是绝对值，而应该是区间，比如用户对某葵花籽油的购买力是 23 元/L，但如果葵花籽油的价格是 24 元/L，用户也可能买单，所以价格偏好在定义时应考虑的是一个区间,这个区间便称作价格带。

新注册及注册后 3 个月内仍未成单的用户,系统推荐的商品也可根据价格偏好模型进行预测,推荐用户有购买力的商品尽量促成首单,并让用户对平台逐渐形成信赖。挖掘用户价格带标签,对个性化算法引入购买力因子,可以从一定程度上解决推荐不精准的问题,引导用户更快地找到所需商品,形成快速转化。

在电商平台应用价格带,需要考虑用户的消费情况,系统推荐的商品在什么价位是用户可接受的范畴。某用户历史上常购买单价 23 元/L 的葵花籽油、单价 5 元/kg 的大米,可认为这些价位是用户所能接受的范围,因此可通过用户历史购买行为来挖掘不同品类的价格带。商品品类包括水饮乳品、休闲食品、粮油调味、家纺百货、文具办公等,不同品类的商品价格有很大的差异,因此计算用户偏好的价格带需要分别计算不同品类的价格带,然后给用户打上"相应品类+价格带"的标签。

有些品类的价格带容易挖掘,比如用户购买服装这个品类的价格通常在 100 元左右,服装品类的价格带则通过均值来计算得出。但有些品类的价格带就会难挖掘,比如用户历史购买的矿泉水有 2 元、15.8 元、36.90 元等不同价位的。而这些价格的不同是因为用户分别购买了一瓶(550ml)、一箱(550ml×12 瓶)、5L×4 桶规格的矿泉水。

综上分析,价格带挖掘仅需要对有箱规差异的商品进行挖掘,而无箱规差别的商品则可以通过历史订单价格的分位数(根据业务诉求进行调整)等方式来定义价格带。有箱规差异的商品,其价格带挖掘可以考虑如下三种方案。

方案 1:既然价格带是区间,聚类模型可以很好地划分数据间差异找到临界点,则可以考虑使用聚类模型划分价格带。

方案 2:比如用户购买的是白酒品类的商品,可能购买的是茅台酒,也可能是牛栏山二锅头,因此可将价格带按高、中、低档标注为不同的等级,此方案也能代表用户的购买力。

方案 3:商品的价格受到商品箱规的影响,则需换算成商品最小粒度的价格,比如 500ml 一瓶的矿泉水是 2 元,则 1ml 售价就是 0.004 元,一箱(550ml×12 瓶)的矿泉水是 15.8 元,则 1ml 矿泉水的售价约为 0.0024 元。可见不同箱规的商品计算到最小粒度的价格是可以表现出商品的价格差别的,最终反馈到用户身上就是其购买商品的价格带偏好。因此可以通过最小粒度的价格来划分价格带。

8.4 解决方案

8.4.1 基础建设——为商品画像和用户画像增加价格带标签

基于以上分析,我将输出 3 套方案来对价格带进行挖掘,每套方案输出前会做相应的数据分析,为方案的输出提供数据支撑。

方案 1:通过聚类模型划分商品的价格带,并反推用户的价格带

1. 数据分析

每个品类下价格带分布差异较大,价格带的挖掘需细致到品类维度。首先通过抽取数据并进行数据分析，验证通过聚类模型划分商品的价格带的可行性，执行步骤如下。

（1）对"粮油调味-米面粮油-酱油/蚝油""文具办公-学生文具-笔袋文具盒""水饮乳品-饮料-碳酸饮料"等一级品类-二级品类-三级品类下商品的订单数据进行抽样；

（2）参考抽样品类下商品订单数据整体的正态分布情况，考虑如何去掉离群点，再形成样本数据；

（3）经过剔除离群点后，通过 K-means 聚类模型将样本数据划分为 K 个区间，根据划分结果设定价格区间段。

在上述步骤中，步骤（1）和步骤（2）为数据分析阶段，步骤（3）为执行方案阶段。下面来看每个步骤的数据表现情况。

第一步：随机抽样 3 个品类"粮油调味-米面粮油-酱油/蚝油""文具办公-学生文具-笔袋文具盒""水饮乳品-饮料-碳酸饮料"的订单数据，用于数据调研，数据口径为 2021 年 6 月到 2022 年 6 月上述品类下商品的成交订单数据。

第二步：分别输出上述抽样品类的订单数据的正态分布情况，并去掉离群点。"粮油调味-米面粮油-酱油/蚝油"品类商品订单数据的正态分布情况如图 8-1 所示，"文具办公-学生文具-笔袋文具盒"品类商品订单数据的正态分布情况如图 8-2 所示，"水饮乳品-饮料-碳酸饮料"品类商品订单数据的正态分布情况如图 8-3 所示。

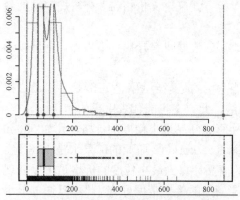
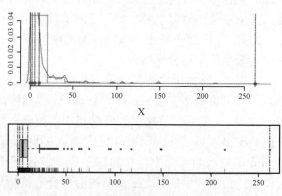

图 8-1 "粮油调味-米面粮油-酱油/蚝油"品类商品订单数据的分布情况

图 8-2 "文具办公-学生文具-笔袋文具盒"品类商品订单数据的分布情况

从抽样数据看，数据总体上分布为右偏态，并且有大量长尾数据。以碳酸饮料为例，当数据不做过滤处理时，商品订单成交价跨度较大[20000，0.000769]，分布曲线如图 8-4 所示。为了能清晰看出数据的分布情况，除了去掉订单金额小于 1 元的商品订单数据外，可以考虑把价格分成两个范围，其中价格大于或等于 500 元的部分如图 8-5 所示，价格小于 500 元的部分如图 8-6 所示。在不考虑长尾数据的情况下，价格分布曲线趋向于正态分布。

从图 8-4 所示的右偏态数据整体分布情况，以及多次剔除不同数值的离群点的实验得出，离群点范围在小于或等于 0.01%的数据区域。为了保证聚类分析的准确性，需要剔除小于或等于 0.01%的离群点。

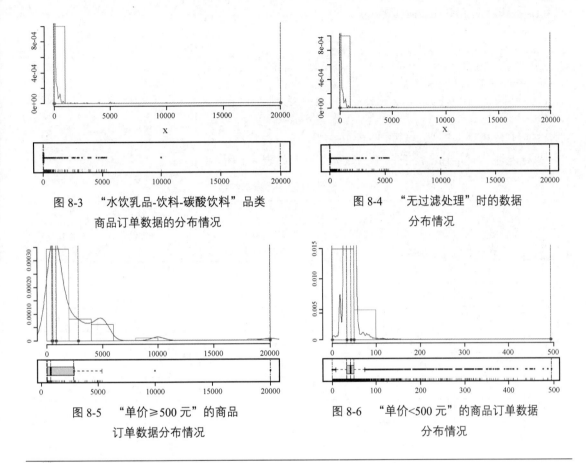

图 8-3 "水饮乳品-饮料-碳酸饮料"品类
商品订单数据的分布情况

图 8-4 "无过滤处理"时的数据
分布情况

图 8-5 "单价≥500 元"的商品
订单数据分布情况

图 8-6 "单价<500 元"的商品订单数据
分布情况

 提示：

　　500 元是根据原始曲线分布情况选取的值，因为 500 元附近的数据有明显的拐点。此取值仅供数据分布曲线观测及数据分析使用。在生成数据分布情况曲线时，大家可以使用 Excel、SPSS、R 等数据分析软件，本书使用的是 R。

　　第三步：按 K-means 聚类模型将样本划分为 K 个区间，根据划分结果设定价格区间段，保证每个价格段内数据分布聚合。聚类分析所用的 R 语言代码如代码清单 8-1 所示。

　　首先，数据源是不同品类下最近一年每笔订单对应的金额。

　　其次，通过聚类算法将样本的订单金额划分为 $K=9$ 个区间，并将结果 Sres1.csv 保存在本地文件夹内。

代码清单 8-1　聚类分析

```
1. library(readxl)
2. Sdata1<-read_xlsx("D:/酱油/蚝油订单.xlsx",1)
```

```
3. SSindex1<-duplicated(Sdata1$单价)
4. SSnewdata1<-Sdata1[!SSindex1,]
5. set.seed(123456)
6. SSclur1 <- kmeans(x = SSnewdata1, centers =9, nstart = 4)
7. #聚类 K=9，即划分为 9 个价格带
8. SSdd1 <- cbind(SSnewdata1, cluster = SSclur1$cluster)
9. table(SSdd1$cluster)
10. write.csv(SSdd1,file = "D:/ Sres1.csv")
```

执行上述代码，输出所有品类的数据结果，如表 8-1 所示。

表 8-1　酱油/蚝油品类聚类结果

品类	K=18				K=9		
	价格区间编号	成交价最小值/元	成交价最大值/元	覆盖订单量占比/%	成交价最小值/元	成交价最大值/元	覆盖订单量占比/%
酱油/蚝油	1	1.5	4	1.10	1.5	26	6.98
	2	4.5	8.3	2.84	27	55	7.77
	3	8.5	13	1.24	55.9	84	53.92
	4	13.8	21	1.46	84.5	114.5	23.01
	5	21.8	31.3	0.49	115	152	7.14
	6	33	44	0.81	157	225	0.92
	7	45	55	6.80	240	320	0.17
	8	55.9	65	22.16	420	500	0.09
	9	65.85	77	25.20	8000	10200	0.01
	10	77.9	91	15.01			
	11	92	108	10.16			
	12	109	130	9.61			
	13	132	162	1.94			
	14	165	205.33	0.88			
	15	225	252	0.15			
	16	280	320	0.04			
	17	420	500	0.09			
	18	8000	10200	0.01			

从划分价格带之后的数据可见，酱油/耗油品类的用户的消费价格分布有一定集中趋势。当把用户消费金额划分为 18（K=18）个价格带区间时，将"覆盖订单量占比"从高到低进行排序。当累计"覆盖订单量占比"达到 99.9%时，成交价最小值为 1.5 元，成交价最大值为 252 元，

因此价格带分布在[1.5,252]区间。而当把用户消费金额划分为 9（$K=9$）个价格带区间时，将"覆盖订单量占比"从高到低进行排序，当累计"覆盖订单量占比"达到 99.9%时，成交价最小值为 1.5 元，成交价最大值为 320 元，因此价格带分布在[1.5,320]区间。

 提示：

为了对案例进行说明，我们通过爬虫软件爬取不同品类下商品的单价情况，通过模拟真实的消费场景并结合商品的消耗速度，我们生成了近 2 万条模拟数据作为数据源（案例数据不代表任何平台的真实销量情况）。

模拟场景包括：订单数据（含赠品、小样）及集团采购高订单量、普通用户采购等情况。

2．解决方案

（1）划分价格带

通过上述数据分析可知，要想合理地划分价格带，需要分别对每个品类下的订单数据进行初始化处理，即去掉 0 元订单数据（剔除离群点）。处理离群点后，通过 K-means 聚类算法将样本的订单金额划分成 K 个区间后，根据模型的返回结果设定价格区间段，K 的取值会根据模型训练结果得出每个聚类的边界值及价格带区间值。

（2）给用户打上价格带标签

价格带划分完成后，给用户打相应的"品类+价格带"标签，由于标签格式为【标签名：标签得分】，而用户购买某个品类的商品数量是不一样的，用户购买得多证明其对品类的偏好强，故需要根据用户历史订单行为中不同品类购买的比例来计算每个标签的得分。

① 取用户近一年有效订单中的三级品类商品单价为基础数据，分别统计在上述划分的 K 个价格区间内的订单数量，对复购商品不做去重处理。

② 通过调权因子 α 进行调权，得出用户价格带标签得分。

调权因子 α=当前价格区间内的订单数量/当前价格区间内全部订单的数量

则价格带标签得分为：

[价格区间 Xa1～Xa2]的分布概率为 α_1；

[价格区间 Xb1～Xb2]的偏好概率为 α_2；

……

[价格区间 Xi1～Xi2]的偏好概率为 α_K。

将用户标签按照"cid3_价格带[价格区间 Xi1～Xi2]：值 α_K"数据进行存储。

以上方案给用户打上了价格带的标签，标签格式为【标签名：标签得分】。

方案 2：通过人工标注商品的高、中、低档，定义用户的购买力标签

（1）人工标注

针对品类所覆盖的商品，通过人工标注的方式，给商品打上"高、中高、中、中低、低"价

格层级标签。给商品打上相应层级标签后对购买过此商品的用户打上相应的价格带层级标签。

（2）根据用户历史购买商品判断价格偏好

① 提取用户近一年在不同三级类目下的订单情况，并对 0 元订单等异常值进行剔除。

② 统计"高、中高、中、中低、低"标签中商品的数量，计算每个层级下的商品占比，设定阈值，取占比在 10% 以上的层级为用户标签，并将比例值定义为标签得分（也是购买商品分布的概率），即用户的价格偏好标签。某用户对 A 品类下商品层级的计算逻辑，如表 8-2 所示。

表 8-2　用户对 A 品类下商品层级的计算逻辑

标签 ID	商品层级	购买商品数量	不同层级商品占比/%
price_1	高	13	12.500
price_2	中高	28	26.923
price_3	中	54	51.923
price_4	中低	2	1.923
price_5	低	7	6.731
	合计	104	100.000

以上得到用户对 A 品类下商品的价格偏好标签为"A 品类_高：0.1250""A 品类_中高：0.2692""A 品类_中：0.5192"。因标签得分会设定阈值（此处定义的是 10%），当标签得分低于阈值时，则不会给用户打上该标签，因此此用户没有 A 品类_中低、A 品类_低的标签。当然，标签要有对应的标签 ID，ID 定义规则可根据实际情况而定。

此方案在应用时，可根据用户浏览、加入购物车、下单等行为反馈，召回相同品类下相同价格层级的相似商品、相关商品。分发商品可按照标签得分对全部待分发商品按覆盖率进行调整。此方案依赖于人工标注，涉及人工成本，但准确率高。

 提示：

在上述方案中，所设定的阈值（10%）为经验值。在实际工作中，可根据业务模式不同，结合数据分析情况，对该值进行适当调整。

方案 3：通过商品单位购买力定义用户价格带

1．数据分析

比如 500ml 一瓶的矿泉水是 2 元，则 1ml 售价就是 0.004 元；一箱（550ml×12 瓶）的矿泉水是 15.8 元，则 1ml 售价就是 0.0023 元。由此可见不同箱规的商品计算到最小粒度的价格是可以表现出商品的价格差别的，最终反馈到用户身上就是其购买商品的价格带偏好。因此，当商品的价格受到箱规的影响时，则需换算成商品最小粒度的价格，剔除箱规对价格的影响，然后再划分价格带。针对商品最小粒度价格，后面会使用"单位购买力"来表达，最小粒度的商品价格计算公式如下：

商品最小粒度价格=商品价格/商品箱规【重量】

分别获取两个变量——商品价格和商品箱规【重量】信息，用于计算商品最小粒度价格。

（1）商品价格：为商品录入上架信息时的必填字段，可直接从商品库中获取。

（2）商品箱规【重量】信息：从上架信息中获取。

 提示：

此部分提到的商品"重量"是一种广义的叫法，含商品的体积（单位：ml 或 L）、商品质量（单位：kg 或 g）、商品包装（单位：包）等。

通过抽样选取 2000 个商品并对商品数据进行调研，发现商品"重量"单位（体积、质量、包装等）相关的字段分别会出现在标题、净含量、规格中，表 8-3 展示了一些商品信息的案例。

表 8-3 商品信息案例

商品标题	标题信息	销售单位	净含量	规格	品类
浙好成人口罩一次性口罩三层防护无纺布熔喷布民用口罩 10 片装蓝色蓝色（10 片/包）	10 片/包	套	70g	10 片/包	鞋包服饰/百货>百货>防护/保暖用品
安佳（Anchor）黄油（咸味）227g 烘焙原料早餐面包搭档	227g		0.22kg		生鲜>乳品冷饮>奶酪黄油
【整箱】伊利 QQ 星揉揉小肚子草莓猕猴桃味 180ml*16 瓶/箱	180ml*16 瓶/箱	箱	180 毫升	180ml*16 瓶*1 箱	水饮乳品>牛奶乳品>常温酸奶
【整箱】五湖一级大豆油 5L*4 桶/箱	5L*4 桶/箱	箱	20 升	5L*4 桶*1 箱	粮油调味>米面粮油>食用油
【整箱】雪花金威冰爽啤酒 580ml*12 瓶/箱	580ml*12 瓶/箱	箱	560 毫升	560ml*12 瓶*1 箱	酒类>啤酒>啤酒
【海轩】金龙鱼东北大米寿司香米鲜稻小町 5kg	5kg	箱	330 毫升	330ml*24 听*1 箱（错误）	水饮乳品>饮料>碳酸饮料
BT910 心相印 140 克 10 粒装三层卷筒卫生纸（蓝色升级版）	140 克 10 粒	提	10	10 卷/件	纸品家清>纸品湿巾>卷纸
火腿鸡蛋手抓饼			0.16		生鲜>冷藏鲜食>三明治/汉堡
海太蜂蜜黄油薯片 60g 韩国原装进口膨化零食	60g		60g	60g	休闲零食>膨化食品>薯片薯条

对 2000 个商品数据进行抽样，可见净含量是商品加上包装的重量，与商品自身重量的关系不确定。规格字段有部分错误信息，比如单位不统一，如表 8-3 中的灰色部分。而商品的"重量"一词的出现情况在标题中覆盖了 100%的商品，因此可取商品标题文本中的"重量"作为

后续计算的主要数据源。

2. 解决方案

通过数据分析得知，可将商品标题中的"重量"信息作为后续计算的数据源。整个方案可分三步，方案中所提到的"三级品类"用 cid3 表示，下面详细介绍每步的计算逻辑。

第一步：定义单位购买力品类。

就是确定哪些品类下的商品需明确所属的价格带，并且要找出对应属性"净含量、规格、容量、包装、包装单位、重量、单位容量、单件容量、包装规则"中含有重量和容量的单位（L、ml、g、kg、克、千克、升、毫升）的三级品类。

第二步：计算出商品单位购买力，并给商品打上单位购买力标签。

第一步已经确定了需要计算商品单位购买力的三级品类，取这些三级品类下的全部商品，对商品进行单位购买力的计算。下面先介绍商品单位购买力 $Purch_w$ 的整个计算逻辑，每步的详细说明会在 8.4.2 节介绍。

$$Purch_w = q_m + \frac{P_w - Q_m}{Q_n - Q_m}(q_n - q_m)$$

上述公式需要通过以下步骤来推导。

（1）商品单位价格=商品价格/商品重量，即 $P_w = Price/w_t$。

● 根据商品标题得到商品重量 w_t。

● 计算出地域维度的商品单位价格 P_w。

（2）计算商品单位购买力 $Purch_w$。

● 通过地域商品单位价格划分价格带，得到 $[q_m, q_n]$ 和 $[Q_m, Q_n]$。

● 计算商品单位购买力 $Purch_w$，公式如下：

$$Purch_w = q_m + \frac{P_w - Q_m}{Q_n - Q_m}(q_n - q_m)$$

得到商品单位购买力后，通过标签定义格式"地域_cid3 名称_商品单位购买力：值"给商品打上单位购买力标签。

第三步：计算用户三级品类的单位购买力，并给用户打上单位购买力标签。

给用户打上三级品类单位购买力标签（地域_cid3 名称_用户单位购买力：值）。

单位购买力是指对三级品类下商品的单位购买能力，范围在 0～1，值越大表示用户单位价格购买能力越强。用户购买力为该用户在 cid3 下近半年购买过的商品单位购买力的平均值，即 $Purch_u = Avg(Purch_w)$。

例如，某北京用户在某 cid3-001 下近半年购买过的商品是 A、B、C，对应的 $Purch_w$ 分别为 0.59、0.19、0.78，则此用户对此 cid3 的购买力为 $Purch_u$ =(0.59+0.19+0.78)/3=0.52，因此用户的购买力标签对应的值为 0.52，即标签为"北京_cid3-001_用户单位购买力：0.52"。

以上将用户单位购买力标签和商品单位购买力标签按照"标签定义：地域_cid3 名称_商品单位购买力：值"和"地域_cid3 名称_用户单位购买力：值"的格式存储在标签库中。

 提示：

在文字描述上，为了易于理解，前文提到的"单位购买力标签"等同于"价格带标签"，等同于"购买力标签"。

8.4.2 商品单位购买力计算逻辑及打标签逻辑

本节对商品单位购买力 $Purch_w$ 的计算逻辑进行详细介绍，并根据购买力的计算结果给商品打标签。根据 8.4.1 节的说明我们已经知道 $Purch_w = q_m + \dfrac{P_w - Q_m}{Q_n - Q_m}(q_n - q_m)$，参数为：

- $Purch_w$ 即商品单位购买力；
- P_w 即地域维度商品单位价格；
- $[q_m, q_n]$ 和 $[Q_m, Q_n]$ 即地域维度商品单位价格划分到的价格带。

1．地域维度商品单位价格 P_w

地域维度商品单位价格 P_w 是指将商品的重量换算成最小粒度的价格，即最小单位重量或者容量、包装所对应的价格。地域维度商品单位价格=地域维度商品价格/商品重量，即

$$P_w = \frac{Price}{w_t}$$

这个公式有两个变量"商品重量 w_t""地域维度商品价格 $Price$"，需要分别进行计算。

（1）商品重量 w_t

根据商品标题挖掘商品重量 w_t。商品标题中含有"重量"的词涉及表 8-4 所示的 4 种情况。

表 8-4　商品标签含重量信息情况

标题重量词性	标题内容
不含重量	【礼盒】山西特产维之王礼盒（夏县）
多包装重量	【整包】加州原野精选榛子 100g×5 袋办公休闲零食每日坚果炒货
单重量	鲜尝厚买慕斯蛋糕蔓越莓巧克力蔓越莓味小蛋糕办公网红小零食好吃不贵 120g×1 袋
多商品	【套装】蒙牛中老年多维高钙奶粉 800g×2+蒙牛纯牛奶 250ml×24 盒/箱

商品标题属于文本内容，因此需要进行分词处理，以便提取标题中含有"重量"的词，提取流程如图 8-7 所示。

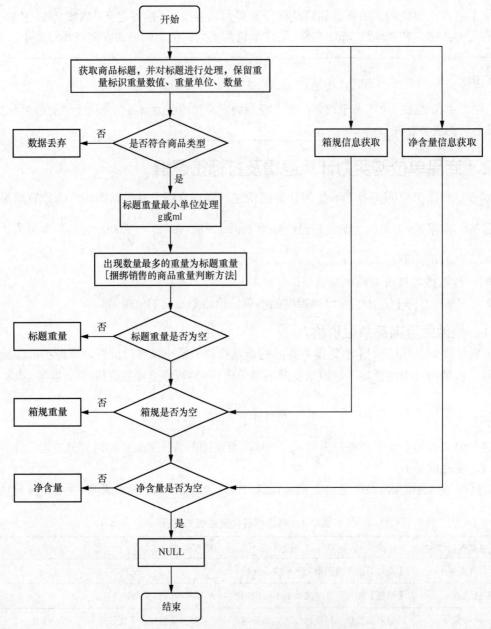

图 8-7 通过商品标题提取重量字段

商品标题中的"重量"标识格式一般为"数字+重量或者容积单位+数量"。商品类型包括两类：重量型（kg）和容积型（ml），举例如下。

● 对于"【套装】蒙牛中老年多维高钙奶粉 800g×2+蒙牛纯牛奶 250ml×24 盒/箱"，我们把"250ml×24 盒/箱"提取为容积型重量标识。

- 对于"鲜尝厚买慕斯蛋糕蔓越莓巧克力蔓越莓味小蛋糕办公网红小零食好吃不贵 120g×1 袋",我们把"120g"提取为重量型重量标识。

通过上述过程,提取到每个商品的重量参数 w_t。

(2)地域维度商品价格 Price

由于仓储、物料等因素的影响,相同的商品在不同地域的售卖价格是不同的,所以要计算到地域维度的商品价格 Price。电商平台价格有多种情况,有到手价、红字价、划线价、基础价等,影响用户是否下单购买某个商品的价格因素是"到手价",即通过优惠券、红包、积分等一系列抵扣后用户支付的商品费用,这个价格才是用户真正想负担的成本。所以我们给用户推荐商品的时候,影响商品排序的价格带因子是和"到手价"有关的。当然,还有部分商品是从未被销售过的,那就没有订单数据提供支持,就只能取"基础价"作为商品价格。

另外说明一点,对于没有售卖记录的商品,并不是只要价格满足用户的购买力诉求就会优先曝光给用户,商品的排序逻辑是由多个维度综合决策的,价格带仅仅是影响排序的一个因子而已。

> Price 作为商品价格(基础价或到手价),其计算逻辑如下。
>
> ① 近半年内,销售过的商品,就使用 User&SKU 维度计算商品价格。
>
> 根据地域区分,取所有用户订单表"到手价"的中位值作为商品价格 Price。若用户购买多次则记多次(SKU 不去重)。
>
> 举例说明,SKU_A 分别在北京被用户 1(到手价 1 元)、用户 2(到手价 3 元)、用户 3(到手价 5 元)、用户 4(到手价 3 元)、用户 5(到手价 1.2 元)购买,则在北京地区 SKU_A 的商品价格为{1、3、5、3、1.2}的中位值,即 3。
>
> ② 近半年内,没有销售的商品,根据 SKU 维度计算商品价格。
>
> 每个 SKU 根据地域区分,取"基础价"作为商品价格 Price。
>
> ③ 计算出①②中提到的两种情况的全部 SKU 在不同地域的商品的单位价格 p_w。

说明:

- 要计算用户价格带,也就是商品的到手价为多少才能让用户满意。因为每个人的购买能力是不同的,所以计算价格带需要具体到每个用户对应每个商品的维度,即 User&SKU 维度。
- 既然是考虑价格在用户可承受的范畴,那么判断就可以依据历史成交订单中用户支付的费用。而有的商品历史中有成交记录,而有部分商品无成交记录,因此要分开计算。
- 数据计算周期取近半年的数据,考虑到商品销售是具有季度属性的,因此计算周期取两个季度,这样既能保证有足够的数据样本量,又能保证用户订单行为足够多。若用户半年都未下单,那么已经算是流失用户了,此部分用户的历史订单数据的参考价值不高,应该通过优惠券、红包等方式想办法让流失的用户促成新的首单。
- 数据计算逻辑需按地域维度计算,因为我们知道每个商品的价格与仓配成本是有关的，同一款商品在北京售卖的价格很可能会与在新疆售卖的价格不同。为了保证数据的准确性，需要具体到地域维度。

● 数据更新频次是所有计算逻辑都需要定义的，包括每日更新、每周更新、每月更新、从不更新等，具体更新频次依赖于数据变动情况对整个算法效果的影响。每日更新则表示每天数据的变动都会对算法有直接影响；每月更新，一般情况是数据每天计算的结果不会有太大差别，为了保证数据的有效性，可以考虑按月更新；每周更新与此同理。而从不更新，一般只需要计算一次即可，此计算结果可支撑决策，比如用户的"性别"数据是通过身份证号获取的，那用户的"性别"计算一次后则不需要再进行更新。

（3）地域维度商品单位价格 P_w

地域维度商品单位价格=地域维度商品价格/商品重量，即

$$P_w = \frac{Price}{w_t}$$

w_t、$Price$ 均已通过前面的步骤获取，通过计算可以得到地域维度商品单位价格 P_w。

2．将地域商品单位价格划分价格带，得到 $[q_m, q_n]$、$[Q_m, Q_n]$

提取近半年里每个 cid3 下所有商品的 P_w，按从高到低排序，然后将 P_w 按分位数划分成 10 个区间[0.1，0.2，0.3，0.4，0.5，0.6，0.7，0.8，0.8，0.97]，即分位数区间 $q=[q_m, q_n]$，并计算每个区间值对应的 P_w 值，进一步得到每个分位区间 $[Q_m, Q_n]$。这里提到的"所有商品"包括最近半年有成交的商品（在架和下架）、无成交的商品（数据计算时商品在架）。

 提示：

可以理解成把 cid3（即三级品类）下包含的全部 SKU 作为一个商品池，经过排序后，将其划分成 10 个等级。

3．计算商品单位购买力 $Purch_w$

若地域维度商品单位价格 P_w 在该 cid3 单位价格区间 $[Q_m, Q_n]$ 内，则该商品的单位购买力计算公式如下：

$$Purch_w = q_m + \frac{P_w - Q_m}{Q_n - Q_m}(q_n - q_m)$$

 提示：

此公式的思路是先把所有的商品价格从高到低排序后，划分为十个分位数，看每个商品价格是在哪个分位数范围内，然后再看商品的价格落在划分的 10 个分位区间的哪个位置。如图 8-8 所示，分位数是有左右边界值的，这样便可知道优惠券和商品的单位购买力的"位

置"关系,两者越接近则越贴近匹配,距离越远则偏差越大。

而距离边界参考的是"线性函数归一化"公式参见 3.3.3 节,先对区间内数据去量纲计算输出结果,然后乘以系数,系数的取值就是所在的分位数区间范围。

举例:

假设某个 cid3-001 下的商品 A 在北京地域售卖(金龙鱼东北大米蟹稻共生盘锦大米 0.5KG,29.5 元)的 P_w 为 29.5/500=0.059。

首先,计算 cid3 下全部商品单位价格 P_w。

其次,每个 cid3 下所有商品的单位价格 P_w,从高到低进行排序,然后将 P_w 按分位数划分成 10 个区间[0.1,0.2,0.3,0.4,0.5,0.6,0.7,0.8,0.8,0.97],即分位数区间 $q=[q_m,q_n]$,并计算每个区间值对应的 P_w 值,进而得到每个分位区间 $[Q_m,Q_n]$。

最后,找到商品 A 对应的 q 区间[0.5,0.6],Q 区间[0.05,0.06],如图 8-8 所示。

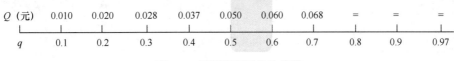

图 8-8 举例说明划分价格带

则该商品的单位购买力为:

$$Purch_w = q_m + \frac{P_w - Q_m}{Q_n - Q_m}(q_n - q_m) = 0.5 + [(0.059-0.05)/(0.06-0.05)] \times (0.6-0.5) = 0.59$$

4.给商品打上单位购买力标签

上例中 A 商品的单位购买力为 0.59,标签定义为"地域_cid3 名称_商品单位购买力:值",那么在上例中 A 商品的标签为"北京_cid3-001_商品单位购买力:0.59",且数据更新频率为每日。

8.4.3 价格带标签的应用

通过上述方案对价格带标签进行挖掘并将标签放到标签库中,此类标签不仅可在推荐系统的特征因子中使用,在用户精准营销方面也可使用。

下面介绍如何在"店铺页-全部商品页"增加价格带因子来影响商品排序逻辑,从而帮助用户更快地找到所需价格的商品。

1.分析思路

把价格带因子引入排序模型,应用场景包括店铺页的全部商品排序、输入搜索关键词后输出的商品排序,通过图 8-9 所示的策略模型,可得到如下信息。

- 输出业务目标:减少用户决策成本,促进用户下单转化。
- 输入用户特征:用户价格带标签及其他用户特征数据。
- 输入物料特征:全部商品价格带标签及其他商品特征数据。

- 业务模型：通过店铺页全部商品的默认排序，或通过输入搜索关键词后输出的商品排序，都可以按价格带标签对结果进行重排。重排方法是对默认输出的商品排序得分结合权重系数进行调整，进而通过价格带标签影响排序模型输出的结果。在确定系数时，要考虑用户历史购买商品的价格带，与平台推荐商品的价格带的匹配度，根据匹配后得分的差值对召回商品的排列顺序进行调整。

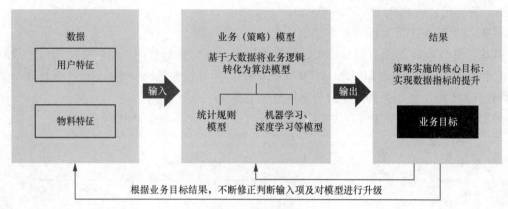

图 8-9　策略模型

调整排序所依赖的业务逻辑如下。

- 完全匹配，差值=0，这说明召回商品正好是和用户偏好高度吻合，要优先排序；
- 用户价格带比商品价格带高，差值>0.1，这说明用户可以买更贵的商品，则排序不调整；
- 用户价格带比商品价格带低，差值≤0.1，这说明用户可能买不了那么高价格的商品，但因排序模型输出的结果会考虑地域综合购买力因子，地域内的大多数用户是可接受这个价位的。用户历史订单在表现购买力方面虽然比地域综合购买力弱，但还是有转化机会的，可对排序进行微调。

2．解决方案

基于上述思路，进一步讨论排序系数的计算方法。

第一步：反推召回商品（店铺页全部商品）所属三级品类 cid3。因为购买力标签是以三级品类为基础挖掘出来的，且标签字段也是三级品类维度，因此调整商品排序的时候，首先需要反推召回商品（店铺页全部商品）所属的三级品类 cid3。

第二步：通过商品的三级品类标签 cid3 与用户的三级品类 cid3_购买力标签进行匹配，将匹配成功的商品召回。用户是否有购买力标签完全依赖于历史订单中是否曾经买过该品类下的商品，买过的用户则有相应的 cid3_购买力标签，若用户没买过该品类下的商品，则无此标签。商品的综合排序逻辑仅对用户有购买力标签的三级品类下的商品进行排序调整。

第三步：通过标签得分差值定义排序调整系数。对于如何设定具体的排序调整幅度，常规解决方案是对商品排序得分进行加权，也就是乘以一个系数，让默认输出的排序得分发生变化。该系数通过"差值"来设定，若匹配成功的 cid3 为多个，则分别计算多个差值（备注：因为箱规包装不同，同一个 cid3 会对应不同的购买力得分）。

第四步：根据差值对召回商品的排列顺序进行调整。

基于以上分析，我们将业务逻辑输出成业务公式，具体的数据遵循每日更新的实际情况。

> 差值=|用户三级品类单位购买力值−商品单位购买力值| /用户三级品类单位购买力值
> - 差值=0，将排序层权重系数×1.1（系数待定）
> - 差值≤0.1，将排序层权重系数×1.05（系数待定）
> - 差值>0.1，排序层权重系数不作调整
>
> 若调整后的排序得分出现相同值，则优先展示有购买力标签的商品，其他商品按原顺序进行排序。
>
> 说明：在上述的差值计算公式中，是选取了（用户三级品类单位购买力值−商品单位购买力值）的绝对值。

以下举例说明当用户输入搜索关键词 Query="薯片"时，返回的商品排列顺序如何受到价格带因子的影响从而调整排序结果。价格带因子影响排序结果的推导过程如图 8-10 所示。

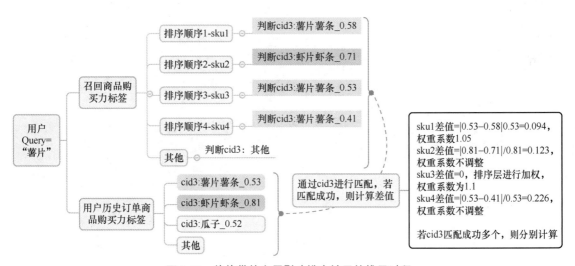

图 8-10　价格带的应用影响排序结果的推导过程

在上述案例中，通过使用单位购买力标签对默认输出的商品排列顺序进行了重排。商品 sku1 在原输出排列顺序的基础上乘以权重系数 1.05；商品 sku2 在原输出排列顺序的基础上权重系数不调整，也就是系数乘以 1；商品 sku3 在原输出排列顺序的基础上乘以权重系数 1.1；商品 sku4 在原输出排列顺序的基础上权重系数不调整，也就是系数乘以 1。

8.5 小结

本章所介绍的价格带标签的挖掘是特别复杂的算法逻辑,一般成熟的电商平台才会涉及此套策略。具体选择哪套逻辑需综合考虑人工成本和技术能力水平,根据实际情况选择适合的方案。通过对用户和商品的底层数据挖掘,得到标签数据并进行存储,底层数据的丰富度是影响算法模型效果的重要因素,底层数据挖掘是策略产品经理必须具备的能力。

9

第 9 章 过滤策略——让更多商品曝光

本章内容重点介绍 B2B 电商平台个性化推荐系统的过滤策略。对于电商平台来说，B 端用户的个性化诉求多表现为多次浏览，进行比价等行为后才会将商品加入购物车或下单，而且 B 端用户具有高复购的特征，故 B2B 平台与 B2C 平台差异性较大。适用于 B2C 平台的策略在 B2B 平台往往并不适用。例如，B2C 平台用户进入商品详情页浏览商品后，返回"为你推荐"栏位，刚刚浏览过的商品立即被过滤（比如淘宝的"为你推荐"板块），并根据用户刚刚浏览过的商品画像召回新的商品，保证用户所见的商品物料都是满足用户当下诉求的，推荐的商品具有新颖性。

B2B 平台用户的行为特征是多次访问商品详情页进行商品比对，对刚刚浏览过的商品进行过滤是不符合业务场景的。因此可以通过曝光时长、曝光次数等策略进行过滤。下面重点介绍 B2B 个性化推荐系统的过滤策略解决方案。

9.1 需求背景

个性化推荐引擎通过个性化推荐技术把物料、用户和关系[1]以标签、特征向量等方式联系起来，根据用户的行为表现让用户能更高效地触达满足其兴趣度的物料。我们知道用户访问平台的时候不会无限度地停留在平台上，所以当用户登录后就需在有限的推荐曝光机会中抓住用户的诉求，推荐更多满足用户当下诉求的商品促使其下单。推荐策略起到调节 App 整体流量结构的作用，通过过滤策略增加用户感兴趣物料的曝光机会，提升用户停留时长，进而影响物料点击转化率、订单转化率和 GMV。电商平台的业务诉求是提升平台的 GMV，因此过滤策略是所有电商平台都会使用的策略之一。

---

1 在个性化推荐系统中，"关系"主要指的是不同实体（如用户、物料等）之间的连接或关联，这种关系是基于兴趣偏好的关联、历史行为的关联、地域属性的关联等因素来定义的。

9.2 专业名词解释

B2B：Business to Business 的缩写，企业与企业之间通过互联网等现代信息技术手段进行商务活动的电子商务模式。

B2C：Business to Consumer 的缩写，企业通过互联网向个人消费者直接销售产品或提供服务的电子商务模式。

曝光量：网站中网页被浏览的次数。

用户停留时长：访客浏览某网站时所花费的时长。

GMV：Gross Merchandise Volume 的缩写，商品交易总额。

全量用户复购周期：全部用户重复购买商品的周期，通常使用多次下单行为中相邻的下单行为的时间间隔作为判断依据。

用户复购周期：每个用户重复购买商品的周期，通常使用多次下单行为中相邻下单行为的时间间隔作为判断依据。

9.3 分析思路

基于提升 B2B 平台的 GMV 这个业务诉求，策略产品经理需要进行不同维度的数据分析，在分析过程中可得出以下结论。

由于是针对 B2B 平台的推荐系统，当 B 端推荐系统暂无过滤逻辑时，就会将同一商品给同一用户重复曝光多次。假设某用户访问商品的种类数是 100，商品总共曝光 200～300 次，则平均来看同一商品给同一用户重复曝光为 2～3 次，由于没有过滤逻辑，出现此现象的用户行为大概有如下三种情况。

- 用户滑动窗口，又往返滑动并重复查看商品。
- 用户滑动窗口查看商品后，又重新刷新加载页面，再次访问"为你推荐"的商品，此时仍然会推荐相同的商品。
- 用户访问不同推荐栏位查看到相同的推荐曝光的商品，多个栏位间没有去重。

用户在以上三种行为的过程中可能存在点击商品、将商品加入购物车、下单等操作。当用户 2～3 次重复浏览所推荐的商品后，从视觉体感上缺少了商品的新颖性。系统也没有对用户的行为进行即时学习，缺少对用户兴趣的挖掘。

 提示：

我们知道每个页面/栏位的推荐策略是有差异的，故此方案的过滤策略仅适用于首页，其他页面的过滤策略需根据页面定位进行差异化处理，其他页面的推荐过滤逻辑本书暂不介绍。

另外，过滤逻辑是策略的一部分，不管是推荐还是精准营销都涉及过滤逻辑，该逻辑用来保证给用户触达的物料是新颖的，保证满足用户对商品的多样性诉求。

由于 B 端用户访问频次较低,本书提到的 B2B 平台是为商超提供补货的平台,当商超需要补货的时候才会登录客户端采购。若想提升 GMV,就需要在短暂的补货周期内抓住用户诉求,推荐更多用户潜在购买的商品,提升用户下单的可能性进而提升 GMV。通过数据分析得知以下信息。

用户的行为衰减是 N 天(平台不同,N 值不同,我们假设 N=5),为了使未曝光商品在用户活跃时间(5 天)内有更多的曝光机会,增加商品 SKU 覆盖度,提升转化率。为解决上述问题,需要在推荐商品中过滤掉近期已下单和已在购物车内的商品,并在商品、用户、关系中的下个周期内重新召回。

 提示:

用户行为衰减 N 值的计算逻辑会在第 17 章 17.4.3 节介绍。

商品种类,也叫商品宽度,本书提到的"宽度"和"种类"可视为同一概念。

在已召回的商品中有部分商品多次曝光给用户,却从未被用户点击,继续推荐给用户不是很合适。为解决上述问题,需将曝光多次且未点击的商品按照一定频率降权后做过滤处理,并在商品、用户、关系的下个周期重新召回。

基于上述分析得出"电商平台 B2B 推荐系统过滤策略解决方案"。此方案包括两部分,"对加入购物车或下单的商品进行过滤"和"对曝光多次未被点击的商品进行过滤",分别根据用户所在场景对应的不同诉求进行有针对性的处理。

9.4 解决方案

9.4.1 针对加入购物车商品及下单商品的过滤策略

1. 前置分析

对用户加入购物车的商品和下单的商品及相关行为进行分析,得到以下信息。

(1)购物车内商品增加的场景如下。

① 在购物车内通过增加商品数量来增加商品;若要将购物车外的商品加入购物车,需要手动点击"添加"按钮将单品加入购物车。

②"组合"加入购物车,包括把赠品一同加入购物车,把套装促销商品加入购物车等。

(2)购物车内商品减少的场景如下。

① 在购物车内对单品点击"删除"按钮。

② 对购物车内商品进行"全选",并批量删除。

③ 在非购物车页面(如商品列表页)点击"删除"按钮可删除购物车内商品。

④ 购物车内商品在下单后会自动删除。

用户在不同场景下的行为操作,代表不同的诉求和心智变化,因此策略上也需区别对待。本节仅介绍将商品手动加入购物车和购物车内商品在下单后自动删除这两种场景的过滤策略,其他场景下用户的操作动机各有不同，故策略也是不同的，本章不做介绍。

2. 策略输出

（1）将商品手动加入购物车过滤策略——购物车内商品增加的场景

用户的诉求和心智：属于用户主动诉求，加入购物车的商品为待下单或暂时收藏的商品，因此商品在购物车内停留时长（加入购物车时长）在一定程度上代表用户是强购买诉求还是收藏诉求。故需要实时监控 SKU 状态及加入购物车至今的时长，并以此判断在购物车内的商品什么时间需要过滤，什么时间再次曝光给用户能带来更多的转化。

如图 9-1 所示，这里引入"过滤池"概念，即满足过滤条件且需要过滤的商品进入"过滤池"，不满足过滤条件的商品移出过滤池。

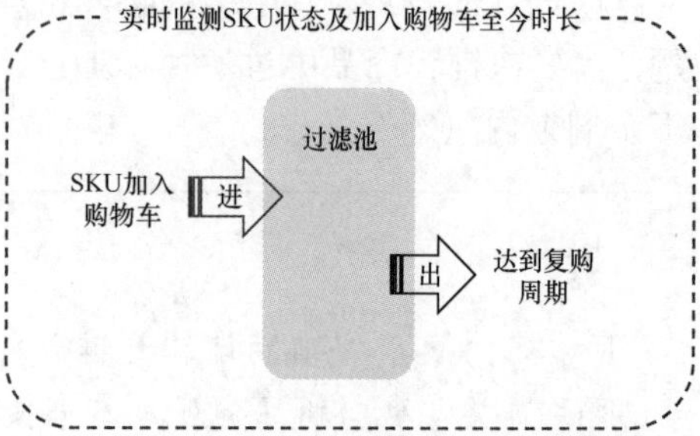

图 9-1　针对加入购物车商品的过滤策略

① 【进】过滤池

根据购物车内某个 SKU 数量增加的最新时间，定义此 SKU 加入购物车的时间，当某 SKU 加入购物车时，推荐栏位将对此 SKU 进行实时过滤。

 提示：

获取最新时间是为了捕获到用户最新行为的诉求。

---

② 【出】过滤池

判定推荐栏位 SKU 过滤时长，即多久后再召回。因为假设一个商品在购物车内放了半年，用户可能已经忘记了，但是购物车内的商品曾经是有购买诉求的，不能永远没有再曝光的机会，所以也需要在一定的时间后再次召回并给用户曝光。

动态计算购物车内商品加入购物车的时长与用户复购周期之间的关系，并将其用于召回时间点判断。若加入购物车时长不满一整天的，则记为整天，例如加入购物车时间是 2 小时 31 分钟，则定义为 1 天。

综上，我们总结了针对加入购物车商品的过滤策略逻辑流程如图 9-2 所示。

 提示：

"加入购物车时长不满一整天的，则记为整天"此逻辑的依据是用户的行为比较具有随机性，每次将商品加入购物车的时间比较分散，如果计算每个商品加入购物车的时间精细到小时和分钟，计算成本过高。此外，复购周期的计算逻辑也是按天计算，所以此部分是取整天来计算数据指标。

计算逻辑说明。

● 全量用户复购周期、用户复购周期每月计算一次。

- 由于推荐系统是按照 $T+1$ 计算输出的，故某 SKU 召回时间点按每日计算。
- 若某 SKU 已在购物车内，并通过加入购物车行为被推荐栏位过滤，则此 SKU 的召回时间点不会因为月初计算的复购周期而改变。实时监测 SKU 加入购物车至今的时长，并借此判断 SKU 是否需要进入召回状态。

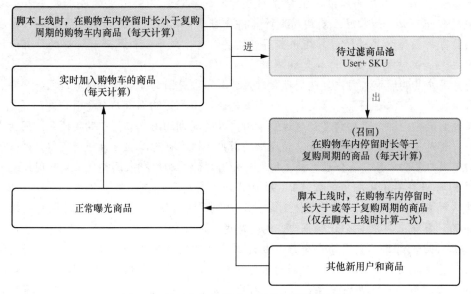

图 9-2　针对加入购物车商品的过滤策略流程

- 用户复购周期≥全量用户复购周期（SKU 加入购物车至今的时长=全量用户复购周期），则按全量用户复购周期召回。
- 用户复购周期（SKU 加入购物车至今的时长=用户复购周期）＜全量用户复购周期，则按个人复购周期召回。

举例如下。

- 用户复购周期是 18 天，全量用户复购周期是 21 天，则此 SKU 在被过滤后的第 18 天召回。
- 用户复购周期是 21 天，全量用户复购周期是 17 天，则此 SKU 在被过滤后的第 17 天召回。

？ 提示：

图 9-2 提到的"脚本上线"指的是将符合相关策略的代码发布到线上。本书会在第 14 章介绍用户复购周期的具体计算逻辑，此部分仅为应用。

购物车内商品再次被召回，考虑的是用户通常会把购物车当成收藏夹使用，所以很多商品在购物车会放很久而不下单。对于放入购物车内的商品，用户是有购买诉求的，如果长时间在购物车内未下单,用户会存在遗忘的可能。所以需要判断商品在购物车内放了多久,并与用户对此商品的复购周期时间进行比对,即将进入复购周期的商品要召回给用户曝光,提醒用户购买,而这个时长的定义可以参考用户的复购周期。

这是一个相对准确的方法,每个品类或品牌的商品复购周期都是不同的,本方案使用的复购周期是全品类的复购周期,主要原因是计算到品类和品牌维度的成本太高。参考第 8 章相关的知识可知,如果想让复购周期计算得更准确,某些品类商品要按最小单位粒度来计算,而且每种品类和品牌的计算逻辑会存在差异,整体效率较低。若有足够的计算资源,可按每个品类和品牌的维度去计算复购周期。

全量用户复购周期、用户复购周期要每月计算一次是因为复购周期是通过用户全年行为数据计算得出的,不需要频繁计算更新。此方案是通过用户复购周期与全量用户复购周期双指标来定义复购周期,综合考虑的是让超过全量用户复购周期的用户能提前购买商品。因为大多数全量用户都是 x 天复购,那超过此复购周期的用户大概率也可以在 x 天进行下单复购。那如何判断当前用户复购周期是否合理?就是用大部分用户的复购周期来调整个人复购周期。

复购周期会在每月月初重新计算,每月得到的复购周期值可能会不同,故要保证一个过滤周期内的数据是一致的,只要进入过滤池,所使用的过滤并再召回的时间点都是按此逻辑启动时的计算值来完成整个逻辑周期。也就是说,如果某些商品已经参与到过滤并再召回流程中,那么此批商品不会因为每个月月初计算的复购周期变化而改变现有的流程执行。

计算复购周期的数据指标仅会因为大型促销活动影响(比如"618""双十一"等)出现较大的差异,而平日数据的差异会很小。因此,如果觉得此逻辑复杂,可以考虑将此方案计算出的复购周期作为固定值长期应用,整体效果上也不会出现太大的偏差。

(2)购物车内商品因下单过滤——购物车内商品减少的场景

此方案仅考虑购物车内商品因下单后被系统自动剔除的情况,如图 9-3 所示。

用户诉求和心智:加入购物车的商品被下单,属于用户的主动诉求,通过购物车下单的商品是用户感兴趣的商品。

①【进】过滤池

当某 SKU 下单且支付完成(线上支付已完成或货到付款已下单)后,推荐栏位对此 SKU 进行实时过滤。

②【出】过滤池

判定推荐栏位 SKU 过滤时长,即多久后再被召回曝光。动态计算 SKU 从下单且支付完成(线上支付已完成,货到付款已下单)至今的时长与复

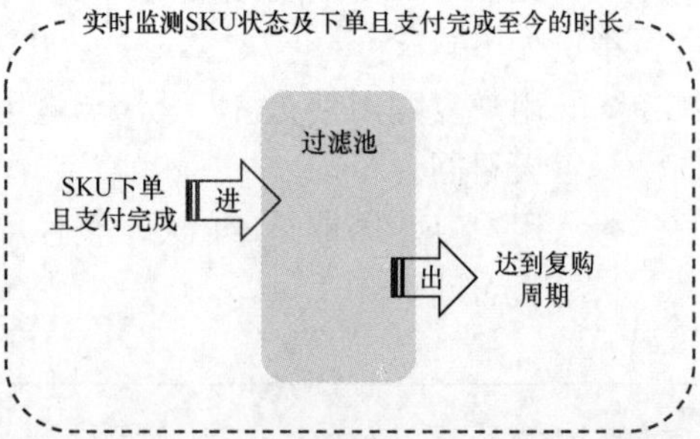

图 9-3 针对下单商品的过滤逻辑

购周期的关系,将其作为召回时间点判断,若下单且支付完成时长不是整天,如下单且支付完成时间是 2 小时 31 分钟,则定义为 1 天。

综上,可输出针对下单商品的过滤策略流程,如图 9-4 所示。

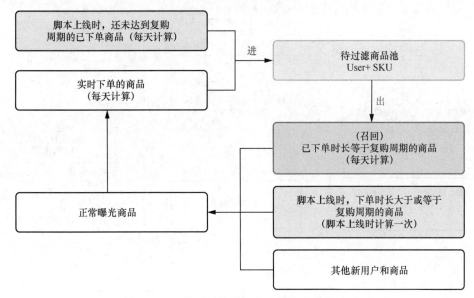

图 9-4 针对下单商品的过滤策略流程

计算逻辑说明：

- 每月计算一次全量用户复购周期和用户复购周期。
- 某 SKU 召回时间点（每日计算）。若某 SKU 已下单且支付完成，则被推荐栏位过滤，此 SKU 的召回时间点不因为月初计算的复购周期而改变。实时监测 SKU 下单至今的时长，判断是否需要进入召回状态。
- 若用户复购周期≥全量用户复购周期（SKU 下单至今的时长=全量用户复购周期），则按全量用户复购周期召回。
- 若用户复购周期（SKU 下单至今的时长=用户复购周期）＜全量用户复购周期，则按用户复购周期（即个人复购周期）召回。

9.4.2 针对曝光多次未被点击的商品的过滤策略

1. 前置分析

用户诉求和心智：对用户持续曝光多次的商品，如果曝光时长或曝光次数达到某一阈值，用户仍没有点击操作，可在一定程度上认为用户对此商品无兴趣。

2. 策略输出

接入"已读池"的概念，对已点击商品和未点击商品分别做标注，将多次曝光给用户但没有产生点击行为的商品按照一定频次降权。若持续无点击，则最终要进行过滤。对于曝光多次仍未点击的商品，其过滤逻辑如图 9-5 所示。

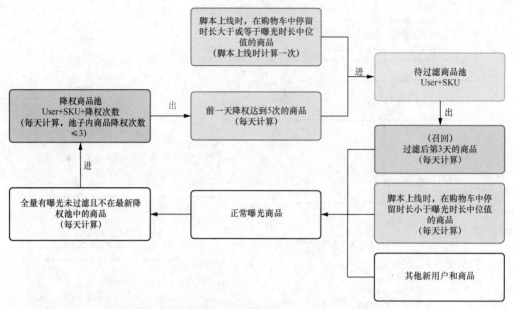

图 9-5 针对曝光多次仍未点击的商品的过滤逻辑

（1）基本计算逻辑说明

① 分别统计所有用户（User）在"为你推荐"版块对所有商品产生首次点击时，每个商品已曝光的总时长。

② 统计所有用户（User）对每个商品已曝光的总时长排序，取中位数作为曝光阈值。

③ 将曝光时长大于曝光阈值的商品在推荐中过滤。

④ 将曝光时长小于曝光阈值的商品按有效曝光次数（有效曝光次数即有停留时长）降权 5 次，每次降权后，商品排序层的综合得分×0.85。

⑤ 若曝光的总时长大于阈值，但仍未产生点击行为，可判断用户对此商品不感兴趣，可以直接过滤。

⑥ 记录时间，过滤掉的商品从过滤当天开始记录，当达到 3 天时，对用户过滤的商品要重新召回，排序层分值就是当前计算的真实值。

针对降权系数的说明如下所示。

- 系数 0.85：这个策略是针对曝光多次而用户仍未产生点击动作的商品进行降权，希望达到的效果是，让多次曝光的商品不要在首屏出现。而首屏商品信息流的个数是 6 个，因此抽样筛选 100 个待过滤池的商品，查看当前排序分值，并给这些分值分别乘以相应的系数，看商品排名下降几个商品位置，经过反复测试，系数为 0.85 时，整体效果最好。

- 降权次数 5：这个系数可根据实际数据指标进行调整。假设全量用户曝光的商品宽度是 50 个，一屏幕可显示 9 个商品，也就意味着超过 6 屏幕之后，商品基本上就不会被看见，故取降权次数为 5。

- 设定 3 天就要重新召回，这个 3 天是通过调参确定的。在此策略调试初期是希望基于用户的复购周期时间点召回，但发现转化率指标下降严重，又继续调整该值，最后定为 3 天，这能保证转化率数据正向提升。

（2）曝光阈值的计算逻辑说明

假设针对要给用户 User1、用户 User2、用户 User3 曝光的商品，若用户未点击，系统要考虑如何进行过滤处理。我们将案例描述通过表 9-1 进行表示。

用户 User1 曝光的 SKU 分别为 a、c、d，当曝光时长分别达到 5 秒、10 秒、7 秒时，用户点击了相应商品；

用户 User2 曝光的 SKU 分别为 a、c、d，当曝光时长分别达到 8 秒、3 秒、11 秒时，用户点击了相应商品；

用户 User3 曝光的 SKU 分别为 a、c、d，当曝光时长分别达到 3 秒、4 秒、5 秒时，用户点击了相应商品。

表 9-1 将案例描述为表格

用户	曝光 SKU	曝光时长/秒
User1	a	5
User1	c	10
User1	d	7
User2	a	8
User2	c	3
User2	d	11
User3	a	3
User3	c	4
User3	d	5

分别对所曝光的商品 a、c、d 按照曝光时长从大到小排序，排序后的中位数分别为 5、4、7，将其作为此商品的曝光阈值，即当 a 商品的曝光时长达到 5 秒，可以认为用户对该商品形成了良好的认知，用户会有点击 a 商品的行为；当 c 商品的曝光时长达到 4 秒，可以认为用户对该商品形成了良好的认知，用户会有点击 c 商品的行为；当 d 商品的曝光时长达到 7 秒，可以认为用户对该商品形成了良好的认知，用户会有点击 d 商品的行为。我们将上述逻辑按照表 9-2 所示的方式进行描述。

表 9-2 曝光阈值

用户	SKU	曝光时长/秒	中位数/秒
User1	a	5	
User2	a	8	5
User3	a	3	

续表

用户	SKU	曝光时长/秒	中位数/秒
User1	c	10	
User2	c	3	4
User3	c	4	
User1	d	7	
User2	d	11	7
User3	d	5	

9.5 小结

本章介绍了过滤策略中涉及的两个场景共计三种情况（针对加入购物车商品的过滤、针对下单商品的过滤，以及针对曝光多次未被点击的商品进行过滤），其他场景仍可按照本章的思路进行分析，考虑用户的诉求是什么，并通过不断拆解得出相应的解决方案，输出适合各类场景的过滤策略。

当然，有过滤就要有再次召回，什么时间点召回是影响转化率的核心因素，本方案参考了用户对全品类的复购周期。当单个用户的复购周期大于或等于全量用户的复购周期时，则使用全量用户的复购周期进行商品召回，让单个用户提前消费是可行的，因为大量用户都是在这个周期进行消费的；当单个用户的复购周期小于全量用户的复购周期时，则使用单用户个人的复购周期进行召回，以保证用户的正常消费节奏。

所有策略的输出都不是唯一的，要根据当下数据分析结果输出适合当前场景的解决方案，比如曝光时长这一数据指标，也可用曝光次数指标来替代，同样能达到相应的效果。为了更好地适应业务的发展，我们还可以构建更多的过滤策略。

第 10 章　商品详情页"看了又看"策略——提升下单转化率

10.1　需求背景

商品详情页推荐栏位旨在让用户看得更多、买得更多。商品详情页推荐分为腰部推荐和尾部推荐两种。为啥要有尾部推荐呢？主要是希望抓住那些访问商品详情页且滑动页面并浏览到最后的用户，让这部分流量带来二次转化，故一般都会有底部的"看了又看"推荐栏位。

10.2　专业名词解释

集合：简称"集"，是数学中的一个基本概念，是由一个或多个确定的元素所构成的整体。

关联性：系统内部各组成部分之间、系统与环境之间所具有的相互依赖、相互作用和相互制约的特性。本章采用的是基于关联规则的挖掘，属于无监督算法的一种，它用于从数据中挖掘出潜在的关联关系，例如经典的啤酒与尿布案例。

10.3　分析思路

用户进入商品详情页的目的是想对商品进行详细的了解，对访问的商品有一定兴趣。既然增加"看了又看"推荐栏位，那么推荐的商品一定是和当前访问的商品具有强关联的商品，才能保证转化效果。把当前正在访问并浏览的商品叫作"主品"，假如正在浏览的主品是个打印机，那就可以推荐打印纸或者墨盒。因为多数买打印机的人还是会买打印纸或墨盒的，所以需要考虑大多数用户的需求。

另外，针对 App 做调研发现，在 B2C 场景下，因为 C 端用户复购概率很低，商品详情页尾部推荐的商品均是"看了又看"栏位，推荐的是看了主品的大多数用户也会看 B 商品，这是没有问题的。而如果正在设计的这款 App 是 B2B 业务模式，因为 B 端用户有高复购率的特点，更多用户是来平台补货的，那么只推荐看了又看的商品会出现推荐的偏差，进而影响下单转化效果。所以在 B 端场景下，仅仅通过与主品的关联浏览来推荐，很难在短暂的补货周期内吸引用户下单，因此需要额外增加关联性购买的因子。B2B 业务模式可以使用关联性购买及关联性浏览双指标来输出策略。

10.4 解决方案

10.4.1 方案 1：统计规则输出

"看了又看" 推荐策略要综合考虑商品的相关性购买及同一个浏览访问周期内的浏览行为数据。

"看了又看" 推荐策略是融合关联性购买和关联性浏览两个指标的逻辑，最终推荐的商品是基于两个指标融合后的得分输出的商品排序结果，即

$$综合得分=关联购买×\alpha+关联浏览×（1-\alpha）$$

1．关联购买

算法可以输出商品间的关联性购买情况，即用户在购买了 A 商品（主商品）的基础上，又购买了 B 商品的人数所占的比例。当这个比例达到了预设的目标水平的时候，我们就认为这两个商品购买行为上存在一定关联。

（1）提取数据

拉取近 180 天的 "订单状态为已完成或货到付款已支付成功" 的订单数据，不考虑退换货的情况。若一天内下多单，则经过 SKU 去重处理后会将其视为一单。接下来举例说明。一日内所有订单的商品集合 G 的枚举方式如表 10-1 所示。

① 集合 U：近 180 天全部下单的用户人数，订单状态为已完成或货到付款已支付成功。

② 集合 A：购买了 A 商品的用户人数，订单状态为已完成或货到付款已支付成功。

③ 集合 G：购买了 A 商品且购买了 B 商品的用户集合。

表 10-1 举例：集合 G 的枚举方式

一日内所有订单的商品	A 商品	B 商品	C 商品	……	N 商品
集合 G	AB（下单用户数 X_1）	AC（下单用户数 X_2）	……	AN（下单用户数 X_n）	
	BC（下单用户数 X_m）	……	BN（下单用户数 X_y）		
	……	CN（下单用户数 X_z）			

（2）计算关联购买商品

Score_SKU1=购买了 A 商品和 B 商品的人数（集合 G）/购买了 A 商品的人数（集合 A），即：

$$Score\_SKU1 = \frac{Count(A \bigcup B)}{countA}$$

Score_user1=购买了 A 商品和 B 商品的人数（集合 G）/所有购买过商品的人数（集合 U），即：

$$Score\_user1 = \frac{Count(A \bigcup B)}{U}$$

结合上述计算规则进一步推导，过程如表 10-2 所示。

表 10-2　举例计算公式推导过程

一日内所有订单涉及的商品	*A* 商品	*B* 商品	*C* 商品	*N* 商品
集合 *G*（枚举）	*AB*（下单用户数 X_1） Score_SKU=0.3	*AC*（下单用户数 X_2） Score_SKU=0.5	*AN*（下单用户数 X_n） Score_SKU=0.8	
	AB（下单用户数 X_1） Score_SKU=0.3	*BC*（下单用户数 X_m） Score_SKU=0.6	*BN*（下单用户数 X_y） Score_SKU=0.2	
	AC（下单用户数 X_2） Score_SKU=0.5	*BC*（下单用户数 X_m） Score_SKU=0.6	*CN*（下单用户数 X_z） Score_SKU=0.1	
A 商品-Score_SKU 排序	*AN*（下单用户数 X_n） Score_SKU=0.8	*AC*（下单用户数 X_2） Score_SKU=0.5	*AB*（下单用户数 X_1） Score_SKU=0.3	购物车内【消息体告知】*A* 商品召回 N、C、B，并按 Score_SKU 排序
B 商品-Score_SKU 排序	*BC*（下单用户数 X_m） Score_SKU=0.6	*AB*（下单用户数 X_1） Score_SKU=0.3	*BN*（下单用户数 X_y） Score_SKU=0.2	购物车内【消息体告知】*B* 商品召回 C、A、N，并按 Score_SKU 排序
C 商品-Score_SKU 排序	*BC*（下单用户数 X_m） Score_SKU=0.6	*AC*（下单用户数 X_2） Score_SKU=0.5	*CN*（下单用户数 X_z） Score_SKU=0.1	购物车内【消息体告知】*C* 商品召回 B、A、N，并按 Score_SKU 排序
N 商品-Score_SKU 排序	*AN*（下单用户数 X_n） Score_SKU=0.8	*BN*（下单用户数 X_y） Score_SKU=0.2	*CN*（下单用户数 X_z） Score_SKU=0.1	购物车内【消息体告知】*N* 商品召回 A、B、C，并按 Score_SKU 排序

（3）召回

过滤掉 Score_user1 小于 0.2 的组合，根据 Score_SKU1 得分进行商品召回。

 说明：

此处提及的 0.2 是一个阈值，其设定可根据参与计算的数据指标进行数据分析，判断商品间的关联结果在多大的阈值下可满足业务诉求，该阈值可根据业务情况灵活调整。

2．关联浏览

关联浏览：用户在同一个浏览访问周期中所浏览的全部 SKU，当浏览了 *X*（主商品）又浏览了 *Y* 商品的用户数达到预设的目标水平的时候，我们就认为这两个商品在浏览行为上存在一定关联。

（1）提取数据

前置做业务过滤逻辑处理，拉取近 180 天每个访问周期内访问商品详情页的全部 SKU 数据，同一用户同访问周期内 SKU 要做去重处理。

① 集合 S：近三个月内，被访问了商品详情页的商品集合。

② 集合 X：访问了 X 商品的用户人数。

③ 集合 Q：访问了 X 商品又访问了 Y 商品的用户集合。

（2）计算关联访问商品

Score_SKU2=访问了 X 和 Y 商品的人数（集合 Q）/访问了 X 商品的人数（集合 X），即：

$$\text{Score\_SKU2} = \frac{Count(X \cup Y)}{countX}$$

Score_user2=访问了 X 和 Y 商品的人数（集合 Q）/所有访问商品的人数（集合 S），即：

$$\text{Score\_user2} = \frac{Count(X \cup Y)}{S}$$

（3）召回

过滤掉 Score_user2 小于 0.2 的组合，根据 Score_SKU2 得分进行商品召回。

3. 综合得分

Score 的计算方式如下：

$$\text{Score} = \text{Score\_SKU1} \times \alpha + \text{Score\_SKU2} \times (1-\alpha)$$

 提示：

本节策略采取的是关联购买和关联浏览双指标融合算法，也可以考虑采用关联购买和关联浏览穿插排序算法，具体哪个效果更好，可通过 AB 实验来验证。

10.4.2 方案 2：算法模型输出

基于机器学习模型召回，可以选择 FP Growth 算法实现。FP Growth 是 Frequent Pattern Growth 的缩写，该模型是比较成熟的模型，已被广泛应用。具有同样效果的模型还有基于 Apriori 算法实现的模型，其逻辑与 FP Growth 相似，针对两个模型间的差异不做详细介绍。

10.5 小结

本章重点介绍的是关联购买或关联浏览的算法实现逻辑。即使是使用 FP Growth 模型算法，其实现的逻辑与 10.4.1 介绍的规则性实现逻辑也是大体一致的，均通过置信度和支持度得到商品间的关联性概率。目前网络上已有大量相关资料对 FP Growth 算法模型进行介绍。FP Growth 模型算法输出的结果常常应用于相关商品推荐，可以应用到 "看了又看" 的商品推荐栏位，也可以在其他营销场景上进行关联性购买推荐使用。

第 11 章　品类角色管理及应用——通过高毛利单品效用提升转化率

11.1　需求背景

电商平台的品类角色管理旨在满足客户需求的基础上，实现重点品类和单品的效益最大化，相关策略主要是通过品类角色管理实现更多盈利。本章选取高毛利品类商品，希望通过动态提权增加高毛利商品的曝光机会，达到单品效益最大化进而获得更多收益。算法逻辑输出应用在首页的"为你推荐"栏位。

对于电商 B2B 业务而言，三四线城市的用户占一半以上，通过获取下沉人群的行为数据，反向推测下沉市场的商品特点，建立品牌/品类、价格、营销偏好策略。挖掘选品策略（引新、下架、保留）与品类的 GMV、利润之间的关系，从而评估不同的选品策略对品类 GMV、利润的影响，帮助品类管理者根据给定的 GMV、利润权重比，有针对性地调整品类结构，实现收益最大化。

目前品类角色和选品工作主要依赖采销人员的工作经验，没有有效的工具支撑，不能实时根据数据表现效果动态调整策略。因此通过分析各品类的 GMV、净利数据，将各品类放入四象限中，通过分析不同象限的品类的数据表现来动态调整每个品类的曝光概率，由此实现自动化的策略调整，解决人工不能实时响应的问题。

11.2　专业名词解释

品类角色管理：通过分析消费者的购物喜好和购物行为，同时分析商品的关联性和替代性，制定商品的展示、定价、促销、管理等行为的管理方法。

品类角色：零售商从自身市场定位出发，确定品类在其经营结构中的角色，以追求不同的销售目标。

毛利：交易活动中的术语，一般指毛利润。商品毛利=销售价格-成本，其中高毛利即商品毛利较高，毛利润越高就代表着平台利润总额越大。

单品：单品就是商品，任何商品在单独提及的时候都可以称作"单品"。单品效用也叫单品效果，即消费者从消费该商品所获得的满意程度，也可以理解为单品具有的收益价值。

连续性行为：用户对商品的一系列行为，比如对商品进行点击、加入购物车、下单，一般连续性行为可以通过统计学的加权求和来预测出某种结果。

11.3　分析思路

11.3.1　选择划分依据

为何选择品类的 GMV、净利作为品类角色划分的依据？其目的是根据商品的品类和品牌对商品销售情况进行排行，观察不同商品的销售情况，分析其滞销的原因。对于新上架的商品设立一定的保护期；对于某些日常生活的必需品，虽然其销售额很低，但是由于此类商品的作用是拉动店铺主力商品的销售，因此要给予保留；如果某些商品长期无法改变其滞销情况，就应淘汰。

单从商品销量排行来挑选商品是不够的，还应看商品对毛利的贡献率。销售额高，周转率高的商品，不一定毛利高；而周转率低的商品未必就利润低。对于毛利非常低的商品，哪怕销售额再高，其对平台的实用价值也是有限的。看商品毛利贡献率的目的在于找出贡献率高的商品，并使其销售得更好。

商品的周转率也是优化商品结构的指标之一，周转率关系到对流动资金的占用，周转率高的商品和周转率低的商品的库存比例应灵活设定。

11.3.2　划分品类角色

品类角色按两个维度的数据指标来定义，各品类的销售 GMV 贡献率、边际贡献利润率［即（毛利-变动成本）/收入］在不同平台定义的维度会有差异。通过 GMV 贡献率、边际贡献利润率表现将品类划分为 4 种角色（如图 11-1 所示），分别为明星品类、利润品类、引流品类和补充品类。

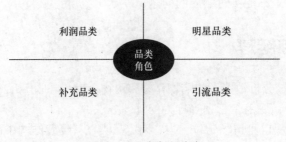

图 11-1　品类角色分类

首先，不同品类角色对应不同的选品策略和业务模式。

其次，引流品类和利润品类在策略上要逐渐向明星品类转化。

最后，补充品类要考虑季节性因素和单品长期的表现，如长期表现不佳，则需要进行汰换。

 提示：

品类角色采用两个维度定义，两个数据维度在空间内会形成 4 个象限。若采用 3 个维度定义，则在空间内形成 8 个象限。对于多维象限，如果通过统计规则算法输出，其难度较大。在我们没有一定技术能力的情况下，可先考虑使用两个数据指标构建 4 个象限来定义。

品类运营很大程度上是依赖品类角色划分的，正如图 11-1 所示，一个商品被划分到哪个角色象限内，则会接受哪种品类营销的运营策略。如果划分出现偏差，则品类运营效果会受到影响。而影响品类角色划分的一个核心要素是坐标系的原点是什么。如果能准确找到坐标系的原点则可进行品类角色的有效划分。一般来说，没有连续行为关系的互相独立的两个变量若想找到统计学公式来表达其业务逻辑，直接使用加权求和的方法是不可行的，因为独立的因子进行加减乘除毫无意义。此情况通常可以考虑选择横坐标和纵坐标来分别表示不同因子的数据趋势。常见的坐标系原点一般是(0,0)，而实际情况是 GMV 和边际贡献利润率均为大于或等于 0 的数据指标，故需要找到新的原点，使数据分布均衡，使每个象限内的数据都有独立的共性特征，但不同象限间的数据差异性较大。

基于此思路想到的是聚类模型，但当我们没有算法能力的时候，聚类模型就无法应用，那就要想办法找到新的原点。如图 11-2 所示，该原点应使不同象限内的数据尽量保持独立性。

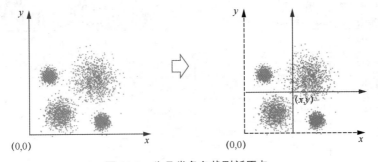

图 11-2   为品类角色找到新原点

找到新原点后，算法层面需在匹配用户偏好的同时给高毛利商品相应的加权，并结合用户行为表现实现动态调整权重值。

11.4　解决方案

对待曝光的 SKU 完成粗排（粗排计算逻辑可参考第 6 章介绍的热销得分 Score2）后，再按照品类角色划分进行加权重排，加权逻辑满足"平台利益"且实现权重动态变化。然而每个

SKU 对平台的贡献是不同的，如何合理设置加权系数是实现平台利益最大化的一个挑战。因此，考虑将平台内全量 SKU 划分成 5 个等级（0～4），其中 1～4 代表 SKU 毛利为正的商品，等级越高权重越高；0 代表 SKU 毛利为负的商品。

11.4.1 基于用户行为的加权平均和

从数据库中获取 SKU 的毛利值，剔除空值及小于 0 的值，大于或等于 0 值的商品用 1～4 等级计算，并计算此批 SKU 上的基于用户行为的加权平均和 Score。

> 数据指标：选取所有参加计算的 SKU 近 30 天的增量数据，包括下单用户数、订单数、订单金额、加入购物车数量、搜索点击数量、进入商品详情页数量。
>
> $$Score = \sum E_i \times W_i$$
> $$W_i = CV_i / \sum CV_i$$
> $$CV_i = 标准差/均值$$
>
> 其中，W_i 为所有数据指标的权重，E_i 为行为数据，i 分别代表各项数据指标。

如表 11-1 所示，我们举例说明 Score 公式的推导过程。

表 11-1 Score 公式的推导过程

| SKU | E_i | | | | | | Score |
	进入商品详情页数量	搜索点击数量	加入购物车数量	订单金额	下单用户数	订单数	加权平均和
sku1	3425	158	345	86.39	992	148	650.6712225
sku2	1789	775	34	8573.43	397	296	2756.348838
sku3	3425	1584	653	857.3	1200	612	1206.25803
sku4	3249	907	235	85.38	723	496	721.194873
sku5	1249	1124	2345	845.71	847	265	1184.562184
sku6	657	382	566	8492	307	92	2633.215765
sku7	813	314	433	435	140	65	376.737869
均值	2086.714286	749.1428571	658.7142857	2767.887143	658	282	
标准差	1250.983308	506.0772104	771.5086334	3950.602021	388.3537906	206.69059	
CV_i=标准差/均值	0.599499087	0.675541661	1.1712341	1.427298809	0.590203329	0.732945355	$\sum CV_i$=5.19672234
$W_i = CV_i / \sum CV_i$	0.115361	0.129993796	0.225379388	0.27465366	0.113572227	0.14103993	

综上，我们得到 SKU 基于用户行为的加权平均和 Score，下面将每个 SKU 划分到 1~4 四个象限内，即得到 1~4 个等级标签。

11.4.2 平台内全量 SKU 划分等级

0 等级：从数据库中获取 SKU 的毛利值，毛利值小于 0，则定义 SKU 等级为 0（最低）。

1~4 等级：从数据库中获取 SKU 的毛利值，剔除空值及小于 0 的值，大于或等于 0 值的商品用于 1~4 等级计算。

上面已经提到 1~4 等级计算是通过划分坐标象限来实现的，最重要的是找到坐标的原点，下面介绍计算坐标系原点的方案。

第一步：计算原点坐标值。

① 从数据库中获取毛利值，并计算均值 $S1$。

② 求所有 SKU "加权平均和 Score" 均值 $S2$。

第二步：将 $(S1,S2)$ 定义为新坐标系原点。

第三步：将每个 SKU 的毛利和 Score 与 $S1$、$S2$ 进行对比，得到 SKU 等级。

第四步：不同等级赋予不同的权重系数，如表 11-2 所示。

表 11-2　划分 SKU 等级及对应的权重系数

毛利对比 $S1$	Score 对比 $S2$	SKU 等级	权重系数
$>S1$	$>S2$	4	1.05
$>S1$	$<S2$	3	1.02
$<S1$	$>S2$	2	1
$<S1$	$<S2$	1	0.98

将每个 SKU 分布划分到新原点 $(S1,S2)$ 坐标系内，得到的示意图如图 11-3 所示。

第一象限内的商品毛利分高，基于用户行为的加权平均和 Score 分高。证明用户点击访问行为多且平台利益最大化，即此象限内商品等级为 4，卖得越多收益越高。

第二象限内商品毛利分低，基于用户行为的加权平均和 Score 分高。证明用户有点击访问行为但商品毛利较低，卖得比较亏，但此类商品又是用户偏好的商品，因此适合作为引流品，即此象限内商品等级为 2。

第三象限内商品毛利分低，基于用户行为的加权平均和 Score 分低。证明用户无点击访问行为，而且商品毛利较低，卖得比较亏本，即此象限内商品等级为 1。

第四象限内的商品毛利分高，基于用户行为的加权平均和 Score 分低。证明用户不太点击访问，只要有用户访问下单就能带来较大的收益，所以可以增加曝光以带来更高的转化，即此象限内商品等级为 3。

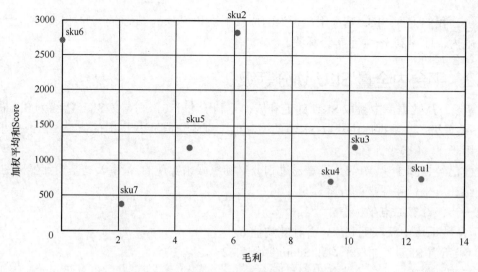

图 11-3 每个 SKU 在新原点象限内的分布情况

11.5 小结

本章通过对商品划分等级来进行重排调权，调权系数通过大数据计算得出，可以实现科学的无须人工干预的调权方法。此方案是基于平台收益方面设定的重排逻辑，不同的目标对应的重排策略也是有差异的，第 12 章会介绍基于运营诉求的重排案例。

第12章 商品扶持流量调配系统——提升营销商品曝光率及转化率

12.1 需求背景

因垂直化及精细化运营的不断发展，目前已有高毛利垂类领域（例如母婴、名酒等）的业务方提出诉求意向，希望在首页"为你推荐"栏位增加相应领域商品的强曝光，即对指定的用户强曝光指定的商品。传统的做法是增加独立召回池或者对指定品类商品进行加权。

由于电商平台的马太效应，卖得好的商品或品类会卖得越来越好，而通过推荐系统基于用户行为和用户偏好推荐其感兴趣的商品时，在考虑平台效益的情况下还会结合销售数据（销售金额、销售数量）输出推荐策略，这样便导致大量的中长尾商品很难有曝光的机会。而一些中长尾商品却是高毛利的商品，对平台来说能带来更大的收益，需要进行扶持。传统做法如下所示。

（1）增加独立召回池

目前首页"为你推荐"栏位已接入排序层，会按照用户偏好预估出用户最可能买的商品进行排序。即使增加独立召回池，额外对受众用户增加商品池的曝光概率，仍会导致这批商品对用户来说是"新品"，并无行为沉淀，进而无法预测出用户偏好。故按用户兴趣偏好排序时，营销扶持的商品很难有曝光机会。

（2）给商品赋予一定的权重，强制增加商品的曝光机会

"为你推荐"栏位商品按什么顺序展示给用户是由算法训练得出的，通用的算法模型是CVR 预估模型和 CTR 预估模型，通过算法训练后，每个商品都会有相应的$(0,1)$排序得分，而得分越高，则代表用户越可能购买或点击。

由于用户的浏览习惯不会一直滑动商品流，总有大量排在后面的商品无法给用户曝光，而通过给商品赋予一定的权重，即给这批商品在排序得分基础上乘以系数（1.2 或 1.3），使这批商品的排序得分对比正常的排序得分有所提升。这样商品的排列顺序便会前移，以此强制增加商品被曝光的机会。

此做法虽然给商品增加了更多的曝光机会，但也会给用户曝光很多他们不喜欢的商品，从相关数据来看，90%的用户在推荐栏位浏览商品数为 90～120（每个平台浏览商品数量会有差异，此数据仅作说明使用，不代表任何一个平台的数据表现）。如果给用户曝光了一些他们不感兴趣的商品，则挤压了用户感兴趣商品的曝光机会，会导致推荐栏位的整体转化下降。

12.2　专业名词解释

曝光量：网站中网页被浏览的次数。

GMV：Gross Merchandise Volume 的缩写，商品交易总额。

CMS：Content Management System 的缩写，内容管理系统。由相关的创作人员、编辑人员、发布人员使用，可以提交、修改、审批和发布内容。

销量：商品的销售数量。

召回池：待给用户曝光的商品池，按用户兴趣偏好得到相应的排序得分。

离线召回池：召回池中的商品，用户的兴趣偏好排序分值是使用 $T-1$ 的数据进行统计的。

CVR 预估模型：转化率预估模型，预测用户对某个商品的下单转化率。

CTR 预估模型：点击率预估模型，预测用户对某个商品的点击概率。

12.3　分析思路

为了解决强制提权曝光商品带来的转化效果下降的问题，算法层面需在匹配用户偏好的同时给相应的商品加权。若商品曝光给用户，此商品却从未点击或下单，这时候就要结合用户的行为做动态的权重调整，转化好的商品会自动增加权重，而转化效果不好的商品会自动降低权重。

由于是强制曝光一批商品给用户，多少会对整个推荐栏位的数据效果产生一定的影响。综合考虑此方案对推荐栏位整体数据效果带来的影响，策略要分两步，即先进行商品的强曝光，增强用户对商品的感知后，再让商品进入离线召回池参与离线算法排序，而离线召回池会对权重进行动态调整，通过此方法能给商品动态地划分权的等级。

此方案不仅适用于高毛利商品，如果想让其他营销商品在推荐栏位增加曝光，在重点扶持某些商品时，也可以使用此方案，比如针对会员价商品、品类新用户、品牌新用户、母婴垂类、名酒垂类等可以作为通用的解决方案。本方案分两步来实现营销商品扶持。

第一步：增加固定资源位，对商品进行强曝光。

首先，在首页"为你推荐"栏位选取固定商品位，对营销商品强曝光。

其次，根据 CMS 配置开启强曝光商品相关的计算。

第二步：增加离线召回池，实现动态权重计算。

首先，通过 DeepFM 算法对需要扶持的商品与用户行为进行匹配，得到 SKU 初始排序分 Score_deepFM。

其次，对初始排序得分 Score_deepFM 按等级定义权限系数。

12.4 解决方案

12.4.1 增加固定资源位进行商品强曝光

1. 在首页"为你推荐"选取固定商品位对营销商品强曝光

在首页"为你推荐"栏位设置固定的商品坑位用于向指定用户曝光指定的商品，只要用户不断滑动屏幕，就会每隔 7 个 SKU 增加一个资源位，用于曝光需要扶持的商品。

之所以选择 7 个 SKU，是通过用户行为衰减分布分析得出的。当用户访问"为你推荐"栏位时，第一次用户流失的时间节点是在曝光 7 个商品后，故选择在用户即将流失的时候曝光一个非推荐（差异化）的商品来激发用户兴趣，引导用户不断滑动屏幕并浏览商品。针对用户行为衰减分布的计算逻辑，将用户登录应用程序定义为活跃。提取近 7 日内活跃的全部用户数据，统计他们访问首页"为你推荐"栏位时，为每个用户曝光的 SKU 个数，并对曝光相同 SKU 个数的用户数进行累计求和，得到 SKU 曝光数量与用户数量之间的关系，如图 12-1 所示。根据数据分布情况判断用户出现明显流失状态时已曝光的 SKU 个数，由此来确定资源位放在第几个坑位合适。

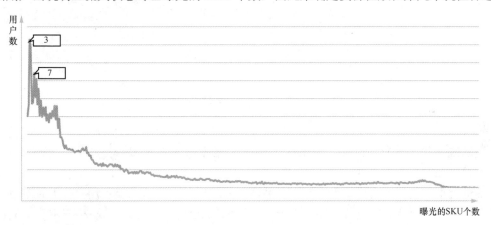

图 12-1　根据数据分布情况，判断用户出现明显流失状态时已曝光的 SKU 个数

通过图 12-1 所示的数据表现，得到用户访问曝光的 SKU 个数分布情况。横坐标为曝光的 SKU 个数，纵坐标为访问的用户数。即有多少用户在曝光了 1 个商品后就"离开"了，有多少用户在曝光了 2 个商品后就"离开"了，依此类推。

从数据上可见，第一个流失节点为 3，即曝光 3 个 SKU 后有部分用户就停止了访问（或浏览页面），但没取此点的原因是"为你推荐"商品流是一行展示 3 个 SKU，而第一屏会外露"为你推荐"栏位商品的部分像素（露出商品一像素则认为是此商品被曝光），所以选取第二个流失点（即曝光的 SKU 个数为 7），即定义出每隔 7 个 SKU 会增加一个资源位用于扶持营销商品。

2. 根据 CMS 配置开启大数据计算

当 CMS 后台配置成功后，可生成相应的活动 ID，并将人群包 ID、商品包 ID、曝光生效时间、曝光栏位通过接口告知推荐算法（大数据端），以开启相应的曝光商品计算。为什么需要增加 CMS 后台配置功能？原因如下所示。

- 无须业务方提出需求就可支持业务不同场景的诉求，解决研发成本问题并增加代码的复用性。
- 可对用户及对应曝光的 SKU 进行绑定，即对指定用户曝光指定的 SKU，实现自动化绑定关系以及满足业务精准营销诉求。
- 若同时开启多个类型的活动，同一资源位会被多个活动同时抢占，此时适合采取竞争原则，胜出的商品获得曝光。这就需要通过 CMS 运营管理后台配置信息，通过接口告知大数据端如何判断。
- 当营销活动商品被扶持后，想再次扶持，也需要通过 CMS 运营管理后台配置信息，通过接口告知大数据端做相关的判断。

（1）CMS 后台配置

CMS 后台配置项如图 12-2 所示，接下来详细介绍 CMS 后台的配置项。

图 12-2　CMS 后台配置页面

资源位：默认值为"资源位-首页为你推荐"，若后续要扩展多个资源位，则无须再增加字段，可直接在数据库增加相应值即可使用。

活动类型：包括"会员价""母婴""名酒""品牌新用户""品类新用户"五种选项。活动类型反映了业务诉求，选项名称仅作为一个标识以代表业务方的需求，不存在用户或商品之间的绑定关系。若业务有诉求要再次扶持，则通过此处选项对进行中的相同类型的活动进行下线（不进行强曝光）处理，并以最新配置项为准重新启动相关活动。

比如，会员价商品在 10 月 1 日～10 月 10 日进行扶持，在 10 月 10 日 24 点完成第一步商品强曝光后，进入第二步——增加独立召回池。而在 11 月 1 日～11 月 10 日想再对会员价商品进行扶持时，则会通过 CMS 后台的"活动类型"选项来判断是否有进行中的活动。若有，则自动下线（不进行强曝光）之前的活动；若无，则新增活动。

 提示：

会员价商品：不同会员等级的用户看到的商品价格不一样。

品类新用户：比如用户 User1 从来没买过 A 品类的商品，那 User1 则是 A 品类的新用户。

品牌新用户：比如用户 User1 从来没买过 A 品牌的商品，那 User1 则是 A 品牌的新用户。

母婴垂类商品：具有母婴标签的商品。

名酒垂类商品：具有名酒标签的商品。

强曝光生效时间：即在首页"为你推荐"固定商品位强曝光营销商品的时间。

可见人群：通过"筛选人群"按钮选取人群，此功能可以实现按用户画像（性别、年龄、地域、品牌偏好、品类偏好等）筛选，或上传用户 ID 数据，配置后会生成人群包及 ID 包。此功能是平台现有的功能，属于标签体系范畴，本方案不做介绍。

强曝光商品：通过"筛选商品"按钮选取商品，此功能可以实现按品类、品牌筛选，或上传商品 SKU 数据，配置后会生成商品包及 ID 包。此功能为平台现有的功能，本方案不做介绍。

曝光处理：默认值"曝光 3 次降权"。通过数据分析得出，同一商品给用户曝光 3 次后才会带来转化，故选项设定为曝光 3 次后降权。此字段可增加曝光后过滤等功能，若平台数据分析结果是同一商品给用户曝光 5 次后才能带来转化，那么此字段则根据实际情况修改为"曝光 5 次降权"。

（2）大数据计算

根据 CMS 后台配置生成相应的活动 ID 后启动计算，当到达曝光生效时间后完成第一步操作（固定资源位强曝光），自动开启第二步——增加离线召回池。现在需要通过计算确定哪个资源位展示哪个商品。

计算 SKU 的排序得分，即第 7、14、21、28 等资源位分别按照排序得分倒序展示相应商品。SKU 的排序得分计算公式如下所示：

$$\text{SKU 排序得分} = \text{用户偏好分 U2I} \times 50\% + \text{商品质量分} \times 50\%$$

（3）用户偏好分 U2I

用户偏好分 U2I 即根据 U2I 算法计算出用户对全部商品的偏好概率值 Score_U2I。U 即 User，这里指用户，I 即 Item，这里指商品。U2I 通过计算用户（User）特征和商品（Item）特征之间的空间向量距离做召回。

用户特征包括用户行为（点击商品进入详情页、通过搜索结果点击进入详情页、加入购物车、下单、收藏商品等）、用户画像（性别、地域、年龄、品牌偏好、品类偏好等）。商品特征包括商品品牌、品类、价格、产地、产品词、特征（口味、材质）等。

U2I 是将上述用户特征和商品特征生成用户和商品之间的空间向量，然后计算向量间的距离，从而得到用户对商品的偏好排序及偏好分，即偏好概率值。向量间距离越近，代表用户越感兴趣，概率值就越高。

（4）商品质量分 Score_SKU

商品质量分 Score_SKU 的计算公式如下所示：

$$\text{Score\_SKU} = \text{下单用户数} \times 50\% + \text{订单量} \times 30\% + \text{GMV} \times 20\%$$

数据指标：CMS 后台上传的 SKU 近一个月的数据，包括下单用户数、订单量、GMV。

累计统计近一个月内每个 SKU 的下单用户数 user_num、订单量 ord_num、订单金额 ord_amount。

① 给各个指标项取自然对数，并去除量纲，为了避免出现 0 值的情况，建议给各指标+1，即 ln（指标值+1）。

$$\_Score\_user\_num = ln（user\_num+1）$$
$$\_Score\_ord\_num = ln（ord\_num+1）$$
$$\_Score\_ord\_amount = ln（ord\_amount+1）$$

② 各项值进行线性函数归一化，为了避免出现除数为 0 的情况，我们给除数加 1，即（当前值-最小值）/（最大值-最小值+1），得到以下公式：

$$Score\_user\_num=(\_Score\_user\_num-Score\_user\_num\_min)/$$
$$(Score\_user\_num\_max-Score\_user\_num\_min+1)$$

$$Score\_ord\_num=(\_Score\_ord\_num-Score\_ord\_num\_min)/$$
$$(Score\_ord\_num\_max-Score\_ord\_num\_min+1)$$

$$Score\_ord\_amount=(\_Score\_ord\_amount-Score\_ord\_amount\_min)/$$
$$(Score\_ord\_amount\_max-Score\_ord\_amount\_min+1)$$

③ 对各项值进行加权求和，得到商品质量分。

$$商品质量分 Score\_SKU= Score\_user\_num × 0.5+ Score\_ord\_num × 0.4+ Score\_ord\_amount × 0.1（权重为经验值）$$

$$SKU 排序得分 Score=Score\_U2I × 50\% + Score\_SKU × 50\%$$

根据 CMS 后台配置，同一个 SKU 对同一用户每连续曝光 3 次，则对商品进行排序降权，令排序得分 $Score × 0.98^N$，N 为连续降权的次数。

说明：

降权处理的原因是，如果只有一个营销活动，参与计算的 SKU 就没有变化，则排列顺序一直不变，资源位的商品也不会变化，这会影响用户体验及转化率。为了解决此问题，则根据 CMS 后台"曝光生效时间"配置，当达到曝光失效的时间后，固定资源位的商品要全部下线，自动进入第二步，即对每个活动类型的商品增加相应的离线召回池。

例如，CMS 后台配置某类型（假设为母婴）活动"曝光生效时间"是 10 月 1 日到 10 月 12 日，则"为你推荐"栏位在 10 月 1 日零点开始在固定资源位（7、14、21 等商品位）对母婴商品进行强曝光。当时间到 10 月 12 日 24 点时，将固定资源位曝光的商品下线，不再进行强曝光。之后进入第二步，自动生成一个独立的"母婴"商品离线召回池参与推荐算法的综合排序。

12.4.2　增加离线召回池实现动态权重计算

通过 DeepFM 算法对需要扶持的商品与用户行为进行匹配，得到 SKU 初始排序分 Score_deepFM。

1. 通过 CMS 后台控制活动状态

根据 CMS 后台配置的营销活动 ID，在活动列表页进行操作控制，CMS 后台活动列表如图 12-3 所示。此功能的目的是保证在同一时间点同一活动类型只允许一个活动在线，若后台配置多个活动，则自动下线前一个活动，仅保留最新一个配置及活动生效。这是为了保证同类型的活动不要多次配置，否则会出现同商品在多个活动中存在的情况，这将导致增加强曝光难度的同时，给数据效果分析增加难度（都进行强曝光等于没强曝光）。此营销方法也给业务方提供了更多的资源，当业务为了自身团队利益任意配置自己的活动，而不顾及平台利益，就会给平台转化数据带来较大的影响。

活动ID	活动类型	用户	商品	创建人	强曝光开始时间	强曝光结束时间	状态	操作
1	会员价	查看用户	查看商品	张三	20221001	20221012	待审核	审核 编辑 终止
2	母婴	查看用户	查看商品	张三	20221001	20221012	未下发	审核 编辑 终止
3	品牌新用户	查看用户	查看商品	张三	20221001	20221012	已上线	审核 编辑 终止
4	名酒	查看用户	查看商品	张三	20221001	20221012	已终止	查看
5	品类新用户	查看用户	查看商品	张三	20221001	20221012	已过期	查看
6								

图 12-3　CMS 后台配置的营销活动列表

营销活动状态可根据实际业务场景进行调整，具体说明如下。

- 待审核：活动已创建，需要审核人员进行审核。
- 未下发：营销活动已创建并审核通过，但未到活动开始时间，活动还未启动。
- 已上线：按接口提供的入参参数"活动启动时间""User""SKU list"进行计算。
- 已终止：通过终止操作，可以对线上的活动进行下线，针对进行中的第一步（强曝光）或第二步（独立召回池）进行干预。
- 已过期：活动创建后，若活动已经到了启动时间仍未被审核，则状态自动变为过期。

2．大数据计算

为已上线的每个营销活动的商品分别生成独立召回池，参与 DeepFM 算法排序，得到排序分值 Score_deepFM。因为同一个商品可能在多个活动类型中出现，所以在资源位上进行强曝光过的商品不再进行强曝光。

提示：

　　DeepFM 算法是一套成熟的算法模型，本方案只对此算法模型进行应用，不讲解具体的算法细节。

对初始排序得分 Score_deepFM 按等级定义权限系数，策略说明如下。

第一，让 SKU 参与 DeepFM 算法排序，得到排序分值 Score_deepFM。

第二，对此批 SKU 在 Score_deepFM 基础上进行动态调权。

调权逻辑要满足"平台利益"且实现权重的动态变化，故将 SKU 划分成 5 个等级（0～4），其中 1～4 代表 SKU 毛利为正的商品，等级越高权重越高；0 代表 SKU 毛利为负的商品。将商品划分为 5 个等级，计算逻辑参考第 11 章。

第三，将 Score_deepFM 分与 SKU 等级权重进行融合，得到每个商品的初始权重，计算公式如下所示：

$$商品初始权重 = Score\_deepFM \times score$$

也就是说，当把商品分发给用户时，根据全量用户的历史行为为此批商品划分等级，不同等级的商品有不同的权重。对等级高的商品进行扶持，即在原偏好得分排序的基础上将排序提前，对等级低的商品进行抑制，即在原偏好得分排序的基础上将排序后移。

第四，每日计算指标②和指标③，根据用户行为数据量的变化实现动态调权。

每日计算近 30 天的指标②和指标③，当用户对商品的行为发生变化时，针对每个商品生成的基于用户行为的加权平均和（Score）及均值（$S2$）都会发生变化。因商品所在的坐标位置发生了变化，所以商品所处的等级也会有所变化，最终达到根据用户行为数据变化动态对商品权重进行调整的目的。

12.5 小结

本章介绍的策略分两步，第一步增加固定资源位对商品强曝光，第二步增加离线召回池实现动态权重计算。总的思路就是先对用户"无感"的商品进行强曝光，让用户总能看见此类商品，培养用户的心智。这就像打广告一样，用户看多了就眼熟了，就可能产生点击动作，有了点击动作才会有后续的下单，因此要先进行强制曝光让用户由"无感"变成"有感"。然而同时也要考虑到平台是要有持续正向收益的，不能一味地给用户曝光其不感兴趣的商品进而影响到平台的收益，所以强曝光肯定要有期限，期限到了就自动停止强曝光。

经过一段时间强曝光的沉淀，若用户对商品"有感"，产生了点击或购买等行为，则算法模型对用户的偏好预测上自然就会挖掘到这些蛛丝马迹，后续给用户推荐的商品也会有强曝光类型的商品出现。

第 13 章　内容电商平台推荐系统冷启动策略

13.1　需求背景

此方案介绍给线下商超、社区超市等供货的平台，计划在平台上引入内容生态。内容生态包括图片、短视频、直播等，有助于实现用户对博主带货商品的"认同→兴趣→下单→忠诚"的阶段性成长。特别是短视频和直播，通过模拟线下购物场景，让用户在触觉、视觉上都有所感知，进而减少了用户的决策成本，有助于实现快速提交订单。此外内容生态也会输出资讯类文章供用户查看，以提高用户黏性。

13.2　专业名词解释

冷启动：产品新进入市场从未被访问过。

标签：对用户或物料在某个维度的特征进行描述，让用户可以快速获得信息。通常用用户标签和商品标签代表用户或商品的特征。本章使用的是用户标签，用户标签通常包括基本属性标签（性别、年龄、地域等）、行为标签、偏好标签等。

平台运营：指为了提升平台的服务质量，发展更多的用户并获得更大的收益，而从事的与平台经营、运作相关的工作。

品牌商：指对一个品牌具有使用权的法人，包括经营一个自有品牌商品的生产型企业。

POP 商家：非自营第三方的商品叫作 POP 商品，相应的商家则称为 POP 商家。

BD 经理：业务拓展人员。

13.3　分析思路

内容产品的特点如下所示。

公共性：内容面向每一个用户（微信除外），属于公域流量，本章介绍的内容平台是基于公域流量的。

实时性：随时随地发布内容、曝光内容。

社交性：可参与互动，互动数据量的大小在一定程度上代表内容的受欢迎程度。

聚合性：聚集各种层面的内容，比如财经、美食等，内容形式不限制。

扩散性：若内容能引发情感共鸣，会得到快速传播，易于裂变。

以上是纯内容生态产品体系的特点，而电商平台的商品形态和内容形态差异较大，在电商平台引入内容生态也是借力内容产品的体现。在流量红利触顶的情况下，希望通过社交属性提升用户对平台的依赖性，进而带来更多的流量。

目前，我们希望在平台上首次引入内容生态，并让内容精准触达用户，实现千人千面。但平台上已有的算法能力是沉淀在商品层面的，对内容类的暂无相应能力，内容生态的推荐算法是缺失的。那么应该如何应对呢？

首先，当前技术上无法做到千人千面，我们可以通过规则算法实现千人一面的个性化推荐效果。

其次，平台上已沉淀商品数据和商家与粉丝的关系数据，但暂未融合，通过本方案实现内容电商生态底层数据的建设，为后续推荐算法的千人千面能力建设构建基础。

当数据沉淀后，通过用户行为数据进行初步挖掘，实现冷启动解决方案，待数据沉淀到一定量级，标签体系搭建完成后，便可真正实现千人千面。此方案包括两部分。

第一，初步建立内容电商生态标签体系，用于构建基础数据能力，涉及内容物料标签挖掘及计算。

第二，千人一面推荐算法应用，此部分包括在首页"为你推荐"栏位穿插短视频，以及在短视频频道页实现内容排序。因为短视频是新频道，用户感知弱，所以需要通过首页"为你推荐"栏位的大流量为其导流，根据用户所在场景下不同的诉求和定位分别输出策略。

13.4　解决方案

通过分析可知，若想搭建内容电商平台推荐系统：首先需要实现内容电商生态底层数据的建设，即内容电商平台标签体系建设，为后续推荐算法建设搭建基础；其次进行推荐策略输出，实现内容电商平台推荐系统的冷启动。

13.4.1　内容电商平台标签体系初步建设

1．标签定义规则

在产品层面，标签体系设计分四层，从下至上是"数据输入层""标签体系底层""标签体系中间层""平台应用层"，规范的标签体系构建流程依托于数据中台，需融合多方业务数据源，搭建起完整的业务数仓体系，考虑到后续业务数据采集场景的增加，标签体系数据字段应支持扩展。

根据标签的定义及应用场景，标签会进行分层，不同平台标签的层级不同，定义的逻辑均不同，内容生态推荐系统标签按照不同的粗细粒度分三层，如表 13-1 所示。

表 13-1　标签按照不同的粗细粒度进行分层

标签粒度	描述
一级标签 频道类型标签	直播、短视频、图文
二级标签 细分频道标签	带货、必修课、品牌活动、品类活动、会员活动
三级标签 实体、概念	内容关联的商品类型（品类）、商品属性等

当二级标签类型为"带货"时，则属于内容电商模式，即通过直播或视频内容绑定商品以通过内容吸引用户并引导用户购买商品，实现销售额的增长。内容电商需根据内容绑定的商品与商品标签进行关联。在计算内容质量或者用户对内容的偏好时，需要考虑商品的偏好维度。

2．内容物料标签

（1）内容标签的定义

内容标签的定义规则如表 13-1 所示，例如博主"××母婴专营店"通过直播对商品带货。如图 13-1 所示，商品标题为"驱蚊儿童成人植物防蚊贴驱蚊手环孕妇婴儿成人宝宝驱蚊扣【推荐】买36+36 贴【发 1 盒 72 贴】"，通过该标题得知，此商品的品类标签为"母婴→母婴用品→驱蚊扣、防蚊贴、驱蚊手环"，商品标签为商品的一二三级品类标签及商品的属性标签。商品标签是电商平台的通用属性，本例中的标签为"一级标签：直播；二级标签：带货；三级标签：宝妈、母婴、婴儿玩具"。

图 13-1　内容电商视觉

当二级标签类型为"带货"时，根据内容绑定的商品与商品标签进行关联，得到内容的二级标签是融入商品标签的，则图 13-1 所示的内容电商的全部标签为"一级标签：直播；二级标签：带货；三级标签：宝妈、母婴、婴儿玩具、母婴、母婴用品、驱蚊扣、防蚊贴、驱蚊手环"。

每个三级标签都给内容打上吗？其实不是的。标签应该具有代表性，能真实代表所描述的内容，需要通过"标签相关性"计算，选出最精准的标签作为内容标签。

（2）给内容打标签

给内容打标签要考虑两个维度——标签相关性和内容质量。"标签相关性"用于计算内容的精准标签，剔除无代表性的标签，"内容质量"会在内容分发排序时使用。

① 标签相关性

内容在被打上关键词标签前，需要计算每个标签与内容的相关性。相关性强，标签就能准确地代表内容；相关性弱，标签就不能很好地代表内容。即先通过词频计算得出标签得分，然后根据标签得分定义标签相关性。相关性计算主要参考因素是标签在内容中出现的位置、标签出现的次数、其他标签出现的次数。因此标签相关性的计算会分两步完成：第一步词频计算；

第二步确定标签相关性。对这两步分别说明如下。

第一步：词频计算。

词频计算是想通过标签关键词出现的概率来判断标签覆盖度，通过词频计算可得到标签的得分，计算逻辑在 13.5 节详细介绍。

第二步：确定标签相关性。

根据标签得分定义标签与当前内容的相关性规则，如表 13-2 所示。根据相关性得分判断标签与内容的相关性强弱，在内容分发时分层使用。

表 13-2 定义相关性得分

数值区间	(0,0.4)	[0.4,0.6)	[0.6,0.8)	[0.8,1]
相关性	不相关	弱相关	高相关	强相关

② 内容质量

内容质量表示内容的优质程度，质量分越高说明内容优质的可能性越大，内容质量分 score 的计算逻辑将在 13.5 节介绍，即将内容推荐给用户时的综合排序得分。

计算内容质量分的主要参考因子是发帖人（博主）、博文内容、时效性，排序时会优先将质量分高的内容给用户曝光。

提示：

标签体系是另外一个庞大的产品体系，真正的标签体系建设是个复杂又专业的过程，本章介绍的标签体系构建方法相对来说比较浅。

13.4.2 推荐系统冷启动

在电商平台，用户的主诉求是购买商品，而内容电商平台则是在电商平台的基础上，搭建短视频、图文、直播等内容生态来辅助电商平台实现商品售卖。内容电商平台的推荐系统在冷启动的时候是没有可用的历史数据来做模型训练的。在此背景下，我们就需要采取一些策略尽可能地吸引用户访问新生的短视频内容频道，实现转化的诉求。这里涉及的策略包括在首页的"为你推荐"栏位穿插短视频，以及对短视频频道页的内容进行排序。

1. 在首页"为你推荐"栏位穿插短视频

（1）前端页面交互

① 短视频内容仅穿插在首页的"为你推荐"栏位。

② 按照用户滑动位置进行自动播放，只播放当前屏幕显示的短视频。短视频频道页逻辑与之相似，不再专门介绍。

③ 在滑动结束时判断是否开始/停止播放，若用户未离开当前屏幕，则播放完当前视频仍要循环播放；若用户离开当前屏幕，则暂停前一个正在播放的视频。当用户滑回当前屏幕时，继续播放之前的视频。短视频频道页的逻辑与此相同，后面不做介绍。

④ 当前首页"为你推荐"栏位的商品信息流页面播放的短视频默认静音，点击整个视频卡片可跳转到视频详情页。短视频频道页的逻辑与之相似，后面不做介绍。

⑤ 无须内外进程联动播放，用户进入短视频详情页就从头开始播放完整视频。短视频频道页的逻辑与之相似，后面不做介绍。

⑥ 因为短视频穿插在首页"为你推荐"栏位的商品信息流内，所以当用户点击进入短视频详情页并关闭短视频后，仍返回首页"为你推荐"栏位的商品信息流，且锚点定位至刚刚离开的位置。

（2）打造用户心智

在首页"为你推荐"栏位穿插短视频内容，期望实现的效果是打造用户心智。既然要打造用户心智，首先考虑的是内容要吸引用户，这就需要保障内容质量(这里的计算逻辑只涉及短视频)。其次，短视频绑定的商品是用户有潜在诉求的，具有一定的用户偏好。故需根据短视频内容质量和用户偏好输出融合排序策略。由于 SKU 在推荐栏位的排序已符合用户偏好，因此针对以下情况按照相应的逻辑进行处理，具体如下。

① 商品池：用户+SKUID 维度，即千人千面维度。对短视频绑定的商品做区域限售、下架、售罄前置过滤处理，保证曝光的内容所绑定的商品一定是可以购买的；在视频详情页有效播放过的短视频，在首页不做推荐。

② 当短视频绑定的商品与首页"为你推荐"栏位的商品信息流的商品吻合，则将 SKU 替换为短视频。

● 短视频按内容质量分由高到低排序，并取 Top50 的短视频所绑定的商品与首页"为你推荐"商品信息流排序靠前的 Top50 的商品进行匹配，替换匹配成功的质量分较高的前 3 个商品。

● 若匹配成功的数量小于 3 个（含 0 个），则将内容质量分 Top3 的短视频分别穿插在"为你推荐"栏位的第 11、29、49 位置。短视频可穿插在首页"为你推荐"商品信息流的第 11、29、49 位置，根据用户流失分布曲线可见拐点的位置为第 11、29、49 个商品的位置，这代表用户在访问到相应数量的商品时会有明显的流失趋势。故选择此位置推荐其他类型的物料，这样对大多数用户来说会看见"新"的物料，让用户保持新鲜感并激发其兴趣，提升用户的浏览时长，减少用户流失。短视频在"为你推荐"栏位的第 11、29、49 位置显示，那哪个短视频放在第 11 号位置，哪个短视频放在第 29 号位置，哪个短视频放在第 49 号位置，则依赖于短视频内容池排序算法，此算法逻辑在 13.5 节介绍。

 提示：

有效播放指用户曾经播放过该短视频，播放时长大于或等于 10 秒（该时长可以根据视频长短定义，属于经验值）。

2. 短视频频道页内容排序

（1）前置说明

① 过滤已失效（删除、商品下架、曝光有效期达到）的短视频、图文；

② 直播分为两类，进行中的直播和预告直播（未来即将开启的直播）；

③ 进行中的直播会置顶显示，不参与频道内容综合排序；

④ 频道页的计算逻辑涉及全部内容（短视频、预告直播、图文），内容排序逻辑如图 13-2 所示。

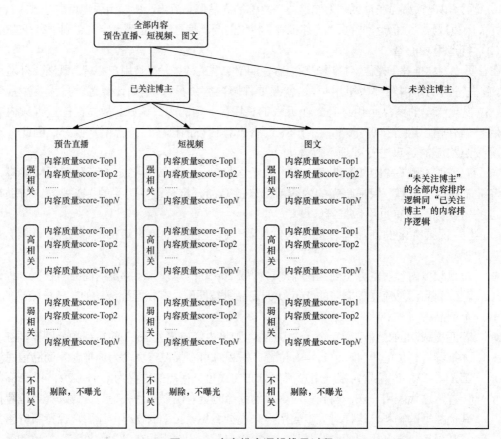

图 13-2　内容排序逻辑推导过程

（2）逻辑说明

① 添加标识

用户对内容（短视频、预告直播、图文）博主是否关注——"1：关注""0：未关注"。

1）全部内容（短视频、预告直播、图文）分别按"1：关注""0：未关注"生成两个召回池，每个召回池内容会按内容类型分为三组，即短视频、预告直播、图文；

2）通过分组后，每组内容按内容质量分 score 进行倒序排序。与"为你推荐"栏位入口内容质量分计算时的权重存在差异，"为你推荐"仅计算短视频的内容质量分，此部分需要计算全部内容，内容质量分 score 的计算逻辑在 13.5 节介绍。

3）组内的预告直播、短视频、图文已按内容质量分 score 排序，组间按绝对顺序进行 1：

1∶1 穿插，即预告直播_score_Top1>短视频_score_Top1>图文_score_Top1>预告直播_score_Top2>短视频_score_Top2>图文_score_Top2>……

提示：

以上使用的 ">" 符号代表排序的顺序，">" 符号前的内容排列优先于 ">" 符号后的内容。

② 内容穿插

保证内容的多样性，内容的新颖性，将关注池与未关注池的内容进行穿插，穿插比例为 3∶1。

③ 重排

对于用户维度，同一个内容连续曝光 2 次（每日曝光多次记为 1 次），则第二天要对 score 进行降权处理，排序得分 score×0.9^N，其中 N 为降权的次数。

13.5 本章涉及的算法逻辑

13.5.1 标签相关性——词频计算

词频计算逻辑说明如下。

（1）拉取近半年内全部内容进行分词处理，其中分词包括品牌词、品类词、特征词等。

（2）按内容类型统计每条内容被分词后的一级品类词、二级品类词、三级品类词、品牌词、特征词，并统计每个词语出现的次数及总次数。

（3）分别计算概率

首先，计算 P_1（某分词出现的次数/文档分词总数）：

短视频-联合利华=1/11

短视频-水饮乳品=2/11

……

图文-宠物生活=1/12

图文-水饮乳品=1/12

……

接下来，计算 P_2（出现某分词的文档个数/文档总数）：

短视频-水饮乳品=2/2

……

图文-猫狗零食=1/2

图文-水饮乳品=1/2

……

（4）计算每个品类的综合得分（根据内容类型，分别计算每个分词的综合得分）：

$$Score\text{-}M = P_1 \times P_2$$

$$Score\text{-}M（短视频\text{-}水饮乳品）= 2/11 \times 2/2 = 2/11$$

$$Score\text{-}M（图文\text{-}水饮乳品）= 1/12 \times 1/2 = 1/24$$

......

（5）得到标签及标签得分，此案例的三级标签"水饮乳品"的标签得分为：

一级标签"短视频"下的三级标签"水饮乳品"的标签得分为 2/11；

一级标签"图文"下的三级标签"水饮乳品"的标签得分为 1/24。

上述案例的标签得分都分布在(0,0.4]区间，通过表 13-2 定义的相关性得分标准可知，挖掘出的标签与内容"不相关"，因此相关内容不会被标注上相应的标签。出现上述情况，是因为这个案例是虚构的场景而非真实数据，仅用于公式推导，所以才会出现内容与全部标签不相关的情况。

举例： 将词频计算过程以案例形式进行推导，得出每一步的计算结果。

（1）拉取近半年的全部内容进行分词，并统计分词数量。假设近半年的内容为 2 个短视频、2 个图文，如表 13-3 所示。

表 13-3　举例说明分词及统计

短视频			图文		
短视频（假设共有 2 个）	短视频 1	短视频 2	图文（假设共有 2 个）	图文 1	图文 2
品牌词	联合利华	王老吉	品牌词	麦富迪	王老吉
一级品类词	水饮乳品	水饮乳品	一级品类词	宠物生活	水饮乳品
二级品类词	饮料	饮料	二级品类词	猫狗食品	饮料
三级品类词	碳酸饮料	茶饮料	三级品类词	猫狗零食	茶饮料
特征词（其他词）	气泡	咖啡、瓶装	特征词（其他词）	深海鱼、三文鱼	咖啡、瓶装
分词及次数	联合利华×1 王老吉×1 水饮乳品×2 饮料×2 碳酸饮料×1 气泡×1 茶饮料×1 咖啡×1 瓶装×1		分词及次数	麦富迪×1 王老吉×1 宠物生活×1 水饮乳品×1 猫狗食品×1 猫狗零食×1 深海鱼×1 三文鱼×1 饮料×1 茶饮料×1 咖啡×1 瓶装×1	

（2）短视频经过分词后得到的词语共 11 个，图文经过分词后得到的词语共 12 个，分词算法本书不做介绍。

（3）分别计算概率。

P_1（某分词出现的次数/文档分词总数），数据获取为指定类型的内容：

短视频-联合利华=1/11

短视频-水饮乳品=3/11

……

图文-宠物生活=1/12

图文-水饮乳品=1/12

……

P_2（出现某分词的文档个数/文档总数），数据获取为全部内容：

短视频-水饮乳品=2/2

……

图文-猫狗零食=1/2

图文-水饮乳品=1/2

……

（4）计算每个品类的综合得分（根据内容类型，分别计算每个分词的综合得分）：

$$Score\text{-}M=P_1\times P_2$$

Score-M（短视频-水饮乳品）=3/11×2/2=3/11

Score-M（图文-水饮乳品）=1/12×1/2=1/24

……

（5）得到标签的分数。

此案例的标签为：短视频（一级）下水饮乳品（三级）标签为 3/11 分；图文（一级）下水饮乳品（三级）标签为 1/24 分。

上述案例中标签得分都处于(0,0.4]区间，通过表 13-3 定义的相关性得分可知标签与内容不相关，因本案例是虚构的场景而非真实场景，仅用于公式推导。

13.5.2 内容质量分

内容质量分的计算逻辑如下所示。

$$score=W\times 10\%+C\times 20\%+T\times 70\%$$

在上述公式中，W 代表博主质量分，C 代表内容质量分，T 代表时效性。

质量分的计算需要考虑全部内容，包括短视频、预告直播、图文。对于"为你推荐"入口，仅计算短视频的质量分即可。此外，我们需要过滤掉相关性得分在(0,0.4]区间的不相关内容，针对该部分内容不做分发。

13.5.3 短视频内容池排序算法逻辑

因为"为你推荐"入口仅包括短视频内容，而商品信息流内的短视频分别穿插在第 11、29、49 等商品坑位，要知道具体放在哪几个位置，则需按内容质量分排序。得分高证明内容质量高，则会优先给用户曝光，即放在第 11 个位置，依此类推。内容质量分 score 的得分区间为(0,1)。

数据指标：博主质量 W 分（粉丝数）、短视频质量 C（有效曝光、曝光用户、CTR）、时效性 T。

内容质量分 score，即将内容推荐给用户的综合排序得分，计算公式如下所示：

$$score = W \times 20\% + C \times 50\% + T \times 30\%$$

（1）博主质量分 W，得分区间为(0,1]

$$W = \frac{2}{1+(F+1)^{-0.45}} - 1$$

① 仅计算有内容输出的主播（因为没有内容输出，就不会有曝光）。

② 其中 F 为博主粉丝数。

③ 仅有内容，没有粉丝，就将内容权重进行降权处理，即 $W \times 0.9$。

（2）短视频质量分 C，得分区间为(0,1]

$$C = \frac{100 \times 平均点击播放率 + 点击播放UV}{曝光UV + 100}$$

① 平均点击播放率 $= \dfrac{总点击播放UV}{总曝光UV + 100}$。

② 播放时长大于或等于 10 秒即为有效播放，上述公式中提到的播放均统计的是有效播放。

③ 对不同博主的内容进行提权处理：若博主身份为平台运营，则 $C \times 1.2$；若博主身份为品牌商，则 $C \times 1.15$；若博主身份为 POP 商家，则 $C \times 1.05$；若博主身份为 BD 经理，则 $C \times 1$。

（3）时效性 T，得分区间为(0,1]

$$T = \frac{\ln(10 + (30/发布时长))}{2}$$

① ln 是以 e 为底的对数。

② 发布时长=短视频发布日期与当前日期的时间间隔（单位为天），时长按自然日计算，不足一天的记为 1。

③ 发布时长为 0 的，其时效性值为 1。

④ 目标：越近期发布的内容，在召回时，排序越靠前。

在完成按内容质量分进行粗排后，还要考虑全局的重排，包括如下操作。

- 若待穿插的短视频绑定的 SKU 已在首页"为你推荐"商品信息流中曝光，则不做过滤处理。
- 若绑定商品的短视频与首页"为你推荐"商品信息流中的商品含有相同的 SKUID，且排序相邻，则进行打散。

- 若一个短视频绑定多个 SKU，则短视频仅展示在推荐栏位排序靠前的商品位。
- 对于匹配成功的短视频，可能存在多个连续排序在一起的情况，则需要进行打散，尽量保证两个短视频间隔 6 个左右的商品位。因此可对排序靠后的短视频按绑定的 SKU 做降权，降权的权重系数为 0.98。
- 针对首页"为你推荐"商品信息流中穿插的短视频，在每日凌晨对前一日已曝光的内容进行过滤。

13.6　小结

本章介绍从内容生态角度如何分发排序物料，关注消费者心智和行为的进化路径，通过打造用户心智建立消费者对品牌的认知，通过"认知→吸引→行动→购买"的营销转化路径，找到新的增长点。

第14章 智能营销解决方案——通过用户分层管理激活沉睡用户和流失用户

14.1 需求背景

随着互联网的发展，网民流量触顶，加之不断有新产品进入市场，电商平台的消费力也被迅速稀释。为获得更多稳定的流量红利，除了常规的运营方法，市场部每月月初、月中会通过人工筛选得到固定的用户群，例如通过"优惠券直发到账+站外触达（短信推送+公众账号触达）+站内触达（消息推送+弹窗+节日横幅等）"方式，发放优惠券给沉睡用户群体和流失用户群体。用户使用有效优惠券购买商品可享受满减优惠价格，电商平台则借此机会达到激活用户的目的。

优惠券分为平台券（可购买全平台商品）、品牌券（可购买指定品牌商品）、品类券（可购买指定品类商品）。优惠券额度一般分为满 400 元减 20 元、满 400 元减 10 元、满 300 元减 20 元、满 300 元减 10 元等，可根据用户分层管理及生命周期管理触发不同额度的优惠券。

14.2 专业名词解释

ROI：Return On Investment 的缩写，投入产出比。

消息触达：推送信息给用户，通常指通过 App 消息触达用户。

复购：用户重复购买商品。

14.3 分析思路

14.3.1 智能营销背景

从长期数据表现来分析用户激活效果，针对低频活跃用户的激活效果较好（月均 20%的用户会被激活），针对未活跃用户的激活效果还有待提升（月均 5%的用户会被激活）。

通过第 5 章的学习，我们已经知道在运营人员开展营销活动时，往往存在以下痛点。

1. **营销活动投放前**
- 通过人工方式拉取固定用户群，滞后性强，有些用户已经流失了，未能及时激活。
- 平台优惠券的预算有限，仅能申请固定额度的优惠券，"一刀切"的策略无法根据用户的情况匹配不同额度的优惠券，无法让优惠券资源合理分配。

2. **营销活动投放中**
- 平台优惠券与品牌优惠券、品类优惠券未形成合力，分别发放给用户的方式可能造成重复发放，构成浪费。
- 将优惠券直接发放到用户账户的方式，用户感知弱，用户甚至都不知道自己有优惠券，优惠券容易被忽略，触达效果不可控。

3. **营销活动投放后**
- 激活成功后，暂无后续行动能让用户留存，召回的用户又存在流失现象。

14.3.2　智能营销产品架构

依托大数据、智能推荐算法，结合业务运营计划和资源，搭建智能营销闭环体系，该体系可通过智能定向人群以及智能选券实现品类、资源位的全自动精准投放，并通过营销数据效果评估进一步修正算法模型，真正形成营销闭环，解决运营过程中存在的问题。电商平台智能营销核心包括智能优惠券、个性化消息触达用户两部分。

本章的智能营销是使用优惠券实现的营销策略，智能优惠券是由系统自动发优惠券代替人工运营发放优惠券的策略。系统实时监测用户行为，及时推荐合适的优惠券以激活用户。由于用户领取优惠券一般是在领券中心，领券中心有大量的优惠券堆积，用户很难选取到最适合自己使用的优惠券，通常用户的做法是在领券中心内把可以领取的优惠券全部领了，这就导致很多优惠券被用户领了但却不被使用的现象出现。所以智能优惠券还可以改变用户从领券中心选取优惠券的行为，通过系统自动推荐优惠券可以减少优惠券未使用而造成的资源浪费，使平台利益最大化。

个性化消息触达用户是当推送消息触达用户时，通过露出更多利益点，增强用户感知，引导用户点击消息内容。

电商平台智能营销产品架构如图 14-1 所示，详细说明如下。

首先，将业务待解决的问题作为输入项，此方案主要解决如何激活用户的问题。

其次，智能优惠券体系根据业务诉求，依托基础服务建设部分的智能选人（涉及用户生命周期、用户行为、用户画像）、智能选券（涉及优惠券画像、优惠券信息、优惠券标签）筛选出匹配的用户群和优惠券。

然后，通过推荐算法召回模型挖掘用户与优惠券之间的关系，对用户输出所偏好的券种类、门槛和让利，并通过排序模型及券 ROI 对推荐结果的顺序进行调整，给用户分发其所偏好的优惠券。

再次，把匹配成功的券在用户偏好的渠道进行投放，通过个性化消息触达用户，在推送信息触达用户的同时抓住用户的利益点，引导用户点击消息并使用优惠券。

最后，实时监测流量变化，以 ROI、用户转化率、活跃留存率等指标为导向，不断调整用户的用券偏好模型，形成智能营销闭环。

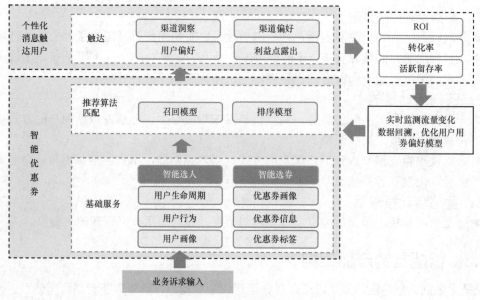

图 14-1　智能营销产品架构

14.4　解决方案

由于本方案过于复杂，每部分内容又有交错的依赖关系，因此需要先了解智能营销方案的设计结构，智能营销方案的设计结构如图 14-2 所示。

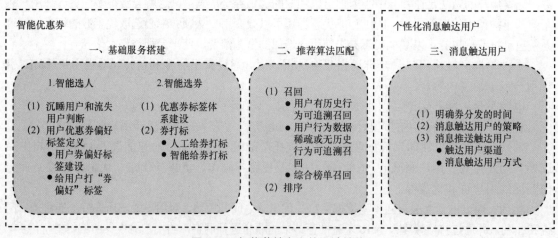

图 14-2　智能营销方案的设计结构

14.4.1　智能优惠券的基础服务搭建

为了解决不同的营销诉求，业务人员会通过用户生命周期模型对不同的用户群体采用不同的运营方式进行触达，进而实现提升转化率的诉求。通常电商平台用户的生命周期分为五个阶段（不同平台划分的层级不同）——导入期、成长期、成熟期、沉睡期、流失期，由此实现用户的分层管理。我们知道一个平台通过流量置换等方式获得的新用户是有限的，从存量用户着手，把处于沉睡期的用户和流失期的用户唤回，所针对的目标用户群体会更精准，当然难度也是很大的。本章主要解决处于沉睡期和流失期的用户该如何有效唤醒及唤回的问题。基层服务搭建包括智能选人和智能选券两部分。

1. 智能选人

智能选人是基于用户关系、用户行为、兴趣偏好、消费属性并结合业务场景筛选出沉睡用户和流失用户人群，并给这些用户打上相应的标签。将这部分人群作为待激活用户群体"进入"激活池，为后续让优惠券触达定向人群做好准备。

B2B2C 平台主要面向线下超市、门店，帮助其实现线上采购。商品的消耗情况直接影响用户复购（重复购买）的频率，而一定时间内不来补货的用户对平台来说将会面临着用户即将沉睡或用户即将流失的风险，如何判断哪些是即将沉睡的用户，哪些是即将流失的用户，便是智能选人环节主要解决的问题之一。

（1）沉睡用户和流失用户的判断

沉睡用户和流失用户的判断是根据用户的复购周期模型来定义的。由于用户购买行为具有随机性，为了保证数据的可靠性，在计算用户个人复购周期时，需要根据全量用户的复购周期、沉睡周期、流失周期来调整个人复购周期的定义。故判断用户是沉睡状态或流失状态时会用到的判断维度有全量用户的复购周期、全量用户的沉睡周期、全量用户的流失周期，并结合个人复购周期及距离上次下单的时间间隔，定义用户是处于沉睡状态还是流失状态。

智能选人要达到数据"流动"的状态，其逻辑如图 14-3 所示。每天计算哪些用户达到了沉睡状态或流失状态，则系统自动下发激活券来吸引这部分用户登录 App；当天完成下单的用户则不再处于沉睡状态或流失状态，系统需自动将这部分用户从激活池剔除。如何筛选出沉睡用户和流失用户，其算法实现逻辑会在 14.5.1 小节进行详细介绍。

图 14-3　基于复购周期识别用户状态

（2）用户优惠券偏好标签定义

识别出沉睡用户和流失用户后，为达成智能选人的目的，需对用户券偏好进行打标建设。由于目标人群是沉睡用户和流失用户，此部分用户的特点是近期未下单，因此打标分为用户有用券下单行为打标和用户无用券下单行为打标。

第一步：用户券偏好标签建设。

给用户打上优惠券的标签，首先需要进行优惠券标签体系建设。此部分标签指用户的优惠券偏好标签，即用户券偏好标签体系。用户优惠券偏好标签体系按照不同粗细粒度分为三级，一级是品牌券、品类券、平台券标签，二级是细分的具体品牌券和品类券标签，三级是具体的优惠券门槛-让利标签。每个平台情况不一样，优惠券标签的层级设计也有所不同。

一二级标签建设：一二级标签是结合商品的一级品类及品牌确定的，要求可以覆盖一定量的优惠券（≥2 种）和一定的用户规模（≥5 人），才会打上这个优惠券偏好标签。

三级标签建设：在一二级标签的基础上，结合用户的订单数据挖掘生成三级标签。

平台商品会存在一个品牌商旗下有多个品牌的情况，比如可口可乐旗下的子品牌包括多芬、力士、奥妙等。因此给用户打标的时候，品牌券标签要细化到子品牌。为了保证标签质量，需要人工审核通过后才能纳入标签体系。

标签结构例如"品牌券-多芬-满 100 元减 10 元""品类券-休闲乳饮-满 100 元减 5 元""平台券-可口可乐-满 200 元减 5 元"。

第二步：给用户打"券偏好"标签。

平台用户存在部分用户有用优惠券下单行为，也有部分用户未使用优惠券下过单，故打标签时要分两种情况。算法实现逻辑会在 14.5.2 小节详细介绍。

2．智能选券

智能选券是给优惠券打标签。优惠券属于"消耗品"，被使用了便会被消耗（即失效）。即使是业务人员在优惠券中台，每次申请的是相同属性的优惠券（比如乐事品牌满 100 元减 5 元的品牌券），但优惠券的 ID 却是不同的。因此仅通过唯一 ID 物料上沉淀的用户行为来判断用户的优惠券偏好会存在一定程度的偏差，因此智能选券需要通过"智能给券打标"结合"人工给券打标"，才可保证标签的准确性。

（1）优惠券标签体系建设

通过一套标签将用户和优惠券关联起来，优惠券标签体系的搭建逻辑与用户标签体系的搭建逻辑相似，按照不同粗细粒度分为三个级别，一级是粗颗粒度（如品牌券、品类券、平台券标签），二级是细颗粒度的具体品牌和品类的标签，三级是更具体的优惠券门槛-让利标签。

举例说明：品牌券（一级标签）-乐事（二级标签）-满 100 元减 3 元（三级标签）；品类券（一级标签）-休闲零食（二级标签）-满 100 元减 5 元（三级标签）；平台券（一级标签）-可口可乐（二级标签）-满 200 元减 3 元（三级标签）。

（2）券打标

优惠券的产品能力是由优惠券中台提供的，各个业务线使用的优惠券都需要在优惠券中台申请。申请优惠券的基本流程是，首先在优惠券中台创建一张优惠券后，系统自动生成一个唯一的 KeyID，并在此 KeyID 下绑定一个或多个 SKU，也就是说但凡被绑定的 SKU 满足一定的销售金额便可以使用此券，一定的销售金额就是我们通常说的满多少元减多少元。而优惠券中台的核心是创建优惠券这种虚拟资产的能力。而创建优惠券时通常会选择哪些商品可以使用，但优惠券没有具体的标签。因此要让优惠券精准触达用户，首先需要给优惠券打上标签。而此功能并非中台的通用功能，故需要业务方自己的研发团队去开发。

优惠券智能推荐属于冷启动，首先需要人工给券打标，当数据沉淀后才可以使用智能给券打标策略。

① 人工给券打标

若想让优惠券有标签，当研发团队没有算法工程师或者算法工程师的算法领域并不涉及优惠券营销算法的时候，想要用最简单高效的方法实现，可以选择人工方式给优惠券打标签，因此需要进行券池升级维护。如图 14-4 所示，当业务人员在后台录入优惠券时，需要将优惠券的唯一 KeyID 强制进行人工打标。优惠券的标签分为券类型（包括平台券、品牌券、品类券）、门槛-让利（比如 100-10，即满 100 元减 10 元）。若选择批量添加则可直接通过 Excel 文件标准格式进行自动匹配。

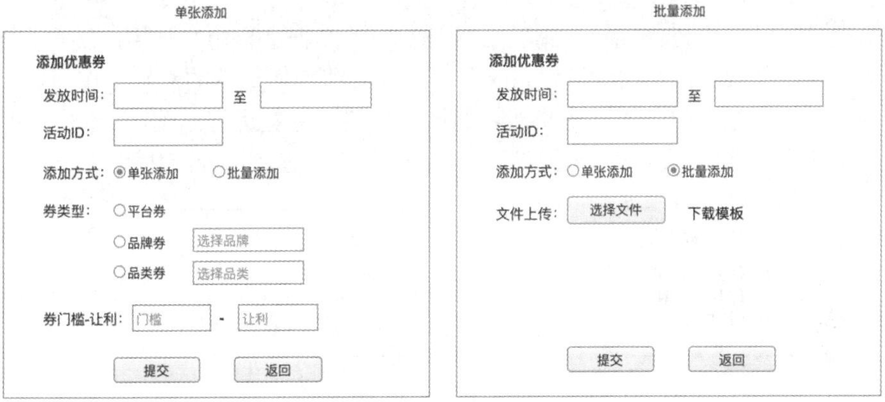

图 14-4　CMS 后台券池升级维护功能截图

因为优惠券打标签的核心应用场景是对精准的人群推送适合的优惠券，进而提升转化率，此优惠券打标签功能在产品设计上是基于一个优惠券发放的活动类型。所以优惠券后台升级维护时，需要人工填写优惠券的活动 ID、优惠券的发放时间及券类型，因此优惠券在 CMS 后台券池创建的时候就完成了打标签。

由于券可以有多个标签，则券标签定义规则如"品牌券-可口可乐-满 100 元减 3 元""品牌券-乐事-满 100 元减 3 元"。

② 智能给券打标

为了精准触达用户，我们必须通过标签形式对优惠券进行标注，本小节主要是基于用户使用优惠券消费的情况来给优惠券打标签。券标签包括券类型、门槛-让利，通过此标签数据可以分析出用户到底是喜欢 KeyID=X 的优惠券还是 KeyID=Y 的优惠券，通过用户使用优惠券的行为特征分布情况，可以指导业务人员在优惠券中台申请优惠券，保证优惠券的投入产出比更高。下面对智能给券打标逻辑进行说明，打标签的算法实现逻辑会在 14.5.3 小节进行详细介绍。

我们知道优惠券在申请的时候是不分品牌券和品类券的，所以智能给券打标签，需要自动计算出优惠券是品牌券还是品类券。我们可以通过使用优惠券购买的商品所覆盖的品牌或品类情况，定义优惠券的品牌、品类标签。即基于券规则及使用优惠券下单行为进行打标。

优惠券还有一个标签维度是门槛-让利，这个维度是由业务人员申请标签的时候设定的。如果想要优惠券更高效地被使用，业务人员就要调整门槛-让利参数。即基于价格带定义优惠券门槛和让利标签，指导业务人员在优惠券中台申请合适的门槛和让利的优惠券。

通过优惠券使用情况的数据及效果可评估优惠券的等级，优惠券旨在为平台带来更多的订单收益（高ROI），不同的优惠券的使用效果不同，需要定义优惠券的等级，我们可以通过用户行为及ROI四象限模型定义"券等级"标签。

14.4.2　智能优惠券的推荐算法匹配

优惠券也是一种虚拟资产，可申请的数量是有限的，把适合用户使用的优惠券推送给他，才能保证优惠券被高效使用。我们已经完成了智能选人和智能选券的基础工作，下面将通过推荐算法将券池的优惠券按券标签与用户池内的用户券偏好标签进行匹配，人与券的匹配逻辑如图14-5所示。通过这种方式给用户推荐感兴趣的优惠券，进而提升转化率。

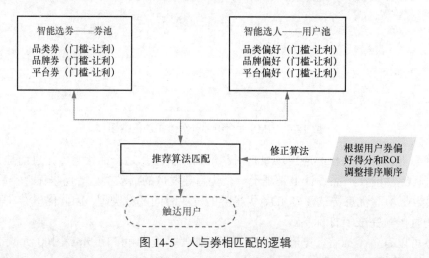

图14-5　人与券相匹配的逻辑

推荐策略会分两步，首先对物料按照用户的偏好进行召回，然后再对物料进行排序，实现转化效率最大化。此方案的执行过程分为两步：首先，根据标签匹配度进行券召回；其次，根据优惠券的ROI和用户对券的偏好分对召回后的优惠券进行排序。

1. 召回

召回阶段是参考用户的历史订单中使用优惠券购买的商品，通过购买行为分析挖掘出用户的券偏好标签，为用户在大量的信息中初步筛选出一批与用户券偏好行为匹配的优惠券。由于用户行为具有随机性，部分用户有历史行为，可追溯券其券偏好（有可信行为），而部分用户行为数据稀疏或没有历史行为可追溯其券偏好（无可信行为）。为了精准匹配用户券偏好，在召回阶段将人群分为"有可信行为""无可信行为"两类分别进行召回，如图 14-6 所示。召回算法实现逻辑会在 14.5.4 小节进行详细介绍。

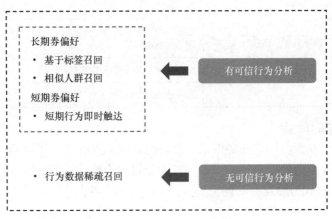

图 14-6 召回阶段人群划分

2．排序

召回的物料都是满足用户诉求的，但物料很多，要让最优的物料优先曝光给用户，则需要进行排序。将召回层召回的优惠券按照一定顺序分发给用户，而排序的规则在满足用户的长期券偏好的同时，也应当感知到用户新行为带来的新偏好。当用户访问平台时，根据用户这个时间点前的行为进行实时计算，并召回优惠券，再结合用户的长短期券偏好匹配券等级、时效性，保证推荐的优惠券能让用户兴趣在一定程度上得以满足。

用户对商品产生行为后，兴趣会随着时间的推移产生衰减（时间衰减因子 α），用户对商品产生行为的时间越久远，兴趣越不明显。若用户兴趣变化很快，时间衰减因子 α 会比较大。因此，实时兴趣排序权重要高于离线（长期）兴趣排序权重，既要满足用户当下的短期兴趣诉求又不能放弃用户的长期兴趣诉求。因此需要：①通过用户行为及 ROI 四象限模型定义的"券等级"标签进行券排序；②对于同一象限内的券，按照券标签与用户券偏好标签匹配度进行排序。

通过券与用户的兴趣匹配完成召回、排序后，我们已经将适合推荐给用户的优惠券选了出来，并等待发放给用户。而什么时间发放，在哪个渠道发放，以及怎样发放，是"个性化消息触达用户"环节要解决的问题。

14.4.3 个性化消息触达用户

通过对待激活用户群体引入订单的数据分析发现，用户主要集中在首页、店铺页、搜索结果页进行商品购买，结合不同用户的特征偏好，通过消息推送方式进行优惠券触达。用户触达的节点及触达策略如表 14-1 所示。

表 14-1 用户触达的节点及触达策略

用户行为	触达节点	触达策略
无登录、无行为	预警节点、活跃节点	站内联动（消息通知、企业微信小程序转发）+App 触达、公共利益点推送
无登录、有行为		站内联动（消息通知、企业微信小程序转发）+App 触达、个性化利益点推送
有登录、无行为		App 触达、公共利益点推送
有登录、有行为		App 触达、个性化利益点推送

1．明确发券时间点

具体什么时间点发券能达到业务诉求，我们把 T 定义为用户复购周期，T_i 为最近一次购买至今的时间间隔，T_1 为全量用户复购周期，T_2 为全量用户沉睡周期，T_3 为全量用户流失周期。按照图 14-7 所示的方式明确发券时间点。

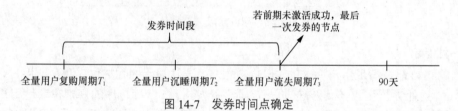

图 14-7 发券时间点确定

- $T<T_1$ 实时监控，若 $T_i=T_1$ 仍未下单，在 $T_i=T_1$ 时，发优惠券刺激激活。
- $T_1{\leqslant}T<T_2$ 实时监控，若一直未下单，在 $T_i=T$ 时，发优惠券刺激激活。
- $T_2{\leqslant}T<90$ 实时监控，若一直未下单，在 $T_i=T_2$ 时，发优惠券刺激激活。
- $T{\geqslant}90$ 剔除异常值。
- 若用户有下单行为，且订单状态为支付成功，则让用户离开激活池。

2．触达用户的策略

触达用户的节点即用户被触达的时间点，只有在适合的时间点给用户推送符合其诉求的优惠券才能带来转化率。就好比用户昨天刚刚购买一瓶鲁花花生油，今天就推荐鲁花品牌的优惠券，此做法不仅不会带来用户的转化，可能还会引起用户的反感，甚至会有用户申请退款或者要求补偿商品差价。因此，只有在正确的时间点推送合适的优惠券才能带来商品转化率提升。下面介绍具体实现方法。

基于业务诉求，需对即将流失的用户发放品牌券或品类券进行刺激，期望通过优惠券撬动用户下单转化。而如果用户已经流失，此时再发券则为时已晚，因此需要设置预警节点，对用户复购周期达到沉睡时点的用户提前发券，希望用户下单周期能提前。此外，还需要设置活跃节点，对用户复购周期未达到沉睡时间点的活跃用户按用户个人节奏进行发券触达。上述分析需在不同的触达时间节点（表 14-1 中提到的预警节点、活跃节点）对应不同的营销手段。

对进入激活池待激活的沉睡用户和流失用户在不同的时间点触达发券，具体的用户触达策略如图 14-8 所示，而发券的频次和时间周期也需要策略支撑。

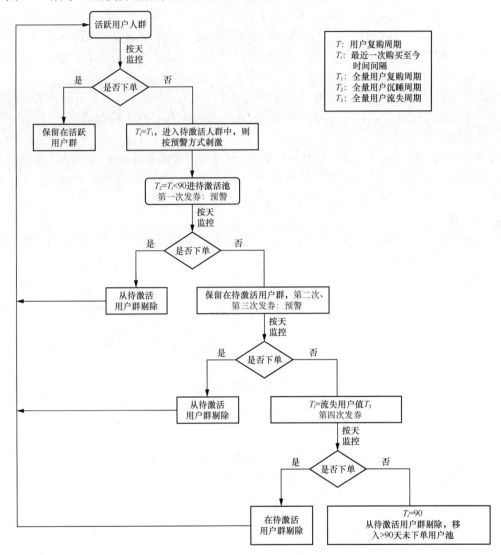

图 14-8　用户触达策略

为了保证用户体验及优惠券使用的 ROI，给用户推送优惠券必须控制频次。如果推送得太频繁，而用户没有下单的诉求，则会使优惠券被领取但却不被使用，造成资产浪费。另外，频繁地给用户推送消息，用户也会产生反感。

通过触达频次可知优惠券持续触达用户 3 次，才能起到激活沉睡用户或流失用户的作用。至于这三次触达间隔几天能带来好的效果，需要通过用户领取优惠券后多少天消费来评估。若大多数用户都是领券后 4 天进行消费，那证明选取 4 天是个合适的时间间隔，即每隔 4 天给用户触发一次优惠券，共触发 3 次。触达频次的算法实现逻辑在 14.5.5 小节进行详细介绍。

因品牌和品类优惠券的成本由品牌商来承担（无须平台承担），而平台券的成本由平台自己承担，所以可以先通过两次无成本的优惠券（品牌或品类优惠券）来激活用户，若两次激活都不成功，则使用平台券来激活用户。品牌券是限定具体购买某些品牌的商品时可用，而平台券是全部商品都可以使用，由日常订单数据也可以得知用户其实是更喜欢平台券的，所以最后一次激活使用平台券触发用户，以更大力度满足用户的诉求。

触达周期的计算逻辑：统计所有激活券领取后多久（天）使用，取其中位数作为从激活券到账到下单使用的时间间隔，若计算结果出现小数，则按整天计算，例如我们通过 2022 年全年数据得出周期为 4 天。

综上，可得出图 14-8 所示的用户触达策略。即预警阶段若用户一直未下单，会触发 3 次发券（前两次发品牌品类券，第三次发平台券），每次发券时间间隔是 4 天，到达流失状态时会最后再发一次平台券刺激用户。

案例说明如下。

（1）假设全量用户的复购周期是 21 天，沉睡用户的复购周期是 30 天，流失用户的复购周期是 60 天，具体值以实际计算为准；

（2）每次发券的周期是 4 天；

（3）在预警阶段，全部都发 3 次券，前 2 次发品牌品类券，第 3 次发平台券，到达流失状态再发 1 次平台券；

（4）对于上线时错过下发优惠券时间点的用户，不补发券，而是按时间点发放后续待发的券。

不同用户的复购周期及其对应的发券周期和时间节点，如表 14-2 所示。

表 14-2　用户发券周期和时间节点

前提	假设：全量用户复购周期是 21 天，沉睡用户周期是 30 天，流失用户周期是 60 天
用户 1	用户 1 的复购周期是 20 天（小于平台复购周期 21 天），一直未下单
	1）在 T_i=21 天发券触达，发券周期是 4 天，共发 3 次
	2）发券时间点是第 21 天（品牌品类券）、第 25 天（品牌品类券）、第 29 天（平台券）
	3）若用户一直没下单，则等到第 60 天，再发平台券
	4）若用户一直没下单，则等到第 90 天后，将用户移出待激活用户群的池子
用户 2	用户 2 的复购周期是 22 天（21<T<30），一直未下单
	1）在第 22 天发券触达，发券周期是 4 天，共发 3 次
	2）发券时间点是第 22 天（品牌品类券）、第 26 天（品牌品类券）、第 30 天（平台券）
	3）若用户一直没下单，则等到第 60 天，再发平台券
	4）若用户一直没下单，则等到第 90 天后，将用户移出待激活用户群的池子
用户 3	用户 3，复购周期是 30 天（T≤30），一直未下单
	1）在第 30 天发券触达，发券周期是 4 天，共发 3 次
	2）发券时间点是第 30 天（品牌品类券）、第 34 天（品牌品类券）、第 38 天（平台券）
	3）若用户一直没下单，则等到第 60 天，再发平台券
	4）若用户一直没下单，则等到第 90 天后，将用户移出待激活用户群的池子

续表

用户 4	用户 4，复购周期是 32 天（$T>30$），一直未下单
	1）在第 30 天发券触达，发券周期是 4 天，共发 3 次
	2）发券时间点是第 30 天（品牌品类券）、第 34 天（品牌品类券）、第 38 天（平台券）
	3）若用户一直没下单，则等到第 60 天，再发平台券
	4）若用户一直没下单，则等到第 90 天后，将用户移出待激活用户群的池子

3．消息推送触达
（1）触达渠道

从采样用户群体行为数据（登录天数、平均每天停留时长、点击 SKU 次数、加车次数）来看，以最终转化为目标进行数据指标间的相关性分析，可以得出表 14-3 所示的影响沉睡用户和流失用户下单转化的因素。

 提示：

在讨论两个变量之间的相关性时，通常关注它们之间线性关系的强度和方向，而不是它们的实际数值。相关性系数的取值范围在−1 到 1 之间，它表示两个变量之间线性关系的强度和方向。因此表 14-3 中的各个指标是没有单位的。

表 14-3　影响沉睡用户和流失用户下单转化的因素

沉睡用户				
	登录天数	平均每天停留时长	点击 SKU 次数	加车次数
登录天数	1			
平均每天停留时长	0.190868965	1		
点击 SKU 次数	0.622027275	0.324864835	1	
加车次数	0.379767345	0.194519897	0.316331663	1
下单次数	0.530407532	0.182117047	0.399146228	0.544177279
流失用户				
	登录天数	平均每天停留时长	点击 SKU 次数	加车次数
登录天数	1			
平均每天停留时长	0.078363094	1		
点击 SKU 次数	0.552213985	0.297965036	1	
加车次数	0.281224594	0.159778473	0.288180168	1
下单次数	0.386820882	0.094044696	0.272808479	0.458424252

根据表 14-3 中的数据可以得出如下结论。

- 平均每天停留时长并不能成为影响下单的强影响因素（相关系数 0.18 及 0.09），即影响用户使用时长并不能直接影响下单转化。
- 影响下单次数的主要因子是加入购物车次数和登录天数，因此可使用消息触达唤醒用户登录以提升转化。
- 点击 SKU 次数和登录天数相关系数均大于 0.5，故登录天数是影响沉睡和流失用户转化的核心因素。

相关分析的数据指标均与 1 相差较大，因此通过消息推送唤回用户登录，并不是影响用户转化的绝对有效方式。因此优惠券下发时要考虑流量场景，在领券时要有更多的商品曝光及利益点露出，这就需要优化消息触达弹窗的方式。

（2）触达方式

在触达用户时，根据智能选券策略和智能选人策略匹配出用户偏好的用券习惯。触达用户的消息也要将用户对券偏好的品类或品牌漏出，达到吸引用户点击的目的，使更多利益点露出，在触达用户的那刻便抓住用户的诉求，提升点击转化效益。消息触达方式分为消息推送触达和弹窗触达两种，分别如图 14-9 和图 14-10 所示。

图 14-9　推送触达　　　　　　　　　　　图 14-10　弹窗触达

通过智能定向人群、智能选券，依托大数据和推荐算法，结合业务运营计划和资源，搭建的智能营销闭环产品体系，可实现品类、品牌、资源位的全自动个性化推送投放，真正解决运营过程中存在的问题。

14.5　本章涉及的算法逻辑

14.5.1　沉睡用户和流失用户判断

1．全量用户复购、流失、沉睡周期定义

获取用户下单状态，并且将订单状态为"已完成"的部分作为数据源，绘制概率分布曲线图。从用户下单数据分布的拐点发现用户流失趋势明显，当分布曲线趋于水平时，则证明用户已流失，整体的数据趋势表现如图 14-11 所示。故在数据持续下降趋势的拐点处可分别对"全量用户复购周期""全量用户沉睡周期""全量用户流失周期"进行定义。

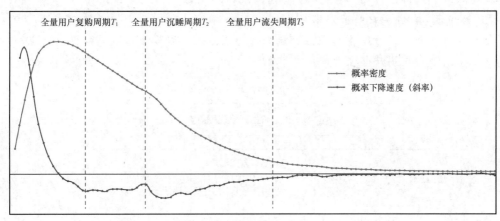

图 14-11　用户下单数据分布的拐点发现用户流失趋势

因 B2B 业务模式下用户群体复购率高，适合通过下单行为来定义活跃用户，所以用户的分层是以下单维度进行定义的。以天为单位，统计每天下单用户数量分布情况，对用户进行分层，计算逻辑如下所示。

① 去掉异常值：大于 90 天未下单的用户、注册 90 天内的新用户。

② 获取用户全年的下单时间点，计算相邻两次下单行为的时间间隔，取中位数作为用户的下单周期，用户一天内下多单的要进行去重处理。

③ 计算不同下单周期的用户数量，即下单间隔一天的用户数多少，下单间隔两天的用户数多少，下单间隔三天的用户数多少，依此类推，计算全部数据并生成概率分布曲线。

④ 找出曲线持续下降分布的各个拐点，将这些拐点定义为"全量用户复购周期""全量用户沉睡周期""全量用户流失周期"。

⑤ 若邻近区域出现多个拐点，比如在第 30 天和第 35 天分别出现两个拐点，则计算拐点的倾斜度，选择倾斜度（斜率）大的作为目标值。

通过上述计算，可以得出"全量用户复购周期 T_1""全量用户沉睡周期 T_2""全量用户流失周期 T_3"的时间点。

2. 用户个人下单周期（复购周期）

① 取订单状态"已完成"的订单数据。

② 第一步，获取每个用户全年的下单时间点 t_1，t_2，……，t_i，计算出 $t_1 \sim t_2$，$t_2 \sim t_3$，$t_3 \sim t_4$，……，$t_{n-1} \sim t_n$ 每相邻两次下单的时间间隔 time_lag，如图 14-12 所示。

③ 第二步，将 time_lag 按从小到大排序，取中位数作为此用户的下单复购周期 T。

④ 第三步，计算最近一次下单时间至今的时间间隔 T_i，即 Now $\sim t_4$（如图 14-12 所示中的 time_lag4）。

⑤ 第四步，判断用户是否需要激活。

通过第一步和第二步的操作已经筛选出为待激活人群触发激活优惠券的时间点，第三步和第四步将在触达用户部分使用。

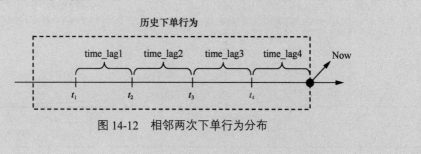

图14-12 相邻两次下单行为分布

设定用户复购周期 T，全量用户复购周期 T_1，全量用户沉睡周期 T_2，全量用户流失周期 T_3，上次下单至今的时间间隔 T_i。图14-13展示了为待激活人群触发激活优惠券的时间点。

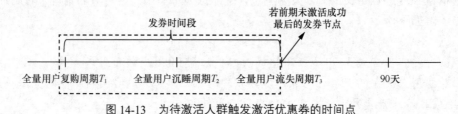

图14-13 为待激活人群触发激活优惠券的时间点

- $T<T_1$ 实时监控，若 $T_i=T_1$ 仍未下单，在 $T_i=T_1$ 开始发优惠券刺激激活。
- $T_1\leqslant T<T_2$ 实时监控，若一直未下单，在 $T_i=T$ 开始发优惠券刺激激活。
- $T_2\leqslant T<90$ 实时监控，若一直未下单，在 $T_i=T_2$ 开始发优惠券刺激激活。
- $T\geqslant 90$ 剔除异常值。
- 若用户有下单行为，订单状态为支付成功，则将用户移出激活池。

通过概率分布曲线识别出全量用户沉睡周期、全量用户流失周期、全量用户复购周期，由于个人行为具有随机性，使用全量用户复购周期调整个人的下单周期，可以减少用户个人行为带来的数据偏差，最终得到具有千人千面效果的为待激活人群触发激活券的时间点。

14.5.2 给用户打"券偏好"标签

平台用户存在两种情况，一种是用户有用优惠券下单行为，另一种是用户未使用优惠券下过单，故打标时要分两种情况。

1. 用户有用优惠券下单的历史行为

- 拉取用户近一年的订单数据，取使用优惠券下单且订单状态为"已完成"的订单数据。
- 根据使用券下单的订单数、订单金额，计算出用户对一级品类、品牌的券偏好数据。

用户品类券偏好标签的计算逻辑如下所示。

① 统计各个指标项的累计数据：累计使用某品类券下单的订单数 ord_num、使用品类券下单的订单金额 ord_amount。

② 为各项数据指标去除量纲，并取自然对数，为了避免产生对数为 0 的情况，需要在取对数之前，给各指标+1，即 ln（指标值+1）。

$$\_Score\_ord\_num = \ln（ord\_num+1）$$
$$\_Score\_ord\_amount = \ln（ord\_amount+1）$$

③ 对上一步的各项值进行线性函数归一化处理，为了避免产生除数为 0 的情况，需要给 Max−Min 的结果+1。

$$Score\_ord\_num=(\_Score\_ord\_num - score\_min)/(score\_max - score\_min+1)$$
$$Score\_ord\_amount =(\_Score\_ord\_amount - score\_min)/(score\_max - score\_min+1)$$

④ 对上一步中各项值进行加权求和，得到品类券偏好综合得分如下：

$$score= 权重_1×Score\_ord\_num + 权重_2×Score\_ord\_amount$$

说明：由于用户兴趣是变动的，远期的行为偏好会存在衰减，因此计算兴趣偏好得分时需加入时间衰减因子 α。通过全量用户下单行为分析可知，平台用户下单行为的衰减周期类似指数递减过程，优惠券偏好兴趣标签的半衰期为 6 小时，经过 48 小时衰减到 1/100。

接下来，我们将品类券偏好综合得分的计算公式修正为以下形式：

$$score= 权重_1×Score\_ord\_num + 权重_2×Score\_ord\_amount+权重_3×$$
$$（\alpha_1×Score\_ord\_num+\alpha_2×Score\_ord\_amount）$$

以上得到用户对品类券偏好的综合得分，由于每个用户会有多个兴趣偏好，则品类券标签也会存在多个，不同的偏好程度得分也会有所差异，分数越高表示兴趣度越高。关于品牌券偏好的计算逻辑类似用户品类券偏好的计算逻辑，差异点仅是将计算所需的数据更改为品牌券使用数据即可。

2. 用户未使用优惠券下过单

在通用下单结算环节，如果用户账户里有可用的优惠券，用户提交订单前系统会自动给订单匹配最优抵扣的优惠券，无须用户手动选取优惠券。基于此逻辑，用户历史订单中没有用优惠券分两种情况，一种是新注册的用户，另一种是长期未下单而成为沉睡用户、流失用户的群体。

针对新用户（注册时间在 90 天内的用户），可根据注册时所选的兴趣偏好品牌、品类标签进行打标。

针对沉睡用户、流失用户（即达到一定天数未下单的用户），这部分用户特征是历史上有下单行为，因此可根据订单行为进行用户协同过滤，找相似人群偏好的优惠券标签进行打标。

提示：

协同过滤算法通过分析用户行为记录及注册时手动选择的兴趣标签，计算具有相似兴趣偏好的人群之间的相似度，根据相似度的高低将相似人群的优惠券标签赋予没有用券下单历史行为的用户，给这部分用户匹配那些他们可能"喜欢"的优惠券。

以上便是分别通过"用户有用优惠券下单行为""用户未使用优惠券下过单"两种场景给用户打"券偏好"标签的算法逻辑。

14.5.3 智能给券打标

我们知道优惠券标签体系定义的标签格式是：一级是粗颗粒度品牌券、品类券、平台券标签，二级是细分的具体品牌和品类的标签，三级是具体的优惠券门槛-让利标签。所以智能给券打标必须把标签的每层都挖掘出来，才能给优惠券打上规范的标签。这就需要分别输出策略：（1）挖掘优惠券一级、二级标签，基于券规则及使用优惠券下单行为进行打标；（2）挖掘优惠券三级标签，基于价格带定义优惠券门槛和让利标签；（3）定义优惠券等级标签，基于用户行为及 ROI 四象限模型定义"券等级"标签。下面对每个策略分别进行详细介绍。

1．基于券规则及使用优惠券下单行为进行打标

由于在优惠券中台申请优惠券时只有平台券和非平台券，而从用户的用券购买商品的行为表现来看，可将优惠券细分为品牌券、品类券，细分粒度举例说明如表 14-4 所示。

表 14-4　根据用户的用券行为将券细分举例

券类别	券名称	优惠券被下单使用的品牌或品类	满 100 元减 10 元	说明
非平台券	A	可口可乐（品牌券）	品牌券-可口可乐-满 100 元减 10 元	使用此非平台券可购买可口可乐品牌商品，券标签为：品牌券-可口可乐-满 100 元减 10 元
	B	宠物生活（品类券）	品类券-宠物生活-满 100 元减 10 元	使用此非平台券可购买宠物生活品类商品，券标签为：品类券-宠物生活-满 100 元减 10 元
平台券	C	平台券	平台券-平台券-满 100 元减 10 元	使用此平台券可购买全部商品，券标签为：平台券-平台券-满 100 元减 10 元
	D	休闲零食（品类券）	平台券-休闲零食-满 100 元减 10 元	使用此平台券可购买的商品品类为休闲零食，券标签为：平台券-休闲零食-满 100 元减 10 元
	E	可口可乐（品牌券）	平台券-可口可乐-满 100 元减 10 元	使用此平台券可购买的商品品牌为可口可乐，券标签为：平台券-可口可乐-满 100 元减 10 元

表 14-4 介绍的是用户使用优惠券下单购买了哪些品牌或者品类的商品，虽然在优惠券中台申请的优惠券只有平台券和非平台券之分，但从用户的购买行为来看却是使用优惠券购买了某些品牌或者品类的商品。每个用户购买的商品是不同的，这和用户自己的购买诉求有关。因此可以判断出使用优惠券购买的商品所覆盖的哪些品牌或品类多，则用户使用优惠券下单的券

标签类型就很可能对应哪个品牌或者品类。参考使用优惠券下单购买的商品所属的品牌或品类分布概率给券进行打标，其算法逻辑如下。

本算法结合用户购买的商品所属的一级品类的消费情况给优惠券打标签，得到优惠券对应的一级品类标签及标签得分 Score。

需要注意的是，本算法提到的"此品类"即具有某个相同品类标签的所有商品，具有不同品类标签的商品对应的"此品类"是不同的，本算法中为了便于说明而引用"此品类"一词。

变量说明: 订单金额（ord_amount）、订单数（ord_num）、订单用户数（ord_users），上述变量名称加 rate 后缀代表对应数据指标的占比，加 sum 后缀则代表对应数据指标的总数。

时间范围: 最近 90 天。

订单状态: 支付完成或货到付款已成功。

$$Score = \sum(\_score)$$

① 拉取用户近一年内使用优惠券下单的全部订单数据；

② 计算用户使用优惠券下单的商品所属的一级品类得分；

$\_score=$ 权重$_1\times$ord_num_rate+ 权重$_2\times$ord_amount_rate +权重$_3\times$ord_users_rate

其中:

$$ord\_num\_rate = \frac{ord\_num}{ord\_num\_sum}, \quad 即\frac{此品类的订单量}{使用优惠券下单的订单量}$$

$$ord\_amount\_rate = \frac{ord\_amount}{ord\_amount\_sum}, \quad 即\frac{此品类的订单 CMV}{使用优惠券下单的 CMV}$$

$$ord\_users\_rate = \frac{ord\_users}{ord\_users\_sum}, \quad 即\frac{此品类的下单用户数}{使用优惠券下单的用户数}$$

另外，权重$_1$、权重$_2$、权重$_3$可根据实际业务情况设定。

③ 根据上一步的计算结果，将 Score 得分从高到低进行排序，设定得分的阈值（一般根据业务表现，建议取 0.6 分为阈值），将得分大于阈值分数的一级品类标注为优惠券的标签。

品牌券标签的计算逻辑与品类券标签的计算逻辑一致，只需要将计算所需的数据更改为品牌券使用数据即可。

2. 基于价格带定义优惠券门槛和让利标签

我们知道每个用户购买商品的价格是有差别的，如果一个平台的平均客单价是 400 元，而业务人员申请大量的优惠券是满 1000 元减 20 元的优惠券，这样的优惠券对于大多数用户是用不上的。这样的优惠券并没带来平台收益的增长，违背了优惠券的"使命"，业务部门想使用优惠券做营销落地也没法达到好的效果。因此需要通过挖掘用户客单价获得价格带的分布，通过价格带分布来指导业务端申请优惠券。申请多少面额和让利的优惠券最优则是根据此策略得出的，即确定优惠券的门槛和让利标签。

如图 14-14 所示，根据全年销售品牌和品类的客单价"价格带"数据宽度分布（价格层次聚类）得出优惠券面额值，并结合各品牌、品类的毛利率来定义优惠券力度。

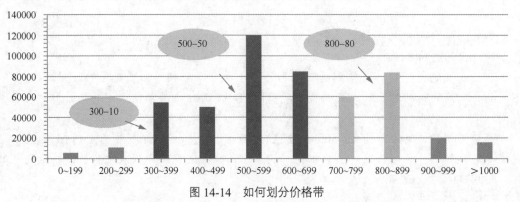

图 14-14　如何划分价格带

- 图 14-14 所示为已经划分好的某品牌/品类价格带，假设其中主销售带为 3 个，则分别是 300～499 元、500～699 元、800～899 元。
- 通过历史数据分析结合采销毛利数据得出的减免让利分别为 10 元、50 元、80 元。
- 故优惠券门槛设定为门槛-让利，即满 300 元减 10 元，满 500 元减 50 元，满 800 元减 80 元。
- 不同品牌券和品类券的毛利有所差异，数据可以细化到具体品牌和品类维度。

 提示：

关于层次聚类，已有成熟的算法模型，本书不做介绍。

3. 基于用户行为及 ROI 四象限模型定义"券等级"标签

给用户推荐优惠券的时候想通过优惠券给平台带来更多的收益（即让平台 ROI 提升），同时又能让用户真正使用推荐的优惠券消费，而不是领取优惠券而不下单，即推荐的优惠券需满足用户的行为偏好。因此优惠券的排序需要考虑"券 ROI""用户下单行为"这两个维度，这就需要定义券等级标签，通过优惠券的等级调整优惠券的排序。但平台收益 ROI 和用户行为偏好这两个数据指标是不同维度的，无法直接使用加权系数的方式进行统计，因此可以考虑使用四象限模型，即只有两个数据指标（x，y）的坐标系。而坐标系的原点就决定了"券等级"标签定义的准确性。

（1）通过算法逻辑实现四象限模型，并定义"券等级"标签

① 计算优惠券的 ROI，用于生成横坐标基值。

ROI=用券订单总 GMV/优惠券让利总和

② 计算用户行为加权得分，用于生成纵坐标基值。

获取全部优惠券近一年内的用户行为数据（涉及领取人数、下单使用数量、订单数量、下单人数）。

以变异系数和为 1 为目标，调整各项数据指标的变异系数，得到各项指标的权重。

对所有优惠券求行为加权得分，公式如下：

行为加权得分=领取人数×权重$_1$+下单使用数量×权重$_2$+订单数量×权重$_3$+下单人数×权重$_4$

③ 根据上述两步的计算结果可生成四象限模型，得到券等级标签，后续在排序层应用。

通过算法逻辑定义出的四象限模型，其横坐标是优惠券的 ROI（某结果是比值），纵坐标是用户行为加权得分（该结果由变异系数计算得出，属于无量纲数据），坐标系的四个象限代表不同值的表现，如图 14-15 所示。在四象限模型中，没有具体的单位，仅仅是以坐标系形式将原本不具有可比性的数据通过处理后进行划分。各个象限的特性如下所示。

第一象限 ROI 高，行为分高，说明用户参与度高且平台利益高，即高质量优惠券（券等级为 1）。

第二象限 ROI 低，行为分高，说明用户参与度高但平台利益低，用户参与领券但却不用券进行下单购物（券等级为 3）。

第三象限 ROI 低，行为分低，说明用户参与度低且平台利益低，用户不领券也不用券进行下单购物，即最低质量优惠券（券等级为 4）。

第四象限 ROI 高，行为分低，说明用户参与度低但平台利益高，用户购买力高（券等级为 2）。

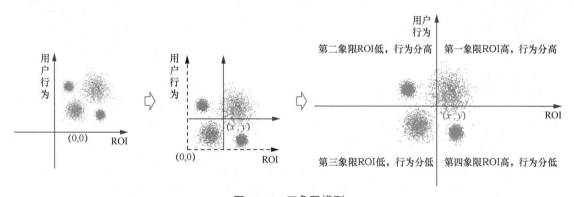

图 14-15　四象限模型

（2）案例：算法逻辑实现的过程

第一步：计算优惠券的 ROI

表 14-5 所示为通过订单数据模拟的一组优惠券名称及其对应的 ROI（ROI=用券订单总 GMV/优惠券让利总和）。

表 14-5　优惠券 ROI

优惠券名称	ROI
优惠券 1	169.24
优惠券 2	260.72
优惠券 3	130.73
优惠券 4	166.46
优惠券 5	90.33
优惠券 6	126.1
优惠券 7	357.93

第二步：计算用户行为加权得分

在计算逻辑上，用户行为加权是一组计算逻辑，用户行为加权得分计算逻辑推导过程如表 14-6 所示。

表 14-6　用户行为加权得分计算逻辑推导过程

优惠券名称	领取人数	下单使用数量	订单数量	下单人数	行为加权平均和
优惠券 1	3425	1158	992	148	1372.644303
优惠券 2	1789	775	397	296	788.8947415
优惠券 3	3425	1584	1200	612	1651.84369
优惠券 4	3249	907	723	496	1316.735951
优惠券 5	1249	1124	847	265	828.0286214
优惠券 6	657	382	307	92	344.1016172
优惠券 7	813	314	140	65	319.7497499
均值	2086.714	892	658	282	
标准差	1158.185	416.0257547	359.5457452	191.3583	
变异系数	0.555028	0.466396586	0.546422105	0.678576	
指标权重	0.247072	0.20761748	0.243241018	0.302069	

第三步：生成四象限模型，得到券等级标签

通过上面两步计算得出每张优惠券的"ROI""行为加权平均和"的结果，根据"ROI"和"行为加权平均和"的均值重新划分象限，并定义四象限的原点，如表 14-7 所示。

表 14-7 优惠券等级结果

优惠券名称	ROI	行为加权平均和	象限
优惠券 1	169.24	1372.644303	第二象限
优惠券 2	260.72	788.8947415	第四象限
优惠券 3	130.73	1651.84369	第二象限
优惠券 4	166.46	1316.735951	第二象限
优惠券 5	90.33	828.0286214	第三象限
优惠券 6	126.1	344.1016172	第三象限
优惠券 7	357.93	319.7497499	第四象限
均值	185.93	945.9998106	无

将这两组值对应到坐标系内的散点，生成如图 14-16 所示的四个象限，得到券等级标签。

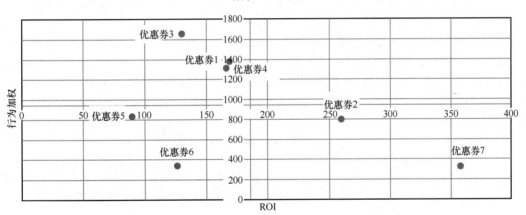

图 14-16 生成优惠券四象限

从案例中得出，券等级如下所示。

- 券等级 1 包括的券：无。
- 券等级 2 包括的券：优惠券 2、优惠券 7。
- 券等级 3 包括的券：优惠券 1、优惠券 3、优惠券 4。
- 券等级 4 包括的券：优惠券 5、优惠券 6。

14.5.4 推荐算法匹配——召回

1. 用户有历史行为可追溯（有可信兴趣标签）

根据行为偏好进行券与用户匹配，给用户推荐其感兴趣的优惠券。随着时间的变化，用户的偏好和兴趣也会发生变化，因此推荐系统需要实时关注用户的兴趣变化，当用户在某一时刻使用优惠券对某一品类或品牌商品下单，或访问某一品类或品牌的商品，那么在下一刻系统会根据用户行为的变化，重新计算用户的券偏好得分，推荐跟用户访问期间所浏览的商品相适配的优惠券。

推荐系统对用户进行物料推荐的时候，往往会考虑用户的近期行为偏好及长期兴趣偏好，保证推荐物料的多样性，抓住用户的多兴趣诉求。在优惠券召回时，不仅会召回用户实时偏好的优惠券，也会召回用户长期偏好的优惠券，本节内容将通过用户行为沉淀的品类券和品牌券偏好标签在推荐系统中进行应用。

（1）长期券偏好召回

在 14.4.1 小节，我们已对用户的长期券偏好进行了标注，此部分主要是对其进行应用。

① 基于标签召回

由于此方案主要用于激活沉睡及流失用户群体，由 14.4.1 小节可知沉睡用户和流失用户是在个人复购周期内并无下单行为，即短期兴趣偏好是没有的，故可采用长期券偏好标签方式召回。在到达下发优惠券的时间节点下发推送消息，并将券标签与用户标签匹配度高的优惠券直接发给用户，若用户登录账号，则可通过弹窗提醒。券标签与用户标签匹配度的计算逻辑（KNN 算法召回）如下。

1）把用户兴趣特征及优惠券特征转换成 Embedding 特征向量。

Embedding 特征向量包括品类标签、品牌标签、领取优惠券行为特征、使用优惠券下单行为特征、优惠券门槛、让利特征、优惠券领取人群量特征、优惠券使用量特征。

2）分别计算用户特征向量及优惠券特征向量，再计算候选集用户及优惠券间的 Embedding 距离。

$$用户\ Embedding\ 特征向量:\ U=[u_1,u_2,\cdots\cdots,u_n]$$
$$候选优惠券\ Embedding\ 特征向量:\ C=[c_1,c_2,\cdots\cdots,c_k]$$
$$Embedding\ 距离:\ D=\|U-C\|_2$$

3）按距离由近及远的顺序召回全部优惠券。

 提示：

Embedding 是一种将离散变量转为连续向量表示的方式。在 Embedding 空间中查找最近邻，可以很好地根据用户的兴趣来进行推荐。

② 基于相似人群召回

相似人群分类有很多种方式，例如按地域划分，不同地域的用户群体会存在相似的特征，国贸商圈的用户会偏年轻化，购买商品类目偏向休闲零食等，可使用基于购买品类的人群聚类算法召回。例如按用户的购买习惯划分，购买宠物零食类目的用户往往会采购吹风机、吸尘器等商品，并使用优惠券下单，可使用基于券偏好的人群协同过滤算法进行召回。相似用户的召回是对标签召回的一种补充形式，起到将召回优惠券种类扩大的作用，接下来通过两套方案分别来进行介绍。

方案1：基于购买品类的人群聚类算法召回

从用户的历史下单行为看，因为 B 端商超、小超市售卖的商品和周边用户购买的情况有关，卖得好的商品往往会持续采购售卖，所以大量 B 端用户采购的商品品类比较集中，常出现商品聚合现象。为此，我们按用户订单行为给用户新增聚类行为标签，将此标签作为输入因子参与训练并应用到召回池。

购买品类 K-means 聚类实现逻辑如下（该算法已趋于成熟，本书不做详细介绍）。

1）从候选池中任意选择 k 个对象作为初始聚类的簇中心点。

2）以每个聚类内均值作为中心点，计算簇内每个值到与这些中心点的距离。

3）取最小距离重新划分簇，并生成新的簇中心点。

4）循环不断地重复计算，直到满足诉求函数的最终收敛，得到聚类最终的中心点。

5）将此中心点作为用户的聚类标签。

将此聚类标签作为输入因子参与训练，并应用到召回池中，按 Embedding 形式进行召回应用。

方案2：基于券偏好人群协同过滤算法进行召回

由于用户特征分布会出现趋同现象，而用户用优惠券购物也存在这个特点，具有相似特征的用户也会有相似的偏好。为此引入基于券偏好人群的协同过滤算法进行召回，挖掘出具有相似特征的用户群体并推荐优惠券。券偏好人群协同过滤算法的实现逻辑如下所示。鉴于该算法已趋于成熟，本书不做详细介绍。

1）统计分析用户行为记录及用券偏好，遍历全部用户之间用券偏好的相似度，相似度采用余弦相似度计算，公式如下。

$$余弦相似度 = \frac{|N(u) \cap N(v)|}{\sqrt{|N(u)||N(v)|}}$$

其中，$N(u)$ 代表用户 u 的券偏好集合，$N(v)$ 代表用户 v 的券偏好集合，即得出用户 u 和用户 v 间的用券购物的相似度。

2）根据相似度的分值高低，给用户匹配那些他们可能"喜欢"的高分值的优惠券。

（2）短期券偏好标签召回

在推荐系统中，时间效应可定义为用户的兴趣偏好随着时间的变化而发生变化。随着用户的行为不断地增加，其兴趣也在不断地发生变化，点击、加入购物车、下单等都能直接反映出用户对商品的兴趣度。而用户对商品兴趣度的变化，也影响着对优惠券使用的兴趣度变化。短期券偏好推荐应尽快响应用户的新行为，让推荐结果不断发生变化，满足用户的即时兴趣需求。当用户在某一时刻点击或者下单了某个商品，那么在下一刻与用户此行为相关的商品相匹配的优惠券应该出现在推荐结果集中，引导用户通过优惠券再买更多的商品。

通过分析用户行为可以计算商品之间的相似度，挖掘和他们共同"喜欢"既定商品的人群，并对商品进行下单用券行为分析，推荐匹配度高的优惠券。

该算法的实现逻辑如下所示。

1）通过计算用户当前时刻点击商品、将商品加入购物车等行为，挖掘用户的兴趣偏好标签，获取当前用户意图，并结合当前时刻的行为及历史行为，加入时间衰减因子得到综合行为偏好分值。

2）计算用户当前点击、加入购物车等行为所对应的商品的相似商品。

3）根据商品的相似度，结合用户的用券偏好给用户生成推荐优惠券列表。

4）对推荐列表内的优惠券调整排序再进行分发。

2. 用户行为数据稀疏或无历史行为可追溯（无可信行为）

此方案主要是面向沉睡用户和流失用户的激活，沉睡用户和流失用户自身活跃度不高，会存在部分用户行为数据比较稀疏，或无历史行为数据可以追溯的情况。针对此类情况，可使用相似人群券偏好方式进行召回，或基于用户基础信息召回，预测出用户的兴趣偏好并推荐优惠券。

（1）基于相似人群券偏好召回

与"用户有历史行为可追溯（有可信兴趣标签）"中的相似人群召回逻辑一样。

（2）基于用户基础信息召回

通过学习我们已经知道 B 端用户的属性标签并不能作为兴趣标签来指导其如何采购商品，能指导其如何采购商品的应该是 B 端用户周边的 C 端用户的特征分布情况。每个 B 端用户（比如商超）周边的 C 端用户群体标签也会有差异，比如国贸商圈的用户群体偏年轻化。通常可以通过商超周边 C 端用户群体的自然属性（年龄、性别等）特征进行商品采购指导。

例如，为每类用户群体设置 5 个默认的一级兴趣标签，召回的品类可以根据电商平台用户订单数据分析得出。若商超周边的 C 端用户群体中女性用户居多，且没有可信兴趣标签，将为其推荐水饮乳品、个人美妆、休闲零食、宠物生活、纸品家清等女性用户常购品类可使用的优惠券。若商超周边 C 端用户群体中男性用户居多，且没有可信兴趣标签，则为其推荐家用电器、数码、烟酒、休闲零食、水饮乳品等男性用户常购品类可使用的优惠券。

不是所有的优惠券都要给用户推荐，比如一张优惠券就 1 个人使用并下单过，那这张券对平台的价值不高，就不需要推荐给用户。推荐给用户的优惠券，要求使用过此类优惠券标签的用户可覆盖 40%及以上的人群。

（3）通过综合榜单召回进行托底

推荐策略一般会在正常召回策略外追加托底召回池，用来应对数据不够丰富和无足够物料推荐给用户的情况，而托底通常使用的是综合榜单召回。

由于优惠券本身种类较少，因此召回阶段不做截断处理，经最终输出的策略计算后，若没有可推荐的优惠券，则根据优惠券热度排序的综合榜单进行托底。

综合榜单的计算规则如下。

① 拉取所有优惠券近 30 天的增量数据，涉及使用优惠券下单的用户数、优惠券领取的用户数、使用优惠券下单的订单数、使用优惠券下单的订单金额。

② 对各个指标项取对数去除量纲，为了避免对数为 0 值的情况，需给各指标加 1，即 ln（指标值+1）。

③ 对上一步中的各项值进行线性函数归一化，为了避免除数为 0 值的情况，需给 Max-Min 的结果加 1，即（原数值−当前列最小值）/（当前列最大值−当前列最小值+1）。

④ 对上一步中的各项值进行加权求和，得到综合榜单排序。

在加权求和过程中，权重设置为：使用优惠券下单的用户数权重为 0.6、优惠券领取的用户数权重为 0.15、使用优惠券下单的订单数权重为 0.2、使用优惠券下单的订单金额权重为 0.05。

14.5.5　个性化消息触达用户——触达频次

为了保证用户体验及优惠券使用的 ROI，给用户推送的优惠券必须控制触达频次。如果推送得太频繁，而用户没有下单的诉求，则会使优惠券被领取但却不被使用，造成资产浪费。另外，频繁地给用户推送消息，用户也会产生反感。

1. 触达频次计算逻辑

通过 2022 年全年全部用户历史订单数据分析发现，如果用户被激活后 30 天内连续复购频次为 3 次，后续才会有持续下单动作。

看平台用户整体的数据表现，沉睡用户连续被优惠券刺激多少次之后，才可以连续复购≥3 次。若连续活跃次数少，比如活跃 1 次的则可认为是偶发现象。为了保证数据的可靠性，符合多数用户的情况，以下介绍的触达频次计算逻辑需覆盖到 80% 的用户下单分布情况，最终获得 N 值（即触达频次）。

（1）获取所有在 2022 年 1 月被定义为沉睡用户和流失用户的群体，以及该群体在 2022 年 1 月到现在的时间内产生的订单数据，并获得订单的时间。

（2）计算连续两次下单行为的时间间隔，并与 30 天做对比，大于 30 天则表明用户没有在连续的月份内下单。

（3）连续两次下单行为的时间间隔大于 30 天，则定义其流失类型为 1（即流失），小于或等于 30 天则定义其流失类型为 0（即活跃）。

（4）找出连续 3 次下单的时间点，若用户连续 3 次有下单行为即为用户处于稳定活跃状态。以这个时间点为分界点，查看历史订单数据，统计出下单行为的时间间隔大于 30 天的数量，此数量被定义为触达频次（激活用户的次数）N。

2．通过数据推导

对同一用户每个月月初发一次优惠券，查看所有用户的下单时间，及连续两次下单的时间间隔，相关数据如表 14-8 所示。

表 14-8　某用户的历史下单数据

下单时间	是否用券	两次下单时间间隔	时间间隔是否大于 30 天	流失类型（0 未流失，1 流失）
2022/1/10 15:54	YES	/	否	0
2022/5/23 10:19	NO	133	是	1
2022/6/20 11:53	YES	28	否	0
2022/7/10 15:20	YES	20	否	0
2022/8/21 12:54	YES	42	是	1
2022/9/28 10:59	YES	38	是	1
2022/9/28 11:02	YES	0	否	0
2022/10/10 12:54	YES	12	否	0
2022/10/21 15:00	YES	11	否	0
2022/10/21 15:12	YES	0	否	0
2022/10/21 15:16	YES	0	否	0
2022/11/26 13:58	YES	36	是	1

由表 14-8 的最后一列可见，用户连续活跃（流失类型为 0，且 0 连续出现次数大于 3 次以上）的阶段为灰色底色部分（2022/9/28 11:02 到 2022/10/21 15:16），从连续活跃的最早时间（此例中为 2022/9/28 11:02）往历史时间订单数据查找，时间间隔大于 30 天的为 3 次（2022/5/23 10:19、2022/8/21 12:54、2022/9/28 10:59 这 3 日数据），所以 N=3。

14.6　小结

本章通过智能选人、智能选券，以及在个性化的时间点和时间间隔内给用户精准推送其适合转化的优惠券。在案例中，不管是 App 消息推送还是弹窗推送，虽然让最可能转化的优惠券触达了用户，但在视觉表现上，如果没有刺激用户点击的利益点，转化效果也会不理想，这时候则需要个性化文案和个性化推送策略的应用，详见第 15 章。

第 15 章　个性化文案及个性化推送策略——提升下单转化率

15.1　需求背景

通常，平台运营人员会通过消息推送触达用户，推广商品活动或对用户进行拉新促活等。一般来说，消息内容是运营人员通过 CMS 后台手动配置的，触达的用户群体为全量用户，触达的消息内容单一，并未对不同的人群触发不同的个性化内容。

15.2　专业名词解释

GMV：Gross Merchandise Volume 的缩写，商品交易总额。

销量：销售数量。

召回池：待给用户曝光的商品池，按用户兴趣偏好得到相应的排序得分。

产品词：可以准确描述商品的关键词，比如"女鞋""猫粮""水杯"等。

SKU 的宽度：每个 SKUID 对应一个商品宽度，也可以理解为是商品的种类。

CTR 预估模型：点击率预估模型，预测用户对某个商品的点击概率。

15.3　分析思路

千篇一律的消息内容容易给用户造成打扰，甚至导致用户卸载 App。拉取近三个月数据来看，虽然消息送达率有 50.7%，但此部分数据仅是送达到用户的。而由于 App 卸载等原因，近三个月未登录过 App 的用户占送达用户的三分之一，此部分用户已无法通过消息推送触达。也就是说，仅有大约 33.8%（2/3×50.7%）的用户可接收到推送的消息，而此批用户消息的展示率为 0.33%，打开率为 0.17%，漏斗数据如图 15-1 所示。

从整体数据表现来看，想通过消息推送做到精细化营销面临着巨大的考验。影响送达率的因素包括通道质量、App 在线率、消息有效期、Token 有效性；影响展现率的因素包括用户是否禁用；影响点击率的因素包括标题、摘要、图片是否吸引人、是否命中用户兴趣偏好。

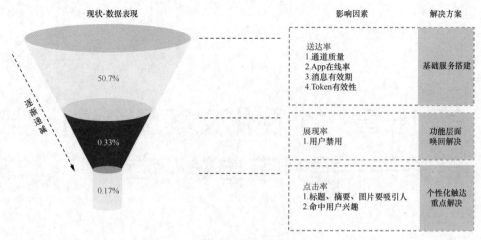

图 15-1　漏斗数据

送达率属于基础服务建设层面，展现率需要通过功能层面对用户进行唤回，本方案对基础服务建设和功能层面的唤回仅做简单说明。

通过消息送达率、接收率、打开率的数据表现来看，影响数据表现的根本原因在于发送的消息对用户来说缺少吸引力，即缺少对用户利益点信息的露出，缺乏精细化、个性化。通过后续的方案可以由系统推荐代替人工运营，在触达用户时，增强用户感知，让更多利益点漏出，引导用户点击消费。

15.4　解决方案

个性化推送产品架构如图 15-2 所示，虚线框部分为本方案重点介绍的内容，其他部分为基础服务搭建部分。

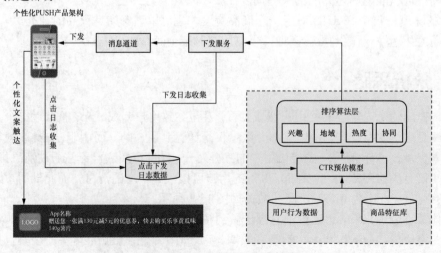

图 15-2　个性化推送产品架构

15.4.1　基础服务搭建

消息通道是设备消息上行的通道，用户基于消息通道可以收到设备上报的信息。通道层包括 Android 和 iOS，目前推送消息到达率较低，通过数据表现来看，主要问题在于 Android 平台触达率仅为 25.15%，详见表 15-1，因为需要对 Android 通道打通。

表 15-1　各设备通道数据表现

设备类型	触达率	打开率
全部	50.70%	0.33%
Android	25.15%	0.00%
iOS	100.00%	0.49%

针对 Android 平台触达率低的问题，比较常见的原因是推送数据通道未打开，因此要访问不同品牌的设备对应的官网申请打开其推送数据通道。

15.4.2　功能层面唤回

功能层面唤回包括服务端将点击日志下发到算法层和算法层将服务结果下发给前端两部分。

1. 下发日志

通过用户行为日志数据来识别用户的意图，经过数据挖掘后可实现个性化精准触达。在开发应用程序时，应用程序会集成各个类型设备的消息推送的 SDK，不同类型设备的 SDK 又会迭代升级，而应用程序集成的 SDK 版本如果未及时升级则会导致日志无法上报的情况出现。这种情况体现在数据上则是 Android 渠道统计的打开率为 0，因此需对应用程序集成的 SDK 进行升级，升级成功便可有效获取不同类型设备的用户行为日志数据，并通过日志服务将数据传递到算法层。

2. 下发服务

用户打开消息推送功能是后续精准触达的前置条件，在适合引导用户使用消息推送的场景下建立监测机制，自动识别用户的消息推送功能是否开启。若该功能关闭，则引导用户打开。适合引导用户使用消息推送的场景包括直播预约、订单完成、秒杀活动开启等。分别在不同的场景自动检测用户是否关闭了消息推送功能，若用户关闭了推送功能，则通过弹窗引导用户打开推送。图 15-3 所示为引导用户开启消息推送的弹窗示例。

以上为基础服务搭建部分，此部分是做后续个性化推送触达的前置条件。

图 15-3　引导用户开启消息推送的弹窗示例

15.4.3　个性化消息触达用户

使用个性化消息触达用户后，需要通过内容的标题、图片等视觉因素对用户的兴趣点进行刺激，进而促进用户点击。针对不同的人群特征精细化推送不同的消息，消息推送需要满足以下几个方面。

- 投放：针对精准的人群。
- 消息推送设计：匹配用户习惯。
- 文案：戳中用户痛点及利益点。
- 触达品类：符合用户需求（常购、偏好）。

也就是消息内容的标题、摘要、图片要吸引人，且命中用户兴趣点，具体的个性化调整方式如图 15-4 所示。以"优惠券"消息推送为例，常规的消息推送的文案是"你有一批优惠券到账，请查收！"，用户很容易忽略这样的文案。优惠力度如何、能买什么商品……用户会有一堆疑问，此外也没有吸引用户点击的动力。而优化后的个性化触达消息文案是"赠送您一张满130 元减 5 元的优惠券，快去购买乐事黄瓜味 140g 薯片"，这样的文案把用户偏好的信息都露出来了，且正好预测出用户即将要购买的商品，用户会有点击的欲望。

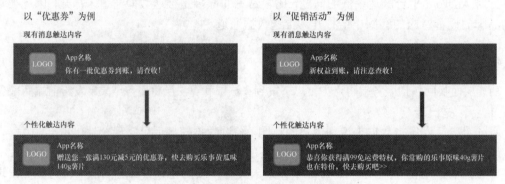

图 15-4　对推送利益点做个性化调整

考虑到前端性能（网页响应时间）问题，目前我们的推送渠道未增加图片功能，下面重点介绍摘要内容，即个性化文案内容。

由系统推荐代替人工运营，把合适的消息推送给用户是重点考虑的部分，包括个性化文案及个性化推送触达两部分。

- 个性化文案：首先将商品原标题进行个性化处理，其次要结合用户利益点，最后要生成个性化的文案。
- 个性化推送触达：将个性化文案下发给用户，使不同用户见到的文案不同。

1. 个性化文案

（1）商品标题个性化处理

字数太多、重点不突出的内容很难被用户在第一时间感知。为了提升推送信息的可读性，为了使商品更容易被搜索引擎检索到，商品原标题会罗列多个关键词并覆盖大量的信息。纯文字内容通过消息推送给用户，用户很难在短时间内识别。因此我们需要将商品标题进行个性化处理，生成差异化的创意文案，抓住商品主体，增加辨识度。

个性化文案分为短标题文案、增强文案、走心文案、亮点文案等，不同的营销场景可选择不同的文案进行触达，不同平台对文案的定义也有所不同。以男士背包为例，我们为该商品生成不同类型的文案内容，如图 15-5 所示。

原标题	文案类型	文案内容
SWISSGEAR时尚双肩包14.6英寸电脑包男商务背包苹果笔记本包休闲旅行包学生书包SA-9911黑色	短标题	SWISSGEAR学生休闲时尚电脑包
	增强文案	怎样的箱包耐用又美丽?这些电脑包准没错!
	走心文案	男士休闲双肩包，让出行更轻松
	亮点文案	防泼水面料，无惧雨水侵袭

图 15-5 个性化文案

短标题是根据商品的品牌、产品词，以及抽取的商品亮点信息进行组合；增强文案采用偏广告性的宣传语；走心文案的描述偏主观；亮点文案的描述偏客观。个性化推送中常使用商品个性化文案中的短标题类型。

（2）挖掘用户利益点

接下来，我们以优惠券消息触达为例，按照图 15-6 所示的方法进行架构说明，所有用户利益点挖掘的策略均与此逻辑类似。

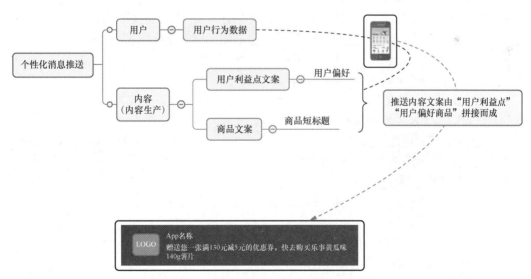

图 15-6 产品架构中的个性化利益点挖掘

挖掘用户利益点，即在消息内容中展示用户偏好的内容。如图 15-6 所示，用户的利益点是"满 130 元减 5 元优惠券""常购的【乐事黄瓜味 140g 薯片】"。消息中含有这两个信息是通过大数据挖掘得出的,用户客单价门槛为 130 元、用户历史行为数据表现出其偏好购买的是"乐事"品牌下"薯片"品类的商品，而"黄瓜味"口味是用户常复购商品的属性。故挖掘用户利益点的重点为"常购品类""常购品牌""复购商品""优惠券偏好"四个方向。

（3）结合用户利益点生成个性化文案

对上述步骤（1）和步骤（2）挖掘后的结果进行应用。优惠券分为三类：平台券，可购买全平台商品；品牌券，可购买指定品牌商品；品类券，可购买指定品类商品。平台券的成本由平台承担，品牌券和品类券的成本由品牌商承担。在给用户下发优惠券的时候，优先下发品牌券和品类券，因此在进行个性化触达时要结合用户的常购品牌和常购品类，即优先抓住用户偏好的利益点（如图 15-7 所示）且在保证平台利益提升的情况下发放优惠券。若用户的品牌和品类偏好无集中趋势，此时选择下发平台券。

图 15-7 个性化推送利益点举例

通过步骤（2）得出用户客单价是 123 元，则优惠券"门槛-让利"设定为满 130 元减 5 元，故推送消息的利益点信息为"满 130 元减 5 元"优惠券。通过步骤（2）得出用户的偏好类目是"薯片"，品牌偏好是"乐事"，常复购商品是"乐事薯片 140g 办公室休闲膨化零食小吃黄瓜味"。通过步骤（1）对商品"乐事薯片 140g 办公室休闲膨化零食小吃黄瓜味"进行短标题处理，得出商品个性化文案为"乐事黄瓜味 140g 薯片"。

最终得到个性化文案是将"用户利益点+用户偏好商品+模板文案"拼接而成，即个性化文案为"赠送您一张满 130 元减 5 元的优惠券，快去购买乐事黄瓜味 140g 薯片"。其中，优惠券模板文案为"赠送您一张【×××-×】的优惠券，快去购买【×××商品短标题】"，模板可自定义，其中×为变量，可以自动获取。

对于无历史订单行为的用户，会触发 5 元无门槛优惠券，模板文案为"赠送您 5 元无门槛优惠券，快去购买【×××商品短标题】"。其中，
【×××商品短标题】可选取具体商品，至于如何做到"千人千面"，我们将在后面进行介绍。

2. 个性化推送触达

本部分重点讲解图 15-8 所示的内容，即如何基于推荐算法实现个性化触达。

前面已经实现了对用户的偏好挖掘，因为每个用户有多个偏好，所以生成的个性化文案也会有多条。如果同时给用户推送多条消息会对用户体验带来损害而哪条消息适合推荐给用户是由算法训练得出的，比较通用的算法模型是 CTR 预估模型。通过算法训练后，模型会给每条消息有相

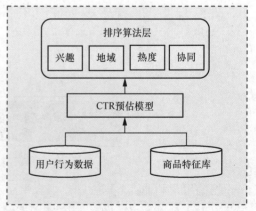

图 15-8 基于推荐算法的个性化触达逻辑

应的排序得分，得分区间为(0, 1]，得分越高代表用户点击的概率越高。算法训练又分为"对

有历史行为的用户进行个性化消息触达"和"对无历史行为的用户进行个性化消息触达"两种情况，接下来分别介绍。

（1）对有历史行为的用户进行个性化消息触达

通过挖掘得知用户利益点为"常购品类""常购品牌""复购商品""优惠券偏好"，这意味着可以推送给用户的商品有多个，因此将满足用户偏好的商品形成候选商品池。

- 品类偏好商品：取一级品类偏好的 Top2 商品进入候选商品池。
- 品牌偏好商品：取品牌偏好的 Top2 商品进入候选商品池。
- 复购周期商品：依照上次购买商品数量×P_t值，得出下次购买商品距离本次购买的时间间隔，即将需要复购的商品移入商品候选池。其中，P_t为用户第 t 次复购单位商品的周期，P_t算法实现逻辑在 15.5 节详细介绍。

如表 15-2 所示，结合用户行为序列日志数据，对候选商品计算点击预估概率值（涉及 CTR 预估模型），得分越高证明用户越可能点击。其中用户行为包括浏览商品（view）、把商品加入购物车（add）、访问购物车页并浏览购物车内商品（cart）、点击链接进入商品详情页（click）、下单购买商品（ord）。

表 15-2 举例：用户行为序列日志数据

时间	用户 ID	行为	商品
2022/9/17	user1	view	【整箱】元氕森林气泡水白桃味苏打气泡水 480ml-15 瓶
2022/9/17	user1	view	【整箱】元氕森林气泡水白桃味苏打气泡水 480ml-15 瓶
2022/9/17	user1	view	【整箱】元氕森林气泡水白桃味苏打气泡水 480ml-15 瓶
2022/9/17	user1	add	【整箱】元氕森林气泡水白桃味苏打气泡水 480ml-15 瓶
2022/9/17	user1	add	【整箱】元氕森林气泡水白桃味苏打气泡水 480ml-15 瓶
2022/9/17	user1	view	【整箱】上好佳鲜虾片休闲膨化零食 40g-20 袋
2022/9/17	user1	add	【整箱】上好佳洋葱圈休闲膨化零食 40g-20 袋
2022/9/17	user1	add	【整箱】上好佳洋葱图休闲脑化零含 40g-20 袋
2022/9/17	user1	add	【整包】好丽友呀!土豆条苗油味膨化零食 40g8 包 320g/包
2022/9/17	user1	view	【整包】好丽友呀!土豆条里脊牛排味 膨化零食 40g8 包 320g/包
2022/9/18	user3	view	【整包】好丽友呀!土豆条烤鸡味天膨化零食 40g8 包 320g/包
2022/9/18	user1	view	【整包】好丽友呀!土豆条烤鸡味膨化零食 40g8 包 320g/包
2022/9/18	user3	view	【整箱】元氕森林气泡水白桃味苏打气泡水 480ml-15 瓶
2022/9/18	user3	cart	【整箱】元氕森林气泡水白桃味苏打气泡水 480ml-15 瓶
2022/9/18	user3	cart	【整箱】元氕森林气泡水白桃味苏打气泡水 480ml-15 瓶
2022/9/18	user1	view	伊利金三纯牛奶 250ml 新老包装随机发货
2022/9/19	user1	click	伊利金美纯牛奶 250ml12 包新老包装随机发货
2022/9/18	user1	click	伊利金美纯牛奶 250ml12 包新老包装随机发货

续表

时间	用户 ID	行为	商品
2022/9/18	user1	ord	伊利金美纯牛奶 250ml12 包新老包装随机发货
2022/9/18	user1	click	好丽友呀!土豆蓉条里脊牛排味膨化零食 40g 8 包 320g/包
2022/9/18	user2	click	【整包】好丽友呀!土豆云条滋香烤鸡味膨化零食 40g 8 包 320g/包
2022/9/18	user3	ord	【整包】好丽友呀!土豆营条蜂索黄油味膨化零食 40g 8 包 320g/包
2022/9/8	user3	ord	【整箱】元气森林气泡水（白桃味苏打气泡水）480ml-15 瓶
2022/9/18	user1	ord	好丽友薯片薯愿香烤原味膨化零食 49g 新老包装随机发货
2022/9/13	user1	ord	【整箱】元気森林气泡水白桃味苏打气泡水 480ml-15 瓶
2022/9/18	user1	ord	【整包】好丽友呀!土豆营条黄油味膨化零食 40g8 包 320g/包

表 15-2 所示为抽样提取的某用户的历史行为序列日志数据，从上到下是按时间顺序排列的。由用户行为日志可见，用户对每个商品都有重复浏览的行为，多次浏览后会加入购物车并最终下单。也就是说，每个用户的行为流都存在某种特征，通过用户历史行为序列来预估消息推送的商品点击率 CTR，选出概率最高的商品作为利益点商品。

 提示：

　　GBDT 是比较常用的 CTR 预估模型，在此案例中使用的是 GBDT 模型，训练模型特征包括用户品牌偏好、品类偏好、客单价、历史行为序列日志、商品产品词、商品品类、商品品牌、商品价格。

（2）对无历史行为的用户进行个性化消息触达

　　根据用户兴趣召回的商品按照用户最可能点击的顺序进行排列，并将商品信息作为个性化文案的一部分触达用户。当用户是新注册用户且无行为可预测时，若想做到精准触达用户，可依赖商品地域热销、商品地域热度以及协同过滤这 3 个参数，综合考虑 3 个参数之后得到多路召回融合得分，其计算公式如下所示。

　　　　多路召回融合得分=商品地域热销×0.3+商品地域热度×0.2+协同过滤×0.5

　　在多路召回融合得分计算公式中，参数的权重可根据业务诉求进行调整，选择多种召回方式是想满足用户偏好的多样性。商品地域热销、商品地域热度以及协同过滤这三个参数的算法实现逻辑在 15.5 节详细介绍。

　　通过上述方案可以构建个性化文案，并将消息推送给用户，实现千人千面式的触达。

15.5　本章涉及的算法逻辑

15.5.1　常购品类——用户经常购买的一级品类

　　评定用户经常购买的商品品类是什么,可考虑曾购买过的商品中某品类的商品购买的种类

（宽度）多、订单金额大，则证明用户对这类商品的品类有偏好，计算规则如下。

① 拉取每个用户近半年下单且订单状态为"已完成"的全部订单数据。

用户订单维度数据：一级品类下 SKU 的宽度（每日去重）、全部订单的 SKU 宽度、一级品类的 GMV、所有订单的总 GMV。

② 计算用户维度的所有一级品类的各项数据指标得分。

一级品类的 SKU 宽度占比 Score_widths_rate=一级品类下 SKU 的宽度/全部订单 SKU 宽度

一级品类的 GMV 占比 Score_amount_rate=一级品类累计 GMV/全部订单总 GMV

用户经常购买的一级品类下 SKU 宽度的数据对应要获取的字段及逻辑如表 15-3 所示。

表 15-3　常购一级品类字段及逻辑

字段	逻辑

一级品类信息	按照一级品类统计以下信息：
	{
	　一级品类名称：一级品类名称
	　一级品类 ID：一级品类 ID
	　下单 SKU 宽度：店铺同区域（附近）当天在该一级品类下单的去重 SKU 量
	}

用户经常购买的商品品类标签需要每月计算一次，其计算规则如下。

设置一级品类的 SKU 宽度占比 Score_widths_rate=0.1 为阈值，低于阈值的数据表明购买的概率小，不具有代表性，需要剔除。取 Score_widths_rate≥0.1 的数据进行计算。

计算标签分值：

Score=Score_widths_rate×0.7+Score_amount_rate×0.3

通过此规则输出用户对应的"常购品类"标签及对应的分值。

15.5.2　常购品牌——用户经常购买的品牌

常购品牌即用户经常购买的商品品牌，当历史购买过的商品中某品牌的商品的种类（宽度）多、订单金额大，则证明用户对这类商品的品牌有偏好，计算规则与"常购品类"相似，仅将统计指标由品类数据变成品牌数据。

15.5.3　商品复购——用户对每个商品的复购周期

由于本书的案例基于 B2B 业务，是为线下商超用户提供进货渠道的，平台的用户群体存在明显的高复购特征，故商品的复购周期也是需要重点关注的指标。用户针对每个商品的复购周期需要长时间（最近一年）的数据才能计算出来，因为短期购买行为很难改变用户的整体复购周期习惯，所以该项数据指标不需要按照 $T+1$ 进行更新，更新周期为月即可。因为是商品复购，也就是同一个商品最少下单两次才算得上复购，所以还需要过滤掉异常值（异常值指最近 90 天内下单次数<2 的用户）。

商品复购周期的计算逻辑分为两步，计算单位商品复购周期和计算近一年每个用户针对单位商品的复购周期，下面分别介绍。

第一步，计算单位商品复购周期。所谓复购周期，即商品被"消耗"没了，才会进行下一次购买。故此公式的设计思路是，用户在两次相邻的购买行为时间内总共买了多少商品，购买了多少商品证明用户在这段时间内是可以把这部分商品"消耗"没了，所以才会进行下一次购买。举例说明，一个用户相邻两次购买大米的时间间隔是 10 天，第一次总共购买了 5kg，那此用户消耗 1kg 的大米就需要 2 天。

复购周期为什么要换算成最小单位粒度呢？通过第 8 章的学习可以知道，因为商品存在箱规差异，有的大米是一袋 5kg，有的是一袋 10kg，如果按袋计算复购周期是不准确的。所以商品的复购周期也是如此，需要计算到最小粒度，单位商品复购周期的计算公式如下。

$$P_t = \frac{T_{t+1} - T_t}{N_t \times V_t} \quad (t=1,2,\cdots,N)$$

参数说明如下。

P_t：用户第 t 次复购单位商品的周期。

T_{t+1}：用户第 $t+1$ 次购买该商品的时间。

T_t：用户第 t 次购买该商品的时间。

N_t：第 t 次购买的商品数量。

V_t：第 t 次购买的商品单位（商品的"重量"单位涉及件、瓶、毫升等，若不以"重量"为单位，则 $V_t=1$）。

第二步，按上述逻辑计算出近一年每个用户针对单位商品的复购周期。一年内用户对同一商品会多次下单，分别计算出每相邻两次下单的时间周期，并使用中位数来代表用户对商品的最终单位复购周期，即满足用户的大多数下单的复购周期情况。我们知道了单位商品的复购周期的计算逻辑，那就需要预测出下一次的购买时间，以便在用户下一个复购周期时间到达的时候及时把用户召回，以提升转化率。因为促销季等场景会存在用户同一天对同一个商品下了多个订单的情况，所以需要将订单商品的总数据进行求和再进入后面的计算逻辑。

图 15-9 展示了用户历史下单行为分布，以天为单位，结合公式 $P_t = \frac{T_{t+1} - T_t}{N_t \times V_t}$，分别计算出 Now$\sim T_1$、$T_1 \sim T_2$、$T_2 \sim T_3$、$T_3 \sim T_4$……$T_t \sim T_{t+1}$ 时间间隔内，用户第 t 次复购商品的时间周期 P_t。

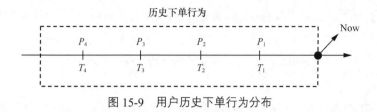

图 15-9 用户历史下单行为分布

① 将 P_i 按从小到大排序,取中位数作为此用户针对单位商品 SKU 的复购周期。

② 将上次购买商品数量×P_i,得出下次购买商品距离本次购买的时间间隔,在达到复购时间时给用户推送消息,唤回用户消费。

15.5.4 优惠券偏好

消息触达用户最直接的目的是唤回用户消费,故推送的优惠券门槛要依据用户所购买商品的客单价来定义。若推送的优惠券门槛过高,而用户日常消费达不到门槛,进而导致很难唤回用户。若推送的优惠券门槛过低,又不利于平台利益提升。故优惠券是基于用户的客单价推送的,每个用户触发的优惠券门槛和让利均不相同,其计算逻辑如下。

① 取用户近半年订单(订单状态已支付,货到付款已完成)数据成交金额取中位数。

② 优惠券门槛值=成交金额中位数×1.1,对所得到的结果进行取整。

③ 通过分析历史数据及采销毛利数据得出,客单价低于 300 元的让利均为 5 元,客单价 300~400 元的让利为 10 元,客单价 500~600 元的让利为 20 元,客单价 700~900 元的让利为 25 元,客单价 1000 元以上的让利为 30 元。

假设券池内优惠券的门槛为 350 元、130 元、200 元,比如成交金额的中位数是 319 元,则优惠券金额的门槛定为 319×1.1=350.9≈350 元,则取 350 元为优惠券门槛,优惠券门槛设定为"门槛-让利",即满 350 元减 10 元;例如成交金额中位数是 112 元,则优惠券金额门槛定为 112×1.1=123.2≈123 元,则取 130 元为优惠券门槛,优惠券门槛设定为"门槛-让利",即满 130 元减 5 元。

15.5.5 商品地域热销的计算逻辑

需要用到的数据指标为最近 180 天地域维度的商品累计下单用户数、订单数、订单金额。计算过程如下所示。

(1)对各个指标项取对数去除量纲,为了避免对数为 0 的情况,可以给各指标加 1,即 ln(指标值+1)。

(2)对(1)中各项值进行线性函数归一化,为了避免除数为 0 的情况,可以给除数加

1，即 $Z=$（当前值-最小值）/（最大值-最小值+1）。

（3）对（2）的各项数据指标的计算结果进行加权求和，得到地域热销综合得分 Score。

$$Score=Z_{下单用户数}\times0.5+Z_{订单数}\times0.4+Z_{订单金额}\times0.1$$

15.5.6 商品地域热度计算逻辑

需要用的数据指标为最近 180 天地域维度的商品累计下单用户数、订单数、订单金额、加车用户数、搜索点击用户数、进入商品详情页用户数。

（1）对各个指标项取对数去除量纲，为了避免对数为 0 的情况，建议给各指标+1，即 ln（指标值+1）。

（2）对（1）中各项值进行线性函数归一化，为了避免除数为 0 的情况，建议可以给除数+1，即 $Z=$（当前值-最小值）/（最大值-最小值+1）。

（3）对（2）的各项数据指标的计算结果进行加权求和，得到新品热度综合得分 Score。

$$Score=Z_{下单用户数}\times0.4+Z_{订单数}\times0.25+Z_{订单金额}\times0.05+Z_{加车用户数}\times0.15+Z_{搜索点击用户数}\times$$
$$0.1+Z_{进入商品详情页用户数}\times0.05$$

15.5.7 协同过滤

通过分析用户行为记录及注册时的兴趣选择，计算具有相似兴趣偏好人群之间的相似度，根据相似度的高低将相似人群的商品偏好赋予无历史行为的用户，给这部分用户匹配那些他们可能"喜欢"的商品。

 提示：

协同过滤算法已是成熟的算法模型，本方案不做介绍。

15.6 小结

本章分别从基础服务搭建、功能层面对用户唤回、个性化消息触达用户等方面进行介绍。通过由系统推荐代替人工运营的方式触达用户，将用户利益点信息露出，实现个性化消息推送。此方案可增强用户对推送消息的感知，引导用户点击并消费。

第16章 用户智能增长策略——基于活跃和交易双目标实现用户分层管理

16.1 需求背景

流量和用户不是一个概念。通过分析用户的行为，我们发现，在用户的众多行为中浏览行为只能体现用户的活跃度，如果用户在平台未实现下单转化，便只能算作"流量"，而下单行为才是用户对平台产生了心智，下单转化后才成为真正的用户。

根据业务目标不同，平台对流量和用户的定义也会有所不同。用户只浏览不下单，代表用户对平台和商品还未认可。而下单/浏览比值低，代表平台商品在价格、服务等方面未能满足用户的诉求；而下单/浏览比值高，则代表用户已对平台建立了心智。因此，让应用程序的使用者从"流量"转变成真正的"用户"，也是用户增长的一种策略方向。而体现"流量"的数据指标是活跃，体现"用户"的数据指标是交易，因此可以设计基于活跃和交易双目标的策略，并将用户进行分层管理，实现个性化的用户增长策略。

16.2 专业名词解释

KA：Key Account 的缩写，代表重要客户。

K-Means 算法：K 均值聚类。将对象划分为 K 个类，使所有对象到所属类中心的平方误差和最小。

SSE：Sum of Squares for Error 的缩写，误差平方和，又称残差平方和、组内平方和等。在回归分析中通常用 SSE 表示，其大小用来表明函数拟合的好坏。

PV：Page View 的缩写，代表页面浏览量。

16.3 分析思路

因为 KA 是平台的大客户，每个订单的客单价在 1 万元及以上。如果对用户进行分层，

KA 的数据会影响整个数据表现效果的可信度。为了保证结果置信，则需要剔除 KA 数据。其中，代表用户活跃的是用户点击、下单等行为数据，代表交易的是用户的订单商品宽度、订单金额等。

整个策略的设计理念是，先基于订单数据发现哪些品类转化效果不好，将其划分为一类。因为有些品类转化的订单数量及金额又有很大差别，所以要进行再次划分，让具有相似特征的数据进行聚合，从而得到符合活跃行为与交易行为双目标的用户分层策略。通过用户分层，为每个用户群体分配适合的运营策略。

16.4 解决方案

16.4.1 数据准备及预处理

拉取近半年用户点击进入商品详情页的数据及订单数据，将 KA 数据去除，只考虑普通用户数据，将数据表分为行为表、订单表。根据平台特征，因为商品售卖是有季节性的，为了尽量保证数据的连贯性，要使其覆盖一个复购周期，因此取半年的数据。具体到不同的平台可根据平台特点进行选取。

最初对全量用户进行聚类时，发现由于样本分布的不均衡导致模型效果不佳，可解释性差。因此需要剔除异常值，即去除用户访问商品详情页的数据中的离群点，将其缩放到 99 分位数。交易订单状态为订单状态已完成，或货到付款已支付成功。

16.4.2 分层管理——等级划分

1．将 30 天未登录、30 天有登录未交易的用户划分为两个用户群体

30 天未登录的用户已经处于流失状态，用户不登录 App 就没法做 App 内的任何营销策略，此类用户需要通过站外触达策略将其召回。30 天有登录未交易的用户是最近 30 天内登录了 App 但无订单成交的用户，这批用户需要通过 App 站内营销策略刺激其成交订单。因此将 30 天未登录、30 天有登录未交易的用户分别划为两个用户层级，通过不同的策略触达用户实现精细化运营。

2．将 30 天有登录且有下单行为的用户进行分层

衡量用户"忠诚度"可通过登录和交易次数及交易活跃比来衡量，登录（活跃）多、交易多则更忠诚，登录（活跃）多、交易少则可能是在犹豫（比价等），因此基于登录（活跃）和交易两个指标进行用户分层。

（1）剔除 30 天未登录的用户和 30 天有登录未交易的用户。

（2）拉取数据，字段为 login_app、login_ord、login_rate。

- login_app：30 天内 App 登录次数（按日去重）。
- login_ord：30 天内交易订单量（线上支付已支付或货到付款已支付）。
- login_rate：交易活跃比（login_ord/login_app），即交易订单量/登录次数。

（3）明确将用户分为几组，即确定 K 值，并确定需要参与训练的模型。

① 对数据进行分组，分别按照使用线性函数归一化和不进行归一化的方法对数据进行分组，遍历所有情况得到 8 个备选模型分组，如表 16-1 所示。

表 16-1　划分模型分组

模型组别 （模型名称）	归一化	login_app 30 天内 App 登录次数 （按日去重）	login_ord 30 天内交易订单量	login_rate 交易活跃比 （login_ord/login_app）
1	√	√	√	
2		√	√	
3	√	√		√
4		√		√
5	√		√	√
6			√	√
7	√	√	√	√
8		√	√	√

② 使用 K-Means 聚类对①划分的分组进行聚类分析，分别定义聚类 K 值，并得出不同 K 值下模型的 SSE 值，模型相关的数据字段及构造如表 16-2 所示。

表 16-2　定义聚类 K 值并确定模型的 SSE 值

K 值（聚类个数）　　　　模型	模型 1 （SSE）	模型 2 （SSE）	模型 3 （SSE）	模型 4 （SSE）	模型 5 （SSE）	模型 6 （SSE）	模型 7 （SSE）	模型 8 （SSE）
2								
3								
4								
5								
6								

为什么需要确定模型的 SSE 值？随着聚类数 K 的增大，样本划分会更加精细，每个簇的聚合程度会逐渐提高，SSE 会逐渐变小。当 K 小于真实聚类数时，K 的增大会大幅增加每个簇的聚合程度，故 SSE 的下降幅度会很大；而当 K 到达真实聚类数时，再增加 K 所得到的聚合程度迅速变小，所以 SSE 的下降幅度会骤减；然后随着 K 值的继续增大而趋于平缓，也就是说 SSE 和 K 的关系图是一个手肘的形状，当 SSE 骤减时便得到真实的 K 值，而这个肘部对应的 K 值就是数据的真实聚类数。

提示:

K-Means 算法的实现逻辑,主要分为 4 个步骤。

● 从样本集合中随机抽取 K 个样本点作为初始簇的中心。

● 将每个样本点划分到距离它最近的中心点所代表的簇中。

● 用各个簇中所有样本点的中心点代表簇的中心点。

● 重复第二步和第三步,直到簇的中心点不变,即可得到真实的 K 值。

K-Means 算法可以通过 Python、R 语言等实现,并根据脚本执行结果获取 SSE 值。

③ 根据每个模型的 SSE 值,找到 SSE 出现大幅度下降时的 K 值,即聚类数。如表 16-3 所示,此例中 K=3 时 SSE 出现大幅下降,则得到 K=3。

表 16-3 举例输出模型 SSE 值

模型 K 值	模型 1	模型 2	模型 3	模型 4	模型 5	模型 6	模型 7	模型 8
2	19303.1	406140.8	19665.8	293491.4	20657.3	53606.8	35547.1	407633.2
3	11728.3	240156.4	12349.9	129592.8	14583.8	26813.9	24431.8	241590
4	8679.4	181197.5	9669.8	71927.8	11803	15484.9	18937.2	182596.3
5	6496.4	137829.3	7124.5	45683	9344.7	10049.3	15736.8	136955.6
6	5192	110225.9	5591.9	32099.7	7374.1	6883.4	13371.9	111977.2
7	4457.8	96522.5	4724.8	24257.8	6136.2	5123.8	11057.5	97469.7
8	3762.1	82236.1	4041.2	18067.1	5242.2	3866	9564.4	83425.9
9	3237.5	72150.2	3432.1	14467.7	4545.9	3153	8400.6	73386.8
10	2969.1	64082.3	3038.6	12135	4050.3	2569.2	7500.6	66359.7

④ 当聚类个数为 K 时,计算 8 个候选模型的轮廓系数 S,取系数接近 1 的模型为最优模型,并得到参与模型训练的数据指标。

$$S = \frac{b-a}{\max(a,b)}$$

● 样本与其自身所在簇中的其他样本的相似度为 a,即样本与同一簇中所有其他点之间的平均距离。

● 样本与其他簇中的样本的相似度为 b,等于样本与下一个最近的簇中的所有点之间的平均距离。

● 因案例中的数据为举例说明,轮廓系数 S 的值需按真实数据情况计算得出。假设计算得出模型 6 为最优模型,且通过步骤③确定的 K 值为 3,通过表 16-1 可知模型 6 的数据指标（表 16-1 中带有 √ 的指标）为 login_ord、login_rate，则将 login_ord、login_rate 作为模型的输入参与模型训练。

16.4.3 用户分层运营策略

根据 16.4.2 小节得到的用户分层管理的结果，按分层结果进行运营策略设定，进而实现触达用户并提升转化效率的目的。如表 16-4 所示，在本节中，当 $K=5$ 时，即活跃用户分为 5 层。至于用户具体分多少层以实际计算结果为准，用户分层定义数据的更新周期为 $T+1$ 天。

表 16-4　用户分层定义

聚类 ID	条件
1	30 天未活跃
2	30 天活跃未交易
3	30 天 1～X_1 单
4	30 天 X_1～X_2 单
5	30 天 X_2 单及以上

根据 16.4.2 小节的结论进行数据分析，挖掘每类人群的聚类特征，做触达准备。根据用户所处的层采用不同的商品触达。以下按 5 层设定触发目标，如表 16-5 所示。

表 16-5　用户分层运营策略

聚类 ID	条件	用户特征	触发目标
1	30 天未活跃	不考虑	需要先召回
2	30 天活跃未交易	对平台未认可，且下单会考虑风险，可通过打消价格顾虑来促成首单： ● 增加促销召回池（秒杀、会员价、直降、一口价） ● 促销池内商品优先排序自营商品，并按地域热度分进行排序	促首单
3	30 天交易 1～X_1 单	下单量较低，对平台认可度未建立，可通过如下方式建立信任度： ● 增加下单商品相关性购买（同购物车召回逻辑）召回池 ● 召回池内商品优先排序促销品（秒杀、直降、一口价），并按地域热销（GMV、订单量、用户量）排序 ● 然后再排其他品	促复购
4	30 天交易 X_1～X_2 单	忠诚用户，主要促其交叉购买（个性化），可通过如下方式促进交叉购买： ● 拓展推荐商品的宽度 ● 尝试增加平台新品召回池 ● 按地域热度（参考排行榜计算规则）排序	促复购，促交叉品类购买

续表

聚类 ID	条件	用户特征	触发目标
5	30 天交易 X_2 单及以上	忠诚用户，挖掘新兴趣，可通过如下方式促进交叉购买： ● 增加平台新品召回池 ● 拓展推荐商品的宽度 ● 按品牌品类偏好排序	交叉品类

16.5　小结

本章的内容看似很复杂，但抛开专业知识，我们知道物以类聚，人以群分，每个人的行为表现可反映其真实的诉求。若想提升转化效果，需要通过用户的活跃行为与订单行为按照双目标进行用户分层，对每个分层内的人群进行精准运营，通过解决一类人的问题，快速提升平台价值。

用户分层要考虑到异常数据情况，必须先进行数据异常值处理后再对用户进行分层。而在用户分层方面，较好的模型便是聚类模型，但什么因子参与聚类模型训练，分多少类（ K 值），都是影响最终结果的重要因素。因此需要将活跃和登录两个因子的全部组合情况进行遍历，根据轮廓系数结果选取最优模型进而定义训练集，并对不同的人群采用不同的触达策略以提升转化效果，以便让平台获得更多收益。

第 17 章 用户智能增长策略——实现品牌用户 1 单到 *N* 单的转化

17.1 需求背景

平台运营对站内用户拉新复购主要凭借经验，一般是使用优惠券或相关权益触达用户。不管是拉新、复购还是流失召回，常规的做法均是在申请优惠券时，针对不同人群筛选出不同力度的优惠券，其初衷是希望能最大限度地提升转化效果。比如对于 90 天未下单的用户，我们可以认为用户已经流失了，如果想召回用户，常规的做法是给用户推送无门槛的优惠券；对于活跃的用户，我们认为用户对平台是认可的、有黏性的，为了让用户买更多，常规做法是给用户推送高门槛的优惠券。当前系统就是使用这样简单的方法进行营销的。

17.2 专业名词解释

召回池：待给用户曝光的商品池，按用户兴趣偏好得到相应的排序得分。

到手价：用户买到商品的价格。通常指用户使用优惠券、红包等抵扣后的订单价格。

券标签：优惠券标签。

ROI：Return On Investment 的缩写，投入产出比。在不同业务场景下，ROI 的计算公式会有差异，本章介绍的是优惠券，故计算公式为"使用优惠券的订单总 GMV/优惠券让利总和"。

复购：用户重复购买商品。

拉新：用户新下载 App，并完成认证注册。

流失：用户在一定时间（*X* 天）内未下单（每个 App 的 *X* 值定义不同）。

GMV：Gross Merchandise Volume 的缩写，商品交易总额。

券池：业务人员申请的优惠券汇总。

MQ：Message Queuing 的缩写，即消息队列，这是一种应用程序间的通信机制。当券池内优惠券有新增或者删减时，系统会发送 MQ 消息告知大数据端数据发生变更，需要更新数据以保证数据的准确性。

SKU：Stock Keeping Unit 的缩写，存货单位。

17.3　分析思路

通过需求背景介绍可知，当前的营销方法存在以下问题。

- 业务筛选人群存在一刀切的情况，并未按照用户行为特征进行数据洞察。完全依赖人工维护和人工定向，运营难度大，信息触达滞后，并未在用户即将流失时及时采取措施挽留。
- 用户标签是通过人工定义的，未实现数据化和算法化的动态获取和计算，标签数据存在滞后性和不严谨性，当用户状态已发生变化时仍采用历史标签数据来决策，数据滞后使精细化运营面临挑战。
- 业务无策略指导，同一类型的活动，同时间段存在多个场景，比如拉新活动会在首页投放，也会在支付完成页投放。当前的投放方式未按场景定位进行精准触达，进而出现资源抢占的情况，用户易疲劳，也容易失去兴趣。

本章涉及的用户增长策略所使用的资源是优惠券，优惠券分为品牌券和品类券，本章介绍的策略希望实现品牌用户的活跃（复购）、转化且满足品牌商利益增益。根据优惠券资源现状进行场景定位，挖掘潜在增长人群，做到精准触达。

由于 B2B 电商平台的用户复购率高，通过对过去一年的历史订单数据分析发现，同一用户对同一个 SKU 两个月内的平均复购率为 65%，这是 B2B 平台与 B2C 平台不同的地方。如何让 B2B 平台的用户实现从 1 单到 N 单的复购转化，不断提升用户复购频次，进而带来更高的 GMV，复购策略尤其重要。

每个产品功能的设计都是基于这个功能要解决的具体问题，以及在哪个场景应用能带来数据效果的提升。既然要做复购策略的产品设计，就需要明确复购策略在哪几个场景下可行，并对用户进行洞察分析。

（1）场景定位

希望通过智能营销触达实现品牌用户从 1 单到 N 单的转化，即引导用户复购，这就包括站外召回和站内登录后抓住机会尽快转化。站外召回需要根据数据实时监测，及时召回复购；对于站内用户行为与品牌强相关的场景，要及时触达以刺激转化，适合此逻辑的场景包括搜索结果页和首页。因为搜索场景是基于用户主动的行为，当用户搜索一个品牌词时，用户当下的行为就与品牌产生了强关联；而首页是用户的访问入口，没有任何行为的指向性，所以任何刺激消费的动作都可以在首页进行设计。

（2）用户画像指导

根据用户画像及用户行为特征进行用户分层管理，不同分层的用户群体在平台的活跃情况是不一样的。例如，我们希望成熟期的用户买更多，我们需要吸引流失期的用户来登录客户端，通过用户分层管理挖掘适合各业务场景下的目标用户群体，搭建精细化用户运营基础。

（3）智能选品

根据用户客单价实现精准选品（优惠券），使推送的优惠券门槛高于历史购买的客单价但又在用户"可接受的范围内"，且对品牌商来说有增益（拔高客单价），这样才能保证双赢。因此推荐的优惠券要符合用户偏好并且要保证露出用户利益点。

（4）触发时机

在站内搜索场景下，用户输入关键词，点击搜索按钮后，立刻触发优惠券弹窗。首页根据用户复购周期及近期行为偏好进行优惠券触达。考虑到搜索场景下的用户意图明确，不适合在选购过程中触发弹窗，以免打断用户当前行为，所以在点击搜索按钮后触发弹窗。

在站外场景下，希望在用户复购周期前召回用户并引导其登录客户端，通常的做法是根据用户复购周期，在用户即将流失前通过消息推送、短信方式将用户召回，通过系统监测自动触发资源（优惠券），吸引用户登录客户端。这部分属于个性化推送部分，已经在第 15 章介绍过，本章仅做站内触达方案的讲解。

17.4　解决方案

本章提供的解决方案适合品牌复购的两个场景——搜索场景和首页场景。两个场景的策略均使用图 17-1 所示的精准营销增长策略闭环逻辑，即画像指导→智能策略→精准投放→数据回溯这 4 个核心步骤。

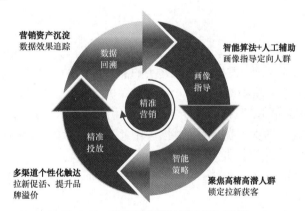

图 17-1　精准营销增长策略闭环逻辑

17.4.1　搜索场景

在电商平台的搜索场景下，用户的搜索行为包括输入的搜索关键词是"品牌词""品类词""其他词"，而本方案是想实现品牌用户增长，故仅考虑用户输入搜索关键词是"品牌词"的策略，其他搜索关键词的策略与此策略逻辑相似。

1．前置说明

在搜索场景下，用户输入的关键词 80% 及以上是"品牌词"，故先做品牌词的营销触达。

若用户输入的"品牌词"不精准（如有错别字等），"品牌词"需要调取同义词词表，能准确识别出用户录入词所属的品牌：比如用户输入的是"3 只松鼠"应该匹配"三只松鼠"；比如系统录入的"品牌词"是"乐事（Lay's）"，而用户搜索关键词常常为"乐事"或"Lay's"，则这三个词也算作同义词。不管用户输入哪个"品牌词"都可以准确弹出品牌券弹窗。

使用统计分析的数据口径为商品已下单且订单状态为货到付款已成功或在线支付已完成。

2. 用户画像指导

用户画像指导是通过对用户在平台上留下的点击、浏览、加入购物车等一系列行为数据分析发现用户的特征。根据用户行为特征对用户进行分层管理，对于不同分层的用户，平台希望其达成的目标是不同的。而对于不同的业务场景，其目标用户也是不同的。常用的用户分层工具是用户画像或者叫用户标签。此次营销资源希望投放的目标人群是品牌复购用户，营销资源是优惠券，需要对分层用户群体打上优惠券的标签。给用户打上品牌优惠券标签的实现逻辑如下所示。

（1）基于 T+1 计算用户优惠券标签数据（即在每日零点计算前一天的标签数据）

实时监控优惠券券池内的所有优惠券绑定的商品所属的品牌，当券池内的优惠券有新增的或剔除的，以及优惠券下绑定的商品有变更，都会导致品牌券标签数据的变更，通过 MQ 将变更消息传到大数据端，系统会在大数据层面重新计算用户标签数据。

因为优惠券的有效期一般为一个月，为了保证触发到用户的优惠券资源有效，券池内的优惠券会根据有效期自动更新。当券池内存在部分优惠券被剔除或者新增，则需要重新计算用户对当前券池内的优惠券偏好的画像数据（即匹配情况），每日零点计算前一天的标签数据，给用户更新其优惠券标签。

（2）标签定义

根据用户最近 90 天的订单数据（订单状态为货到付款已完成或在线支付已完成），分析用户所购买的商品所属的品牌，根据用户已购买的品牌商品的订单数得到用户的品牌标签状态。用户品牌标签状态包括品牌新用户（0 单转 1 单）、品牌复购用户（1 单转 N 单）、品牌券 1 转 2 用户（1 单转 2 单），即按品牌购买情况对用户进行分层，判断其所属圈层。

- 对于 90 天未购买过某品牌商品的用户，则此品牌券为拉新券，即 0 单转 1 单（ID=11）【本方案不会应用此标签】。
- 对于 90 天内购买过某品牌商品且订单数大于 1 的用户，则此品牌券为复购券，即 1 单转 N 单（ID=13）。
- 对于 90 天内购买过某品牌商品且订单数=1 的用户，则此品牌券为复购券，即 1 单转 2 单（ID=12）【本方案不会应用此标签】。
- 不考虑订单情况，则此品牌券适用于任意人群（ID=10）。

（3）用户券标签格式【所属圈层、值（品牌）、门槛、面额】

本方案涉及的优惠券营销人群圈层为：复购 1 单转 N 单（圈层 ID=13）、不限人群（圈层 ID=10），圈层 ID 由系统定义，不可修改。标签格式规范化定义为四级标签，保证后续做优惠券精准触达时可应用。标签格式举例如下。

假设用户命中乐事拉新优惠券（满 100 元减 10 元）和宝洁复购优惠券（满 200 元减 5 元），

若某次营销资源希望投放的是品牌复购用户，则适用的用户标签为【13、宝洁、200、5】。

当用户在搜索框内输入搜索关键词时，实时从离线 Hive 表中获取用户标签 ID=13 的标签数据，将其作为目标人群触发复购优惠券。触发是否成功依赖于券池内的优惠券是否有相应的品牌优惠券，即"用户优惠券标签=券标签"是触发券弹窗的条件之一。下面介绍智能策略——券推荐策略。

3. 智能策略——券推荐策略

推荐策略包括召回和排序两大类，在没有优惠券相关的算法模式可直接复用的情况下，可以采取标签召回方案，而使用标签召回方案之前首先需要给券打标。

（1）券打标

在申请优惠券时需要进行标签筛选，即后台功能支持给优惠券打标，只需要在申请优惠券时选取标签即可。券标签格式为【所属圈层、值、门槛、面额】，标签格式规范定义为四级标签，与用户标签格式一致，如表 17-1 所示。当券标签 ID 与用户优惠券标签 ID 一致时，可完成匹配并触发优惠券弹窗。

表 17-1 券 ID 及标签格式

券 ID	券定位	值	门槛	面额	备注（应用）
10	不限人群券	具体品牌词	具体数值	具体数值	没有人群限制，任何条件的用户均可使用，可以用来兜底
13	复购 1 单转 N 单券		具体数值	具体数值	算法输出策略指导业务申请适合用户复购的优惠券

（2）券召回

优惠券是"消耗品"，触达用户后就会消耗业务优惠券资产，这就涉及成本问题。因此需要业务人员在 CMS 后台的"智能投放平台"模块手动上传待投放的优惠券资源，并从整体上把控优惠券的成本，CMS 后台配置如图 17-2 所示。系统会实时获取业务人员上传的优惠券信息，当系统得知优惠券信息（优惠券新增或者优惠券被消耗）出现变动时，便会动态更新优惠券召回池数据，重新计算优惠券的分发逻辑。

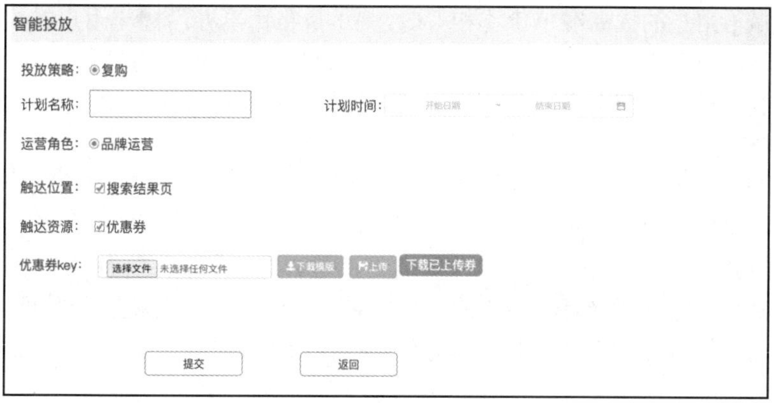

图 17-2 CMS 智能投放平台页面

关于 CMS 后台的配置项说明如下。

- 运营角色：因为此次进行的是品牌券触达，所以将"品牌运营"作为扩展字段。
- 投放策略：复购，作为扩展字段，后续可拓展设计。
- 触达位置：搜索结果页，作为扩展字段，后续可拓展设计。
- 计划时间：投放时间区间。

（3）券排序

用户在搜索场景下搜索品牌关键词时，系统会判断当前用户是品牌新用户还是品牌复购用户。如果用户是品牌复购用户，系统便会通过优惠券弹窗给用户下发系统预测其感兴趣的"品牌券.复购 1 单转 *N* 单券"。当券池里用户感兴趣的优惠券数量不足时，可使用"品牌券.不限人群券"进行托底。最终设定优惠券的排序顺序为"品牌券.复购 1 单转 *N* 单券"优先于"品牌券.不限人群券"。及时获取券池内的优惠券数据，当券池内有新增券时，或者优惠券被消耗减少时，都会重新计算优惠券召回和排序逻辑，并对无效券（包括过期、用户不可用等情况）进行实时过滤。

我们知道优惠券是"消耗品"，它是有成本的。用户领取优惠券后就会消耗优惠券资产。为了保证优惠券的 ROI，系统会综合考虑给用户发放哪种类型的优惠券能使平台的收益有所提升。比如用户日常的客单价是 100 元，给用户触达"满 120 元减 10 元"的优惠券，用户大概率上会使用优惠券进行消费，进而使用户的客单价拔高（从 100 元提高到 120 元），同时使平台获得了收益增长。

 提示：

用户是有损失厌恶心理的，当用户同时面对有收益和有损失的时候，用户通常会认为损失是更难接受的。因此在做营销活动的时候，经常会采用优惠券等形式，让用户产生"优惠券在手，不使用就亏了"的心理，进而刺激用户消费。

当优惠券门槛等于用户的拔高客单价的时候，则优先将这类优惠券给用户曝光。当券池内的优惠券的门槛与用户的拔高客单价不相等时，就尽量将优惠券门槛与用户的拔高客单价相近的那张优惠券给用户曝光，这样的处理方法既可以保证用户有更大的概率使用优惠券消费，也能实现平台的收益提升。综合来看，输出优惠券的排序逻辑如图 17-3 所示。

4．用户触达

通过用户洞察发现待触达的用户群体，当用户登录客户端时便在首页给用户下发优惠券弹窗，而为了保证整体的用户体验，优惠券弹窗在首页只弹出一次。

5．数据回溯

至于触达到用户的优惠券是否被用户领取、是否使用，都会有相应的数据返回给服务端。服务端将获得的数据进行分析，为算法模型优化提供数据支持，使营销效果最大化。

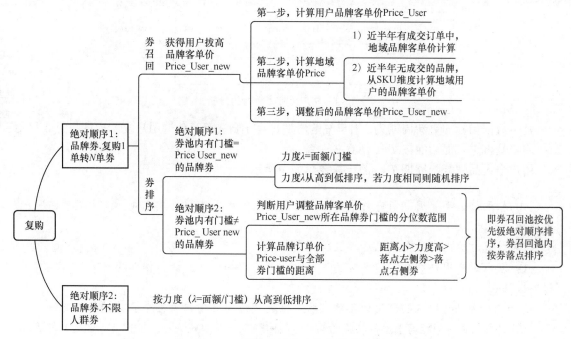

图 17-3 品牌复购券召回和排序逻辑

17.4.2 首页场景

1. 用户画像指导

首页仍采取用户品牌复购策略，即对采购过某品牌商品的用户发放优惠券。品牌券与用户的匹配关系与搜索场景一致，均通过标签进行匹配。什么时候触发、为什么触发优惠券弹窗是用户洞察的方向。因为近期提交订单的用户有主动购买行为，所以不需要采用优惠券弹窗去刺激用户消费，故目标人群定位为有过历史订单且最近一段时间未购买的用户，而这个时间段则要参考用户的复购周期来确定。也就是说，如果用户在复购周期没来下单，则有流失的风险，需要用优惠券触达用户刺激其下单。

首页对应的是流量分发场景，在此场景下对用户进行品牌复购触达，为了保证精准性，需要发放与用户强相关的优惠券，从"将超出品牌复购周期未下单的用户移入品牌促活池"和"将个人品牌复购周期大于全量用户复购周期的用户移入品牌促活池"两个维度来分析。当用户下单后，立即将用户移出促活池。

（1）将超出品牌复购周期未下单的用户移入品牌促活池

在用户最近半年的订单中，根据后端品牌进行区分，把下单时间间隔作为复购周期基值进行计算。根据当前时间距离上次下单某品牌商品的时间间隔，判断是否需要将用户移入促活池。若用户一天下多单则按一单算，具体如图 17-4 所示。

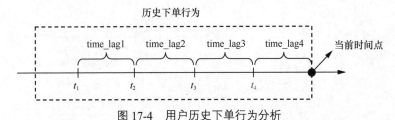

图 17-4 用户历史下单行为分析

几个数据指标的更新周期为：用户复购周期每月 1 日更新；全量用户复购周期每月 1 日更新；用户是否进入促活池按 T+1 计算并更新。

用户个人品牌复购周期 $T_{复购}$ 的计算逻辑如下所示。

> ① 拉取最近半年用户所有订单数据（①支付已完成或货到付款已成功；②不考虑用户退换货的情况）。
> ② 计算订单内商品归属的后端品牌。
> ③ 获取每个用户每个后端品牌的下单时间点 t_1、t_2……t_n，计算相邻两次下单的时间间隔 time_lag。
> ④ 将 time_lag 按从小到大的排序，取中位数 T 作为此用户对某个品牌的复购周期。
> ⑤ 计算当前时间距离上次某品牌的购买时间间隔 T_i，即 Now～t_4（图 17-4 中的 t_4）与 $T_{复购}$ 的关系。
> 若 $T_i \geqslant (T_{复购}-1)$ 天则将该用户移入品牌促活池，打标签类型为"值【品牌名 1/ID:T 复购 1、品牌名 2/ID:T 复购 2、品牌名 3/ID:T 复购 3】"。

（2）将用户个人品牌复购周期≥全量用户复购周期的用户移入品牌促活池

若用户个人品牌复购周期 $T_{复购} \geqslant$ 全量用户复购周期 $T_全$，则在 $T_i=T_全$ 时间点将用户移入品牌促活池，目的是将用户的复购时间提前一些。因全量用户的复购周期是通过大多数用户的复购订单数据计算出来的，将复购周期比较长的用户的下单时间提前到全量用户复购周期时间，理论上也是可行的。

打标签类型为"值【品牌名 1/ID: $T_全$、品牌名 2/ID: $T_全$、品牌名 3/ID:$T_全$】"；全量用户复购周期 $T_全$ 的计算逻辑请参考第 14 章。

 提示：

一旦用户进入促活池，发券的时间节点就确定了，在将用户移出促活池之前，不会受每月更新的复购周期的影响，进入下一轮计算时再更新全量用户复购周期及个人复购周期。

2. 智能策略——券推荐策略

如果到达复购周期用户未下单，则将相应的所有品牌券进行召回，并计算出每个品牌的排序逻辑。如果每个品牌内有多张优惠券，则还需要计算每个品牌内券的排序。优惠券的排序算法实现逻辑会在 17.4.5 小节详细介绍。

3．用户触达

通过用户洞察获得符合条件的用户，用户登录客户端后便会触发优惠券弹窗，一天内对同一个用户首页只弹出一次优惠券，一天最多有两个品牌的优惠券弹窗，以此保证用户体验良好。每个场景可独立控制弹窗触达逻辑，不对全站弹窗逻辑产生影响。

4．数据回溯

通过前后端埋点可对数据进行回收，根据数据表现不断调整算法模型，并对营销效果进行评估。将数据表现作为调整策略的依据，最终使营销效果最大化。

17.4.3　用户强相关

根据用户行为挖掘，推送与用户行为偏好强相关的优惠券，比如近期看过商品可用的券、复购周期该补货的商品可用的券等，通过利益点刺激用户尽快下单转化。若在短暂的补货登录时段没抓住用户，就错过了此次的时机，用户可能改去其他平台进行补货了。

什么是用户行为强相关？这里的前提是用户必须有行为动作。例如，用户在复购周期内来补货；用户最近 90 天内未下单某品牌的商品，但 30 天内对该品牌商品有过点击等行为；用户短期兴趣偏好，等等。

首先，我们来分析复购周期的补货场景。老用户的复购周期会呈现波状图，这是因为门店超市内的商品售卖完了需要补货，而每家门店的店铺面积是有限的，所以不能无限堆货，只能在有需要的时候进行采购，这就注定了门店的面积和门店周边用户的偏好以及用户的复购周期是相关的。因此每个用户对不同品牌的复购周期都是不同的，会出现如图 17-5 所示的波动分布。当门店售卖的商品即将卖完时，门店店主就会补货，保证客户来消费时不会缺货，也能保证在空间有限的门店里不出现积压大量货物的情况。因此，图 17-5 中的商品库存量不会下降到 0 值，波状图也是随着时间的推移，呈现出商品被售卖，库存量缓慢下降，而后随着商品补货就近似直线地上升到该商品的最大库存量。

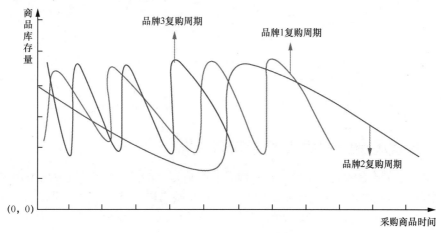

图 17-5　品牌复购周期示意图

其次，对于最近 90 天内未下单的某品牌商品，但 30 天内用户对该品牌商品有过点击等行为的场景进行分析。因为平台把超过 90 天未下单的用户视为新用户，所以此处仍属于基于老用户的逻辑判断，将 90 天内针对某品牌未下单，但对其他品牌有过下单行为的用户囊括进来。由于推荐的优惠券需要与用户行为强相关，这样推荐的优惠券才可能被使用，并带来转化。因此从平台角度来看，推荐的优惠券需要满足用户近期内对可以使用优惠券消费的商品有过行为操作但未下单，有行为证明用户是有选购诉求的，一直没下单就是有顾虑，那就需要通过优惠券促成其尽快下单。

最后，我们来考虑用户行为衰减，针对用户短期兴趣偏好的场景进行分析。一般短期行为衰减都适用于牛顿冷却定律，但牛顿冷却定律更适合内容物料。因为商品一般会随着时间的流逝有点击等行为沉淀，再加上电商平台的马太效应，商品不会像新闻等内容存在明显的周期性热度，所以牛顿冷却定律不适合商品，但我们可以借鉴牛顿冷却定律的逻辑找到商品"冷却"（行为衰减曲线）的拐点，从"用户补货周期"维度来定义此衰减时间系数，如图 17-6 所示。也就是说临近补货周期的商品对应的优惠券权重更高，远离补货周期的商品可以使用的优惠券权重更低。

那行为衰减系数怎么计算呢？可按用户的下单转化概率（加入购物车一天内下单的用户比例，加入购物车 2 天商品下单用户比例，依此类推）生成衰减曲线，如图 17-7 所示。取拐点处（竖线所在位置）对应的时间，此时下单用户比例迅速下降至接近 0 的状态，根据该数据可判定用户大概 5 天完成一次补货，故用户的行为衰减周期为 5 天。

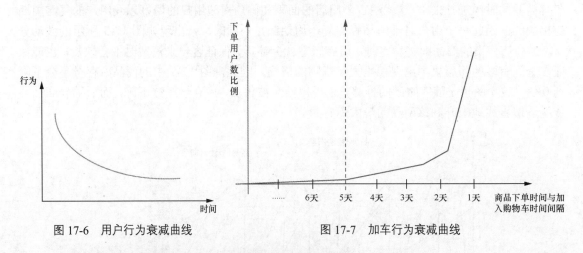

图 17-6　用户行为衰减曲线　　　　　图 17-7　加车行为衰减曲线

17.4.4　搜索场景的品牌复购券排序逻辑

搜索场景是根据券标签与用户优惠券标签匹配后进行的召回和排序。满足用户偏好的券优先给用户曝光，当券池内优惠券不足的时候，使用不限人群券进行托底，即排列顺序为"品牌券.复购 1 转 N"优先于"品牌券.不限人群券"，下面根据这个逻辑进行详细介绍。

1.【组内排序】品牌券.复购1单转N单券

推荐用户品牌复购券要考虑推送的优惠券是符合用户偏好的,且优惠券可使用的客单价是用户愿意接受的价格。比如用户长期购买乐事品牌的商品,其客单价是100元,这时候给他推的是订单满200元才可以使用的优惠券,用户的下单概率会比较低,因为这超出了用户购买商品的预算。如果推荐的是订单满5元就可以使用的优惠券,虽然用户使用了优惠券,但给平台带来的价值很低。因此优惠券的排序逻辑需要综合考虑用户品牌客单价且让平台利益"最大化",既让目标用户购买的商品高于历史购买的客单价,又要在用户可接受的范畴,且使用了优惠券下单的客单价有所提高,这虽然让平台"损耗"了优惠券但带来了更多的GMV。

综上可知,首先需要计算用户针对某品牌商品的常规客单价,并推算出让客单价"拔高"多少是用户可接受的范畴;其次进行优惠券的排序,再把优惠券推荐给用户。

(1) 用户品牌拔高客单价 Price_User_new

拉取用户近半年内购买过的商品的订单数据,统计出订单所包括的品牌有哪些,进而统计出户的品牌客单价,将其作为排序层的影响因子。因用户个体行为具有随机性,所以会出现数据的随机波动,且相同地域的用户对品牌的消费特征会趋同,因此需要使用地域品牌客单价对用户品牌客单价进行调整。

第一步:计算用户品牌客单价 Price_User

① 计算每个用户近半年订单中每个品牌下每个订单的金额,若一天内购买多单,则累计求和(视为一单);

② 取到手价的中位数作为用户的品牌客单价 Price_User;

更新频率:每月1日(可按增量数据更新,以减少计算量)。

第二步:计算地域品牌客单价 Price

前置说明:这里要考虑所有商品,包括最近半年有成交的商品(含在架商品和下架商品)、无成交商品(当前时间在架)。

① 在近半年有成交的订单中,计算地域品牌客单价

根据地域区分,取所有用户订单中每个品牌到手价的中位数作为地域用户的品牌客单价 Price。若某用户一日购买多次,则对订单累计求和,作为此用户的品牌客单价(SKU不去重)。

举例说明,品牌 X 分别在武汉地区被 $User_1$(到手价2元)、$User_2$(到手价3元)、$User_3$(到手价5元)、$User_4$(到手价5元)、$User_5$(到手价2.2元)购买,则在武汉地区品牌 X 的品牌客单价对应的数据为{2、3、5、5、2.2},其中位数为3,则认为品牌 X 在武汉地区用户品牌客单价为3。

② 针对近半年无成交的品牌,从SKU维度计算地域用户的品牌客单价

根据地域区分每个SKU,取每个品牌下所有SKU基础价(商品上架时设定的价格)的中位数作为地域用户的品牌客单价 Price。

通过上述两种情况计算出全部品牌"地域用户的品牌客单价 Price"和更新频率,因选取半年订单的数据量较大,短时间内新增的订单数据对半年的数据计算结果影响不大,所以针对"地域用户的品牌客单价 Price"的更新频率为每月1日按增量数据更新一次即可。

第三步：从用户维度考虑调整后的品牌客单价 *Price_User_new*

为了保证使用优惠券的 ROI 高，希望用户使用优惠券下单的价格对比日常下单价格有所拔高，但拔高的力度是用户所能接受的，所以需要从用户维度计算调整后的客单价。

1）定义十分位数，即 [0.1, 0.2, 0.3, 0.4, 0.5, 0.6, 0.7, 0.8, 0.9, 1]，得到分位数区间 $q=[q_m, q_n]$，并将 *Price* 按从小到大的顺序也划分为十分位数，得到分位值对应的 $Q=[Q_m, Q_n]$。

2）判断 *Price_User* 落在 *Price* 的哪个区间，得到 q 和 Q。

3）计算调整后的品牌客单价 *Price_User_new*，即给用户推送的优惠券门槛的金额，计算逻辑如下所示：

$$Price\_User\_new = Price\_User + |Price\_User - \overline{Q}| \times |q - \overline{q}|$$

其中，

Price_User：用户的品牌客单价。

$\overline{Q}$：分位数的平均值对应的 Q 值，在本方案中是五分位数对应的 Q 值。

q：某个品牌客单价对应的分位数区间（左区间或右区间），当 $q<0.5$，取左区间（即 $q=q_m$）；当 $q \geqslant 0.5$ 取右区间（即 $q=q_n$）。

$\overline{q}$：分位数的平均值，在本方案中是五分位数对应的 q 值，即 0.5。

更新频率：每月 1 日更新调整后的用户品牌客单价 *Price_User_new*（可按增量数据更新，减少计算量）。

假设某个品牌 *A* 在北京地区售卖的品牌客单价 *Price* 为 [50,500]，某用户 *Price_User* =160。则推导计算过程如下。

首先，将 *Price* 为 [50,500] 划分了 10 分位数，如图 17-8 所示，每个分位数对应的值为 $Q=[Q_m, Q_n]$，可知 $\overline{Q}=250$，q_n=0.5。

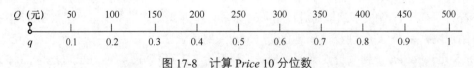

图 17-8　计算 *Price* 10 分位数

其次，找到品牌 *A* 对此用户对应的 q 区间 [0.3,0.4] 和 Q 区间 [150,200]，如图 17-9 所示。

Q (元)	50	100	150	200	250	300	350	400	450	500
			160元							
q	0.1	0.2	0.3	0.4	0.5	0.6	0.7	0.8	0.9	1

图 17-9　找到品牌所属 10 分位数区间

最后，计算从用户维度调整后的品牌客单价：

$$Price\_User\_new =160+|160-250|\times|0.3-0.5|=160+18=178$$

因此给用户推送 178 元门槛的优惠券能提高转化率。

通过以上三步计算得出用户品牌客单价 $Price\_User\_new$，此客单价既满足用户个人的日常购买习惯，又可在用户使用优惠券下单时适当拔高客单价，不仅让用户消费得起，而且能让平台获得更高收益。

（2）品牌券. 复购 1 单转 N 单优惠券排序

通过 MQ 实时获取券池内优惠券变化的消息，当券池内有无效券时，要进行实时过滤以免用户领取却无法使用；当券池内有新增券时，则需重新计算优惠券的推荐排序。

通过用户历史订单数据计算出用户品牌拔高客单价 $Price\_User\_new$，但优惠券券池内可以使用的优惠券数量、种类有限，有效的优惠券不可能全部都满足为用户拔高客单价的情况。比如，用户的 $Price\_User\_new$=112 元，但券池内的优惠券门槛是 120 元，没有 112 元门槛的优惠券存在，这时候就需要判断券池内的优惠券门槛与 $Price\_User\_new$ 之间的关系。分两种情况考虑，一种是券池内有门槛= $Price\_User\_new$ 的品牌券，另一种是券池内优惠券门槛 $\neq$ $Price\_User\_new$ 的品牌券两种情况。排列顺序是让满足用户拔高客单价的优惠券先曝光，不满足用户拔高客单价的优惠券后曝光，保证优惠券的转化率。因此绝对顺序为："券池内优惠券门槛= $Price\_User\_new$" 优先于 "券池内优惠券门槛 $\neq$ $Price\_User\_new$ 的品牌券"。

① 绝对顺序 1：券池内有门槛= $Price\_User\_new$ 的品牌券

这里的品牌券触发条件是当用户在搜索场景下输入搜索的关键词为某品牌词时，券池内的优惠券正好有此品牌券，且品牌券的门槛= $Price\_User\_new$，含相同门槛的品牌优惠券则按力度（λ=面额/门槛）从高到低排序，若力度相同则随机排序。

 提示：

优惠券含门槛和面额两个参数，通常说的满 100 元减 5 元的优惠券，其中 100 元为门槛，5 元为面额。

② 绝对顺序 2：券池内有门槛 $\neq$ $Price\_User\_new$ 的品牌券

根据上述例子进行计算，券池内有门槛 $\neq$ $Price\_User\_new$（上例中为 178 元）的品牌券，如图 17-10 所示。在图 17-10 中，点代表优惠券，坐标区间为优惠券对应的门槛，点落在哪个位置代表哪个优惠券门槛范围内有优惠券。用户的品牌拔高客单价对应用户能接受的客单价提高范围，当推荐给用户的优惠券面额在这个价格范围内，用户容易使用优惠券下单。因此整体的排序逻辑是看券池内的优惠券门槛和用户的品牌客单价的偏差范围，偏差越小被使用的概率就越高。

图 17-10　没有 178 元门槛的优惠券

1）判断和调整品牌客单价 *Price_User_new* 所在品牌券门槛的分位数范围。

在上例中，*Price_User_new* =178，在 *q*[0.3,0.4]，*Q*[150,200]范围内。假设有的优惠券门槛分别为 10 元、100 元、110 元、200 元、300 元、450 元，即图 17-11 中的点状元素。

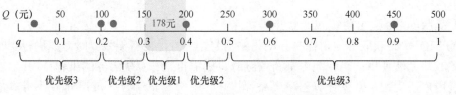

图 17-11　178 元客单价的左右分位数范围

2）如图 17-11 所示，*Price_User_new*=178 元所在的 *Q*[150,200]范围内的优惠券可按照第一优先级召回，即图上标注的"优先级 1"范围，若这个范围内有多张优惠券则按优惠券的力度 λ 从高到低排序。

3）如图 17-11 所示，*Price_User_new* 所对应的 *Q* 左右相邻的分位数是 *Q*(110,150]和 *Q*(200,250]，这些范围内的优惠券可按第二优先级召回，即图上标注的"优先级 2"范围，若这个范围内有多张优惠券，则按优惠券的力度 λ 从高到低排序。

4）如图 17-11 所示，其他范围内的优惠券可按第三优先级召回，即图上标注的"优先级 3"范围。若这个范围内有多张优惠券，则按优惠券的力度 λ 从高到低排序。

2.【组内排序】品牌券.不限人群券

按力度（λ=面额/门槛）从高到低排序，比如优惠券满 100 减 10 元，则 λ=10/100=0.1。此类券在券池内的优惠券不足时做托底使用。

17.4.5 首页场景的优惠券排序逻辑

首页推荐的优惠券都是与用户行为强相关的，但用户访问行为中会存在浏览多个品牌商品的情况，而每个品牌下又会有多张优惠券，因此首页的优惠券排序涉及两部分。一是对用户访问行为涉及的品牌进行排序，二是对同一个品牌下的多张优惠券进行排序，最后进行全局排序。下面分别进行详细说明。

1. 每个品牌的排序逻辑

首页优惠券与用户强相关，根据用户行为强弱来判断召回品牌券的排序，计算逻辑如下。

（1）用户行为有强弱之分，人工成本不同，权重也不同，人工成本从高到低的顺序为"加入购物车>搜索并点击进入商品详情页>点击浏览商品"。根据不同行为赋予不同的权重，例如加入购物车权重为 5，搜索并点击进入商品详情页权重为 3，点击浏览商品权重为 1。

（2）由于 B2B 平台的用户有重复访问的习惯，会多次访问商品详情页进行比价，且 B 端用户会对同一 SKU 进行多次加车，即某用户对同一商品单日内同一行为可能产生多次操作，记为 n 次（$n>1$），则以 $1+1/2+1/4+\cdots+1/2^{n-1}$ 的方式增加得分权重，计分区间为[1,2]。

例如，对某商品第一次加入购物车操作计 5 分，第二次加入购物车操作计 5×（1+1/2）分。若加入购物车 2 次，搜索并点击进入商品详情页 1 次，点击浏览商品 1 次，则得分为 5×（1+1/2）+3+1。

（3）对 30 天内每个品牌下的所有行为数据累计求和。

例如，用户对某品牌下的 A 商品在 1 号和 3 号两天有行为操作，1 号对应的行为分为 1.3，3 号对应的行为分为 1.8，则 A 商品的行为分为 1.3+1.8=3.1 分。

用户对某品牌下的 B 商品在 1 号和 3 号两天有行为操作，1 号对应的行为分为 1.3，3 号对应的行为分为 1.8，则 B 商品的行为分为 1.3+1.8=3.1 分，则此用户对此品牌的行为分为 6.2 分，按照该方法依次算出所有品牌的行为分。

（4）按照 $T+1$ 计算用户对品牌最近 30 天的累计行为分值，召回品牌券并按分数从高到低对召回品牌券进行排序。因为品牌券数量有限，所以行为分不设置阈值。

（5）将品牌行为分从高到低排序，则为召回品牌券的绝对顺序。

若用户行为得分一样，或者用户无行为，则需算出每个品牌下 Top1 的优惠券，按照优惠券的力度从高到低进行排序，并反推其对应的品牌，得到品牌的排序顺序；经过上述排序，若优惠券的力度一样，则按门槛由低到高进行排序；至此，若优惠券的门槛还一样，则随机排序。

例如，召回品牌券为 A_Top1 的券：满 100 元减 10 元（力度 0.1），A_Top2 的券满 105 元减 10 元（力度 0.095）；品牌 B_Top1 的券满 100 元减 5 元（力度 0.05），B_Top2 的券满 200 元减 10 元（力度 0.05），则根据力度 Top1 来得到品牌的排序，即品牌 A 的 Top1 力度为 0.1，品牌 B 的 Top1 力度为 0.05，则品牌 A 的优惠券排序优先于品牌 B 的优惠券。

2. 同一品牌下有多张优惠券的排序逻辑

如果某个品牌下含不同面额和门槛的优惠券，则品牌内的优惠券也需要进行排序。本节的品牌券召回和排序逻辑同 17.4.4 小节。如图 17-12 所示，其中"绝对顺序 2：品牌券. 不限人群券"的召回和排序逻辑同"绝对顺序 1：品牌券.复购 1 单转 N 单券"。

3. 全局逻辑

因同一用户会同时命中多个品牌券，这时就存在同时待推荐的优惠券含"拉新 0 单转 1 单"和"复购 1 单转 N 单"等类型，则要按绝对顺序排序：先安排"拉新 0 单转 1 单"的优惠券，目的是帮助品牌获得新客户；再安排"复购 1 单转 N 单"的优惠券，目的是让用户复购买更多。当用户访问时，两种券对平台来说都是做增量价值的，如果一味地只推荐拉新券，则出现用户本该复购商品，却因为没有优惠券而去其他平台采购下单了。因此为了提升转化率，采取的是 1∶1 穿插方式按绝对顺序排序，即排序顺序为拉新券（0 单转 1 单）1 张、复购券（1 单转 N 单）1 张、拉新券（0 单转 1 单）1 张……如此交替排列。

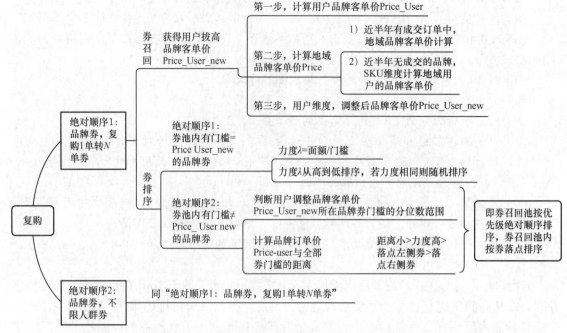

图 17-12 某品牌下多张优惠券召回和排序逻辑

若券池内的优惠券有更新，则把新增的优惠券加进来，做增量计算；把无效的优惠券（超出有效期等）进行过滤，且不再推荐给用户。

而优惠券可能会在多个场景触达用户，比如领券中心、商品详情页等都有优惠券向用户曝光，这就需要对已曝光过的券进行过滤，让用户看见的优惠券更丰富。所有券分发完一轮后，对于用户未领取的优惠券，要将其召回并参与再次分发。

17.5 小结

本章重点解决品牌复购用户盘活问题，涉及搜索和首页两个场景的优惠券弹窗设计。本章的策略旨在实现 B2B 用户从 1 单到 N 单的复购转化，不断提升用户复购频次，进而带来更高的 GMV。

在首页场景触达的优惠券弹窗、在搜索场景下（用户输入"品牌词"搜索）进行的营销触达，以上优惠券类别及门槛都是基于用户的复购周期及客单价得出的。将符合用户日常行为的优惠券进行召回，在触达用户时，优先曝光最可能转化的优惠券，在保证客单价的同时提升转化率，由系统推荐代替人工运营。

18

第 18 章　数字化转型产品赋能线下商超

18.1　需求背景

B2B 平台是给线下商超、社区超市等供货的平台。据统计，目前整个市场上约有 580 万家中小型便利店，每年都会有 20% 左右的店铺因经营不善而关闭，又有部分新生店铺开业，整个市场份额相对保持稳定。

B 端补货平台的更多关注点是如何保证 B 端用户在线上采购更多，使平台获得营收，而对线下门店的经营指导往往是缺失的。在帮店主做生意的方向上，如何提升门店经营效率与盈利能力是小店店主更关心的问题。如果能在此方向有所改善，那么小店店主对平台的黏性也会相应增强。

线下超市（中大型）会有一套成熟的经营思路，但社区超市为了获得更多利润只有简单的导流方式，由 A 品带动 B 品的销售。比如移动电话卡代理商会顺带着销售其他品类，而这些简单的导流方式也仅仅在大型节日时才会进行，毛利都较低。为了想办法盈利，社区超市门店店主会通过不断地拓品来获取更多的市场份额，但受门店面积的影响，小店的单个商品库存少，单个 SKU 的采购量有限，还得考虑压货成本。另外，门店店主并不了解门店在市场上的定位，也不了解店铺发展的状态是否健康，甚至不了解自己的店铺周边 500 米或者 1 千米的用户是什么特点，偏好哪些商品、年龄分布情况等数据。这些门店没有全局的市场经营数据指导，整体现状并不乐观。有效的经营能力提升及经营方式的扩充是亟待解决的问题，在此基础上可以进一步提升门店经营效率与盈利能力。

本章基于目标市场，依托大数据、推荐智能算法，结合门店市场现状，搭建门店数字化智能营销产品体系，给门店制定可执行的精准营销解决方案，用以提升门店经营效率与盈利能力。

18.2　专业名词解释

产品生命周期：产品生命周期（Product Life Cycle，PLC）是指产品从进入市场开始到退出市场为止的周期性变化过程。理想的生命周期分为导入期、成长期、成熟期、衰退期。

导入期：商超新建立，刚进入市场的时期。

成长期：商超的销售量或销售额增长幅度较大的时期。

成熟期：商超的销售情况稳定，有稳定的客流量的时期。

衰退期：商超的销量呈现下降趋势，有倒闭风险的时期。

复购：用户重复购买商品。

坪效：每平方米的效益，即每平方米可以产出多少营业额。

LBS：Location Based Services 的缩写，基于位置的服务。

POI：Point of Interest 的缩写，一般一个 POI 代表一栋房子、一个商铺等。

商品豆：电商平台的一种虚拟资产。用户在网站购物、评价、晒单等相关活动中由平台给予的奖励，可直接用于抵扣订单。

GMV：Gross Merchandise Volume 的缩写，商品交易总额。

SKU 的宽度：每个 SKUID 对应一个商品宽度，也可以理解为商品的种类。

18.3　分析思路

经营即管理，线下商超门店经营分为管人、管店、管商品。如图 18-1 所示，门店经营分析解决方案的设计逻辑主要包括发现风险及机遇、市场定位、智能营销方案确定三大部分。

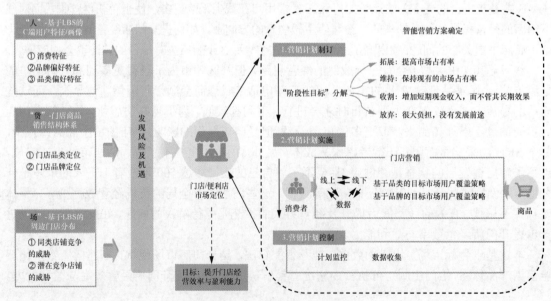

图 18-1　经营分析系统原理图

1. 发现风险及机遇

运用大数据技术基于"人、货、场"全面发现门店周边市场动态，实时监控门店当前所面临的风险和机遇。其中，"人"代表基于 LBS 的 C 端用户特征/画像；"货"代表门店商品销结构体系；"场"代表基于 LBS 的周边门店分布。

2．市场定位

根据风险和机遇确定门店在当下市场的定位，便于确定营销方案的方向。

3．智能营销方案确定

针对门店市场定位来确定营销解决方案，方案包括三部分：营销计划控制、营销计划制订、营销计划实施，最终目标是提升门店经营效率与盈利能力。

18.4　解决方案

18.4.1　发现风险及机遇

门店生命周期可分为 4 个阶段，通过观察图 18-2 所示的生命周期曲线（生命周期图来自网络）的分布情况可知，当一个门店正常成长的时候，如果疏于经营和管理或者随着导入期新生门店进入市场，存量市场上门店的销售情况都会受到影响，甚至会走向衰退。而精准营销的目的就是通过营销手段发现当前门店所面临的市场现状，指导门店制定正确的营销策略，最终影响门店生命周期路径的改变，不断实现销售额的增长。

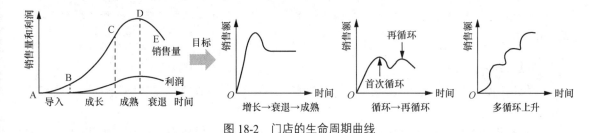

图 18-2　门店的生命周期曲线

如何发现风险和机遇是店铺面临的基础挑战，可通过下述"人、货、场"方式挖掘后，根据人与货的数据通过智能选品来发现机遇，并通过场数据来发现风险。

1．通过"人、货、场"挖掘用户、品类、店铺特征

（1）"人"——基于 LBS 的 C 端用户特征/画像

这里的"人"指的是基于 LBS 的门店周边 500 米的消费者。通过门店 POI 地址（经纬度）及在商城消费的用户群体的 POI 进行地理位置关系匹配，通过算法挖掘这批用户的行为数据、消费数据，最终获取门店周边 C 端用户的特征画像数据。

用户画像维度包括价格敏感度、年龄段、婚姻状况、宠物类型、年龄、是否有小孩等，但考虑到对线下门店的指导是从 0 到 1 阶段，故先以智能选品为主，可以先考虑与商品相关的画像数据，一般是用户的品类偏好和品牌偏好。

① 品类偏好数据挖掘

此挖掘策略适用于 ToB 场景，因为在线下门店购买的商品多为快消品，比如抽纸、粮油

等，B 端用户有强复购特征，故挖掘数据时会考虑同品类商品的购买宽度（即商品种类）。用户三级品类偏好计算逻辑如下所示。

1）拉取基于 LBS 的门店周边 500 米范围的消费者信息，选取每个用户在商城近半年下单且订单状态为支付已完成或货到付款已成功的全部订单数据，剔除退换货的订单。所获得的数据包括用户订单维度数据：三级品类下 SKU 的宽度（每日去重）、全部订单 SKU 宽度、三级品类 GMV、总 GMV。

2）从用户维度计算所有三级品类的各项数据指标得分。

三级品类 SKU 宽度占比的计算方式如下：

$$Score\_widths\_rate = 三级品类目下 SKU 的宽度 / 全部订单 SKU 宽度$$

三级品类 GMV 占比的计算方式如下：

$$Score\_amount\_rate = 三级品类累计 GMV / 全部订单总 GMV$$

3）确定用户品类偏好得分

用户品类偏好得分的计算方式如下：

$$Score = Score\_widths\_rate \times 0.7 + Score\_amount\_rate \times 0.3$$

将用户近半年下单的商品所属的三级品类定义为用户的"品类偏好"标签，并根据 Score 结果，得出用户的品类偏好标签得分，将 Score 由高到低进行排序。这里的标签得分不做阈值的截断处理，后续会根据用户品类偏好标签与门店标签进行匹配。若做截断处理会使数据不完整，不利于挖掘用户的长尾偏好。

② 品牌偏好数据挖掘

品牌偏好数据的挖掘逻辑跟品类偏好数据的挖掘逻辑是类似的，计算数据指标由品类换成品牌即可。

综上，我们获取了"人"——基于 LBS 的 C 用户特征/画像数据，统计出表 18-1 所示的数据表格，其中每个门店周边用户数定义为 S，通过此数据获得每个门店周边 C 端消费者的画像数据。

表 18-1　获取"人"——基于 LBS 的 C 用户特征/画像数据

标签类别	品牌	标签明细	用户数	占比【后面用到】
品类偏好	品牌 1	品类 1-1	C1-1	C1/S
		品类 1-2	C1-2	C1/S
		……	……	……
	品牌 2	品类 2-1	C2-1	C2/S
		品类 2-2	C2-2	C2/S
		……	……	……
	……	……	……	……

（2）"货"——门店商品销售结构体系

此部分数据为门店的动销数据，重点关注门店货架商品的品类、品牌分布，生成表 18-2 所示的数据，通过这些数据获得每个门店货架商品的画像数据。

表 18-2　门店的动销数据

品牌	品牌下的品类	商品数量
品牌 1	品类 1	门店实际商品数量
	品类 2	门店实际商品数量
	品类 3	门店实际商品数量
	品类 4	门店实际商品数量
	品类 5	门店实际商品数量
	……	门店实际商品数量
品牌 2	品类 1	门店实际商品数量
	品类 2	门店实际商品数量
	品类 3	门店实际商品数量
	品类 4	门店实际商品数量
	品类 5	门店实际商品数量
	……	门店实际商品数量
品牌 3	品类 1	门店实际商品数量
	品类 2	门店实际商品数量
	品类 3	门店实际商品数量
	品类 4	门店实际商品数量
	品类 5	门店实际商品数量
	……	门店实际商品数量
品牌 X	品类 1	门店实际商品数量
	品类 2	门店实际商品数量
	品类 3	门店实际商品数量
	品类 4	门店实际商品数量
	品类 5	门店实际商品数量
	……	门店实际商品数量

（3）"场"——基于 LBS 的周边门店分布

洞察门店周边的市场情况，一方面考虑周边市场内同类型店铺带来的竞争威胁，另一方面考虑新店进入市场后带来的潜在竞争威胁。门店周边竞争店铺的分布密度及坪效都会对门店的生意带来影响。

2．通过智能选品发现风险和机遇

了解门店内售卖的货品是否属于周边用户所需的商品，商品的分布比例是否可以满足用户的诉求（比如让用户想买的品类正好有货且缺货概率低等），最终的目标是让门店的 GMV 得到提升。此方向上的逻辑拆解可以用门店坪效来预估，也就是不同的店铺面积对应着不同的品类以及数量。将门店坪效拆解成商品粒度的公式如下：

$$门店坪效 = \frac{门店总销售额GMV}{门店经营面积（平方米）}$$

门店经营面积 ≈ 货架面积

$= \sum$（单个商品面积 × 商品个数）

$= \sum$每个品牌（所有商品的面积 × 商品个数）

$= \sum$每个品牌[三级品类 cid3（商品的面积 × 商品个数）]

品牌和品类的关系： 每个品牌下会包含多个三级品类，比如乐事品牌下包含薯片、虾条等三级品类。

按照上述逻辑拆解，可通过每个品牌覆盖的三级品类（用 cid3 来表示）下商品的面积和个数来评估店铺的坪效（即经营效果）。在门店面积固定的情况下，如果想提升门店的总销售额 GMV，则需提升货架上所摆放的三级品类的商品销售量。要想让每个品类下商品销售数量最大化，那么所售商品应该是周边用户所需的商品，通过分析"基于 LBS 的 C端用户特征/画像数据"可获取周边用户对商品的诉求。但由于门店面积有限，到底如何预估？18.4.4 小节将通过两种解决方案进行详细介绍，具体的使用方案，可根据门店当前市场现状决定。

将本方案所涉及的数据与表 18-2 中所提到的门店内目前售卖的商品进行匹配，分析门店目前售卖的商品布局是否合理，进而调整货架商品，从而评估商品层面的风险并挖掘出新的机遇。

18.4.2 市场定位

根据门店所处的生命周期考虑门店在当下市场的定位，进行阶段性目标拆解。根据商品层面的风险和新机遇，对经营品类进行调整，实现生命周期的正向成长。

图 18-3 展示了门店阶段性目标分解，需要注意的是，从导入期到成长期是关键节点，是后续整个生命周期从量变到质变的关键时间点。相当于先打好基础，后面才能在此基础上进行持续建设。

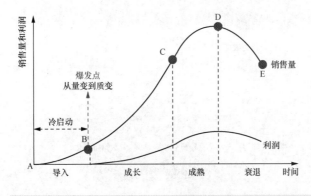

图 18-3 经营策略带来的数据效果从量变到质变

我们了解到,整个市场大概有 580 万家的中小型便利店(门店),这些门店每年大概有 20% 的店铺因为经营不善而倒闭,当然也会有一些新生的店铺开业,整体的市场份额其实比较稳定。按这个思路来说,门店是有生命周期的,而这个生命周期是由门店的销售量和销售利润来决定的。伴随着门店的经营问题的出现及竞争压力,如果不对门店进行有效的营销(用户营销和商品营销),门店在未来会有较大的概率面临着倒闭。

18.4.3 门店经营方案确定

针对门店的市场定位,我们可以运用大数据技术来全面提升用户营销、商品营销的核心能力,实现基于"人、货、场"全面数字化的智能营销策略。具体的策略包括如下三部分:一是营销计划控制;二是营销计划制订;三是营销计划实施。最终目标是提升门店经营效率与盈利能力。

1. 营销计划控制

营销计划控制依赖数据的获取和反馈,通过对数据的分析判断,对门店经营指标的波动实时监控并预警。

(1)数据获取

影响营销计划制订的前置条件是需要先有数据支持,把线上销售和线下销售渠道打通后,搭建全渠道零售的 B2B2C 用户画像体系(参见图 18-4),为实现精准营销提供底层数据的支持。这部分数据主要应用在用户营销上,数据类型包括行为数据、属性数据、门店数据和外部数据。

图 18-4 全渠道零售 B2B2C 用户画像体系

① 行为数据

将用户线上线下账号打通，线下行为也通过数据录入系统并与线上行为数据进行融合，最终得到如下数据。

- 行为偏好：活跃时间、活跃频率（多久活跃一次）。
- 购买偏好：购买品牌、购买三级品类。
- 营销活动偏好：促销日、优惠券。

② 属性数据

根据 POI 信息及注册信息、摄像头等信息获取以下信息。

- 城市、区域、地段。
- 年龄、性别。
- 访问设备（iOS/安卓）、访问时间。

③ 门店数据

- POS 机数据：门店进货（货架有什么商品）、门店出货（卖出什么商品）、订单、客单价。
- 摄像系统数据：人脸数据、摄像头 ID、门店 ID、性别、年龄（受相关限制，此部分数据可能获取不到）。
- 店内客流实时监控：客流规模、结构分布、活跃度、忠诚度。

④ 外部数据（第三方数据）

- 地铁数据、地图潮汐数据。
- 小区楼宇数据、物流数据。

通过上述 4 个渠道最终获得全渠道零售 B2B2C 用户画像体系，可实现以下几个目标。

- 匿名用户追踪：匿名用户标记，实现交易流程追踪。
- 获取线下用户画像：打通门店 ID 与摄像头 ID，匹配顾客在店行为及交易数据。
- 了解门店顾客喜欢哪些品牌、品类商品。

由于此方案是从 0 到 1 设计产品体系，短期内处于采集数据部署阶段，可以为后续做门店的精准营销做数据采集准备。

（2）计划监控

根据门店生命周期划分数据指标（销售量和利润），实时监控门店的经营数据情况，若门店出现经营问题引起指标波动，要及时预警。动态监控门店运营情况，实时调整策略，使门店生命周期呈螺旋式增长，如图 18-5 所示。而策略的调整可根据 18.4.1 小节介绍的思路实现动态监控，即监控不同的销售周期内销售的品类数量是否按预期进行。

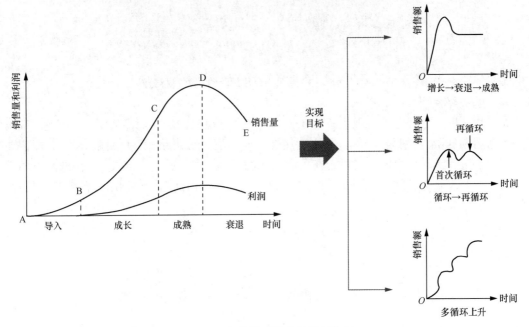

图 18-5　经营策略带来的数据效果

2.营销计划制定

市场需要满足消费者的多元化需求，而门店的货品资源有限，供需之间是存在矛盾的。如何运用大数据技术基于"人、货、场"全面发现门店周边的市场动态，精准定位基于 LBS 的目标市场并进行细分用户运营，将有限的费用投放到最可能带来收益的地方，这些都需要根据门店生命周期进行阶段性目标分解来实现。

（1）阶段性目标分解

门店阶段性目标分为拓展市场阶段、维持门店现状阶段、放弃经营阶段。不同阶段对应的诉求不同，解决方案也不同，如图 18-6 所示。

拓展阶段：门店刚刚进入市场不久，需要不断发现市场和消费者诉求，获得更多客源，进而提高市场占有率，可采取 18.4.4 小节提到的方案 2。

维持阶段：门店经营发展稳定，需要持续保持经营现状，维持现有的市场占有率不被淘汰，可采取 18.4.4 小节提到的方案 1。

放弃阶段：门店经营已有很大负担，没有发展前途，可采取 18.4.4 小节提到的方案 2，或不采取任何措施。

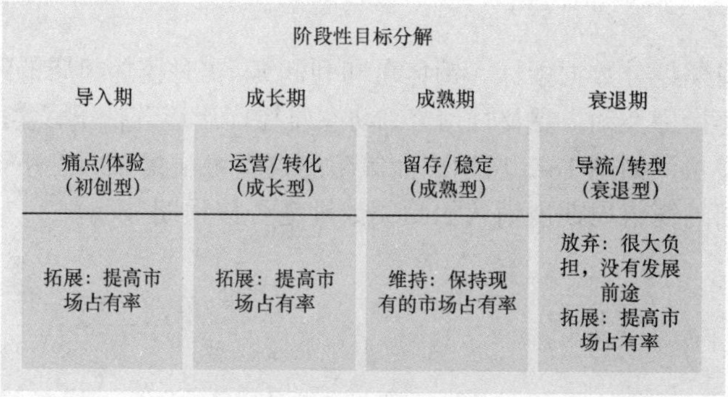

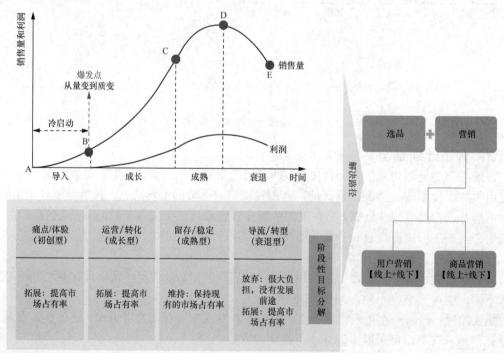

阶段性目标分解
导入期
成长期
成熟期
衰退期
痛点/体验
（初创型）
拓展：提高市场占有率
运营/转化
（成长型）
拓展：提高市场占有率
留存/稳定
（成熟型）
维持：保持现有的市场占有率
导流/转型
（衰退型）
放弃：很大负担，没有发展前途
拓展：提高市场占有率

图 18-6　基于生命周期的经营策略阶段性目标分解

（2）解决路径

如果想帮助门店经营，实现生意的增长，最终会体现在门店的商品售卖上。因此，基于门店的生命周期和阶段性目标分解，得出门店经营问题的“解决路径”（见图 18-7）。即需要帮助门店店主进行选品，告知他们适合在门店销售的商品品牌、品类、价位，给出选品方面的指导，也就是“进货建议”。除此之外，还要设计精细化的营销活动，包括用户营销和商品营销，以达到营销效果最大化。

销售量和利润
D
C
销售量
E
爆发点
从量变到质变
冷启动
B
利润
A
导入
成长
成熟
衰退
时间
痛点/体验
（初创型）
拓展：提高市场占有率
运营/转化
（成长型）
拓展：提高市场占有率
留存/稳定
（成熟型）
维持：保持现有的市场占有率
导流/转型
（衰退型）
放弃：很大负担，没有发展前途
拓展：提高市场占有率
阶段性目标分解
解决路径
选品
营销
用户营销
【线上+线下】
商品营销
【线上+线下】

图 18-7　营销计划的解决路径

根据门店经营现状进行分析，确定每个门店当前所属的生命周期阶段，定位门店要实现的目标，动态监控门店的业绩成长情况。当出现经营指标数据波动时，及时预警并调整策略，从而改变门店生命周期的增长曲线，达到提升门店经营效率与盈利能力的目的。

3. 营销计划实施

营销包括用户营销和商品营销，如图 18-8 所示，因此营销计划实施也就包括线上与线下结合的用户营销计划实施和商品营销计划实施。

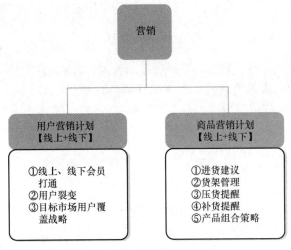

图 18-8　营销计划实施

（1）用户营销

① 线上、线下会员打通，构建私域

根据 LBS 定位圈定出既在线上商城消费又在线下门店消费的用户群体，通过会员积分打通线上线下场景，线上会员积分可以抵现金在线下门店使用，通过会员积分营造 B2B2C 的用户生态。用户主动上线参与活动（签到、消费等）并获取会员积分资产。通过这种方式把门店与线下用户真正关联起来，构建私域，便于后续的用户裂变。

② 用户裂变

由于线下门店的一大痛点是门店周边用户群体集中且特征趋同，但却没有线上的平台对这批用户开展营销，通过线上线下会员打通并构建私域后，门店的店主可在私域中进行用户营销触达，比如新品推广、打折促销等。而平台也可以通过全局管理，对门店进行流量扶持，挖掘门店的高意向用户，并进行二次触达。

高意向用户挖掘方式：平台会对门店进行流量扶持，在更多的私域群体内进行强曝光，对关注门店、访问过门店的用户进行分析，有针对性地挖掘高意向人群。

③ 目标市场用户覆盖战略

地理位置不同，用户特征也会不同，比如北京百子湾地区的用户偏年轻化，"夜猫子"居多，那么这个地理位置周边的门店如果售卖蔬菜品类的商品，很可能效果不会很理想，毕竟这类用户很少自己下厨。因此，门店周边的人口环境（包括人口的规模、人口的地理分布、人口的结构）是影响门店商品销售情况的核心因素。根据此数据分析得出门店周边市场覆盖的用户群体对品牌或品类的偏好比例，进而给门店提供进货建议。

（2）商品营销

① 进货建议

指导门店进行选品，告诉门店店主选择哪些品牌、哪些品类的商品，以及什么价位的商品会带来更好的售卖效果。但因为进货是店主的主动行为，平台只能给予指导建议，当门店店主对平台保有足够的信任时，便可推荐一系列商品让门店店主进行一键进货。平台可以考虑在合适的时机上线此类功能。

② 货架管理

货架管理与进货建议是强关联的，根据货品的种类、数量、分布情况合理指导门店店主进行货架商品摆放。把用户覆盖度高的品类放在货架上的黄金位置。货架一般分五层，而第三、四层是黄金位置，商品摆放位置要考虑品类的整体分布情况。如果门店面积较大，还可以考虑采用"动线设计"，即设定好门店的入口和出口的位置，客户按固定路线行走，那么客户途经路线上的商品摆放分布也会影响门店的经营收益。

③ 压货提醒

既然是搭建智能化数字门店，则门店的货品都应该正确录入"门店数字化 App"中，根据商品的进货数量及商品出货（已售卖）的数量进行监控。当商品有压货风险，例如入库 X 天（X 天指的是入库的这些商品应该在多少天内售完，该值可由算法预测模型输出）还没有售罄的情况下，要给予压货提醒，以便门店店主评估此商品是否继续采购及采购的数量。

④ 补货提醒

根据录入"门店数字化 App"的信息，对商品的进货数量及商品出货（已售卖）数量进行监控，当商品即将售罄（提前 $T=4$ 天）时给予补货提醒，以便门店店主评估此商品是否继续采购，并确认采购的数量。T 的计算逻辑如下所示。

> 1）由于门店商品的物流成本是 2.3 天（数据源："新经销"发布的快消品调研报告），因此定义 $T=2$ 天。
>
> 2）为了保证门店的商品不出现断货现象，在库存量商品可售卖时间大于或等于 2 天时，就需要进行补货。
>
> 3）通过上述两步得出商品售罄前 4 天就需要进行补货操作，才能保证门店不出现断货情况。

 提示：

新经销是一家专注快消品行业的首席产业媒体平台，是当前快消通路比较权威的新媒体和服务平台，会发布行业前沿信息和深度调研报告。

⑤ 产品组合策略

很多人都听过"啤酒+纸尿裤"的商品搭配销售逻辑，我们可以基于这个逻辑构建基于大数据的关联性购买策略，给门店店主提供商品货架的摆放建议或者商品的组合销售建议。比如用户在购买了 A 商品的基础上，又购买了 B 商品，当此类购买人群所占的比例达到了预设的一个目标水平时，我们就认为这两个商品在购买行为上存在一定关联，可以基于关联性购买策略形成方案。

　　结合上述分析，我们最终形成了门店数字化转型解决方案，如图 18-9 所示。通过数据沉淀不断调整智能营销模型及精准选品策略，最终帮助门店提升经营效率与盈利能力。

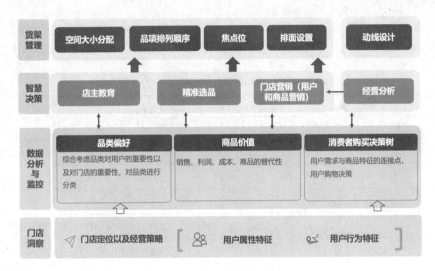

图 18-9　门店数字化转型解决方案

　　门店数字化转型的核心是基于大数据的决策链，利用数字技术，在不改变原有的业务模式和流程的基础上，通过数据化决策实现商业创新，进而提升门店整体的经营效率和客户体验，门店数字化转型的解决方案核心包括如下几个方面的能力建设。

　　实现门店洞察。融合线上与线下的数据明确门店的定位以及经营策略，即根据门店周边LBS 覆盖的 500 米以内的人口数据及门店周边的竞对门店信息，分析出用户群体特征和需求，为门店经营指导提供数据基础。

　　实现数据分析与监控。分析挖掘用户群体的品类偏好，并结合商品的价值（销售、利润、成本，以及是否有高毛利的替代品等数据）通过系统设定符合用户特征的消费者需求的决策树。

　　输出智慧决策方案。帮助门店店主进行经营分析，辅助门店的精准选品和营销，也可以通过对门店店主进行专业知识的指导来提升其经营能力。

　　面向用户的货架管理。整个解决方案的落地最终体现在商品的售卖上，也就是货架管理。货架管理会涉及货架空间位置、货架上商品的结构、货架上商品的摆放位置、商品组合摆放方案、货架焦点位（黄金位置）商品摆放、柜台排面商品摆放等。如果门店面积较大，还需要进行用户的行走路径设计。

18.4.4 基于门店周边用户画像进行智能选品

通过"基于 LBS 的 C 端用户特征/画像数据"可以了解周边用户对商品的诉求,通过门店面积预估门店售卖何种商品的效果显著。下面介绍两种解决方案,具体使用哪种方案可根据门店现状决定。

方案 1:品类覆盖面全

目标是满足不同消费者的不同需求,有利于扩大销售、占领市场,适合店铺面积较大,且处于成熟期、成长期的门店,具体的选品方案如表 18-3 所示(S 代表每个门店周围的用户数)。

表 18-3　满足不同消费者的不同需求的选品方案

用户画像				商品
用户品牌偏好	标签明细	用户数	占比	商品比例[1]
品牌 1	品类 1-1	C1-1	C1/S	∑[SKU 面积×个数] / [货架面积×80%]
	品类 1-2	C1-2	C1/S	∑[SKU 面积×个数] / [货架面积×80%]
	……	……	……	……
	品类 1Top-M	C1-M	C1M/S	∑[SKU 面积×个数] / [货架面积×80%]
品牌 2	品类 2-1	C2-1	C2/S	∑[SKU 面积×个数] / [货架面积×80%]
	品类 2-2	C2-2	C2/S	∑[SKU 面积×个数] / [货架面积×80%]
	……	……	……	……
	品类 2Top-M	C2-M	C2M/S	∑[SKU 面积×个数] / [货架面积×80%]
……			……	……
品牌 Top$N$	品类 NTop-M	CN-M	C$N$$M$/S	∑[SKU 面积×个数] / [货架面积×80%]

对表 18-3 中的各项参数解释如下。

- 品类 Top$M$:用户占比按从大到小排序,取 Top$M$ 的品类,M 的取值参考本门店周边偏好此品牌的用户覆盖度达到 80% 的畅销品类。
- 品牌 Top$N$:品牌排序是按此品牌下偏好的用户量进行排序,按从大到小排序,取 Top$N$ 品牌,N 的取值参考本门店周边偏好品牌的用户覆盖度达到 80% 的畅销品牌。
- 货架面积:门店内商品货架的总面积,即通过坪效逻辑推导可知,门店经营面积≈货架面积。
- 货架面积×80%:为了满足不同消费者对品类的差异化诉求,理想情况下,用户想买的商品刚好在货架上都有,相当于偏好某品类的用户占比(表 18-3 中的"占比"列)恰好等于货架上此品类的占比(表 18-3 中的"商品比例"列)。但为了能满足

---

1 下属 **SKU** 均为不同品类的不同 SKU 合计。

部分用户的长尾诉求，门店会补充一部分长尾品来填充货架。由于长尾品可能是高毛利品，所以要考虑二八原则，即选择 80% 的货架位置摆放头部品类商品。基于表18-3 展示的关系，可以获得每个 SKU 的采购数量。长尾品可以获取高毛利，根据门店经验及系统推荐，可以选取母婴品、烟酒等，也可以选择用户偏好品牌中的高端品牌商品。

- 通过店铺面积及货架面积可推导出门店周边不同人群对不同品类下商品的诉求量（表18-3 中的"商品比例"列）。表18-3 中用户偏好的"品牌 1"的商品，在货架上商品的比例 $C1/S=\sum$ [SKU 面积×个数] / [货架面积×80%]，将店铺面积、商品面积数据代入公式，可推导出不同商品的进货数量。

方案 2：主打核心品类

该策略主打小众化的市场营销，只考虑个别市场需求，适合小面积的店铺或处于导入期、衰退期的门店，具体的选品方案如表 18-4 所示。

表 18-4　满足不同消费者的不同需求的核心品类选品方案

用户画像				商品
用户品牌偏好	标签明细	用户数	占比	商品比例
品牌 1	品类 1-1	C1-1	C1/S	∑[SKU 面积×个数] / [货架面积×80%]
	品类 1-2	C1-2	C1/S	∑[SKU 面积×个数] / [货架面积×80%]
	品类 1-3	C1-3	用户占比按从大到小排序，取 Top3 品类	……
品牌 2	品类 2-1	C2-1	C2/S	∑[SKU 面积×个数] / [货架面积×80%]
	品类 2-2	C2-2	C2/S	∑[SKU 面积×个数] / [货架面积×80%]
	品类 2-3	C2-3	用户占比按从大到小排序，取 Top3 品类	……
……	……	……	……	……
品牌 TopN	品类 NTop-M	CN-M	CNM/S	∑[SKU 面积×个数] / [货架面积×80%]

对表 18-4 中的各项参数解释如下所示。

- 品牌 TopN：品牌排序也是按此品牌偏好的用户量进行排序，按从大到小排序，取 TopN 品牌，N 的取值可参考本门店周边用户偏好的品牌，这些品牌覆盖了 80% 用户群体。
- 货架面积×80% 原则，可以参考方案 1，即考虑二八原则，80% 的货架面积可摆放满足不同消费者的品类商品。

- 通过店铺面积及货架面积可推导出门店周边不同人群对不同品类下商品的诉求量（表 18-4 的"商品比例"列）。表 18-4 中用户偏好的"品牌 1"的商品，在货架上商品的比例为 $C1/S=\sum$ ［SKU 面积×个数］/［货架面积×80%］，将店铺面积、商品面积数据代入公式，可推导出不同商品的进货数量。

以上是冷启动阶段（即刚刚投入市场前期）的设计方案，当门店的线上销售数据和线下销售数据打通并且数据有所沉淀后，每个门店适合卖的品类及商品数量、门店的生命周期状况等均可由算法预测出来。

18.5 小结

随着互联网的发展和社会的进步，消费者对其关注的商品质量、服务、价格的诉求逐渐向多元化方向发展。而由于门店本身是小本经营，为了盈利，门店会格外重视店面租金、商品压货、客流量等因素，可投入的营销资源是有限的，或者很少投入费用做营销活动，自然也不会输出满足市场上所有消费者需求的产品或服务。

本章介绍了线下商超的数字化产品经营策略，运用大数据技术，基于"人、货、场"全面发现门店周边市场动态，精准定位基于 LBS 的目标市场并进行用户分层和细分经营，将门店有限的费用投放到最可能带来收益的地方，发现门店当前所面临的风险和机遇、发现新的营销机会，全面解决门店的经营问题。